지성인(知性人)을 위한 필독서

우리들의
금강경金剛經 강의

김해영 · 김동숙 지음

금강경(金剛經)을
한 번도 읽지 않은 사람은 있어도
한 번만 읽은 사람은 없다.
이 책을 꼼꼼하게 읽고 수행하는 사람은
사상(四相)에 빠진 자신을 발견하고
실상(實相)을 깨달아
끝내 피안(彼岸)에서 놀 것이다.

청어 도서출판

지성인(知性人)을 위한 필독서

우리들의 금강경(金剛經) 강의

김해영 · 김동숙 지음

[The Diamond Sutra]

20대 공부할 때 다르고
40대 공부할 때 다르며
60대 공부할 때 다르다

아침 수행할 때 다르고
점심 수행할 때 다르며
저녁 수행할 때 다르다

초기엔 사상(四相)에 빠지고
중기엔 실상(實相)을 깨달아
말기엔 피안(彼岸)에서 논다

머리말

100년 전, 인류(人類)가 생산한 지적자산을 동일한 만큼 양적(量的)으로 생산하는 데 소요되는 시간이 100년이 걸렸다고 합니다. 요즘은 인류가 생산한 지적자산을 동일한 만큼 양적으로 생산하는 데 소요되는 시간이 불과 3시간이면 가능한 시대입니다. 일찍이 경험해 보지 못한 세상에서 우리는 호흡하고 있습니다. 그래서 일각에선 속도보다 방향이란 말이 회자(膾炙)되곤 하나 '넋 놓고 살 수 없는 시대'에 있는 것입니다.

엥겔스가 1844년 '산업혁명'이란 용어를 처음 사용한 후, 토인비가 이를 대중화한 것은 잘 알려진 사실입니다. 이로부터 2차와 3차를 거쳐 어느새 4차 산업혁명 시대, 즉 메타(Meta) 시대로 깊숙이 들어왔습니다. 메타시대는 '인문학과 과학이 통섭하는 시대'입니다. 컴퓨터 기술 기반의 인공지능[AI], 사물인터넷[Iot], 클라우드(Cloud), 빅데이터(Big Data), 모바일(Mobile) 등이 신대륙인 '디지털 생태계로 전환'시킨 것입니다.

세상에는 '두 종류의 지식이 존재'합니다. 하나는 내가 알고 있다는 느낌의 지식이고, 다른 하나는 내가 알고 있는 느낌의 정도가 아닌, 설명도 가능한 지식입니다. 따라서 지식은 설명까지 가능해야 살아있는 지식이라 할 수 있습니다. 그렇다면 정보의 홍수 속에 살고 있는 오늘날 지식인들은 어떤 지식을 흡수하고 소화시켜 설명할 수 있을까요. 이는 선현(先賢)들의 사상(思想)을 '올바로 받아들이는 자세'일 것입니다.

우리는 모두 과거가 아닌 미래를 향해 움직입니다. 미래는 '지금 바로 여기'입니다. 윌리엄 깁슨의 "미래는 이미 와 있다. 다만 널리 퍼지지 않았을 뿐."이란 주장도 있으나, 이전에 전혀 듣도 보도 못한 디지털 신대륙이란 곳에서 호흡해야 합니다. 이를 위해선 신대륙으로 들어가는 디딤돌인 인문학을 읽어내는 능력을 길러야 합니다. 나 자신만의 삶이 아닌, 공동체의 항구적인 발전과 보전을 위한 일이기 때문입니다.

『금강경』은 불교(佛敎)의 주요 경전 가운데 하나로, 그 깊이와 가르침이 시대를 초월해 많은 이들에게 깨달음을 주고 있습니다. 금강(金剛)이란 단어에서도 일러주듯, 다이아몬드처럼 단단하고 변하지 않는 진리를 상징하며, 모든 존재의 본질을 꿰뚫는 깊은 가르침을 전합니다. 또한 『금강경』은 불교의 철학과 사상적 핵심을 다루면서, 특히 '공(空)과 무상(無常)'의 개념을 통해 '인간의 삶과 우주의 본질을 이해'합니다.

한편 『금강경』은 존재의 실체를 넘어 모든 것이 상호 의존적이고, 고정된 실체를 지니지 않는다는 통찰을 제공합니다. 다른 한편으론 우리가 세상에서 겪는 고통과 번뇌를 어떻게 초월할 수 있는지에 대한 실천적인 길을 제시합니다. 아울러 『금강경』에 대한 의미는 이 자체로도 깊은 철학적인 뜻을 담고 있지만, 일상의 삶 속에서 어떻게 적용할 수 있는지에 대한 실용적인 가르침을 제공한다는 점도 하나의 특징입니다.

마지막으로 『금강경』은 불교(佛敎)에 대한 지적 역량을 충분히 지니고 계신 분들께도 유용한 학습서가 되리라 확신합니다. '불교'의 사상과 문화적 가르침이 사회의 여러 문제에 대한 심도 있는 분석과 명찰한 진단을 통해 해결책을 제시할 수 있기 때문입니다. 아무쪼록 이 『금강경』을 통해 독자들은 '불교'에 대한 더 깊고 다양한 이해와 통찰(洞察)을 바라면서 이를 통해 너욱 지혜로운 삶을 이어가시길 기대합니다.

2025년 4월
송죽동(松竹洞) 수원미래발전연구회에서
김해영 · 김동숙

구마라집은 누구인가

구마라집(鳩摩羅什 : 344~413)은 쿠차 왕국[지금의 신장 위구르 자치구의 아크수 지구로, 타클라마칸 사막 북쪽 가장자리 무자트 강의 남쪽에 위치하던, 실크로드의 오아시스 국가 가운데 하나] 출신의 승려입니다. 생전에 300여권에 달하는 불경(佛經)을 번역했는데, 그가 번역한 불경은 구역(舊譯)으로 불립니다. 훗날 현장이 천축에서 산스크리트어 원전을 들여와 번역한 불경을 신역이라 한 데서 비롯된 것입니다.

구마라집은 최초의 삼장법사(三藏法師)로, 훗날 현장법사(玄奘法師) 등 많은 삼장이 등장했습니다. 그는 현장과 함께 2대 대역성(大譯聖)으로 불리는데, 진제(眞諦)와 불공금강(不空金剛)과 함께 4대 역경가(譯經家)로 꼽힙니다. 그의 생애를 살짝 엿보겠습니다. 인도[西域]의 명문 귀족인 아버지 구마라야나(鳩摩炎)와 쿠차 국왕의 누이 동생인 지바카의 아들로, 쿠차국에서 태어난 그는 7세에 어머니를 따라 출가했습니다.

이후 아버지의 고향인 서역(西域) 카슈미르 야르칸드에서 대승(大乘)과 소승(小乘)을 배우고 돌아와 열심히 대승을 설파해 중국에 널리 퍼졌습니다. 한편 384년 쿠차를 침략한 중국 후량(後涼)의 장군, 여광(呂光)의 포로가 되었습니다. 군사(軍師)로 여광을 돕기도 했으나, 구마라집은 여전히 포로였고, 달리는 말에서 떨어지거나 함께 포로로 잡혀온 쿠차의 왕녀와 강제로 혼인을 해야만 하는 등 우여곡절을 겪었습니다.

이렇게 18년 간 여광과 여찬(呂纂) 아래서 살던 구마라집은 401년 후진(後秦)의 황제 요흥(姚興)에게 국사(國師)로 영접되기에 이릅니다. 요흥의 뜻에 따라 환속한 그는 불경 번역에 종사하여 300여권의 방대한 불경을 번역합니다. 구마라집의 번역은 유려하여 『금강경(金剛經)』, 『법화경(法華經)』, 『아미타경(阿彌陀經)』 등은 현대의 법의(法儀)에서도 사용되고 있습니다. 특히 그의 『반야경(般若經)』 연구는 대단했습니다.

또 『대지도론(大智度論)』 등의 대승론부(大乘論部)도 처음으로 소개됐습니다. 그가 번역한 『반야경』을 포함한 불교의 여러 경전들이 불교 본연의 뜻에 맞게 바르게 번역하면서 당시 중국에서 유행하던 격의불교(格義佛敎)[1]의 폐단은 비로소 극복될 수 있었습니다. 구마라집은 413년 장안에서 세상을 떠났는데, 임종 직전 그는 말했습니다. "내가 번역한 것들이 틀린 것이 없다면, 몸이 사라진 뒤에도 혀는 타지 않을 것이다."

『고승전(高僧傳)』에 따르면, 사후 불교의 방식대로 그는 화장되었고, 다 타버린 그의 시신 속에서 혀만은 타지 않고 남아 있었다고 전합니다. 또

---

1) '격의불교(格義佛敎)'는, 불교의 중국 전래 초기인 위진시대(魏晉時代 : 220~420)에 나타났던 불교 교리 이해 방법 혹은 불교 연구 방법을 말한다. 특히 한문으로 번역된 불교 경전에 기술되어 있는 사상이나 교리를, 노장사상(老莊思想)이나 유교사상(儒敎思想) 등 중국의 전통사상 개념을 적용하여 비교하고 유추함으로써 이해하려는 방법을 가리킨다.

그의 신화적인 이야기를 보면 흥미롭습니다. 어머니인 지바카가 구마라집을 임신한 후, 이전에 전혀 배운 적이 없는 언어를 모두 알아듣고 구사할 수 있었는데, 구마라집이 태어난 후로는 그 능력이 모두 사라졌다고 합니다. 이는 구마라집의 미래를 예언하는 것이었습니다.

재론하지만 구마라집은 어머니를 따라 출가해, 원시경전이나 아비달마 불교를 배우며 자랐고, 후일 대승불교로 전향, 불경 공부를 이어나갑니다. 『고승전』에선 구마라집이 어느 날, 불교 공부를 마치고 돌아오는 길에 산길에서 한 아라한을 만났는데, 그는 "이 아이는 35세가 될 때까지 파계하지 않으면 우바급다[2]와 같은 인물이 될 것이고, 파계를 하더라도 매우 뛰어난 법사(法師)가 될 것이다."라고 예언했다고 전합니다.

구마라집의 불경 번역은 기존과는 다른 엄격한 규칙을 세우고 번역[3]한 것으로, 그 정확성이나 번역 수준은 굉장히 높다는 평가를 받습니다. 후대의 번역가인 현장(玄奘)과 비교하면 '의역과 직역의 차이'로 설명됩니다. 가령 현장의 번역이 산스크리트어 원전에 충실한 '직역'이라면, 구마라집은 한문에 알맞은 '의역'이라 하겠습니다. 즉 산스크리트어의 뜻을 잘 이해할 수 있도록, '중국인들의 사고방식으로 번역한 것'입니다.

번역도 신중했습니다. 『십주경(十住經)』은 구마라집이 가져온 경전이

---

2) '우바급다'는, 인도의 정복군주, 즉 불교를 세계적인 종교로 발돋움하는 데 크게 기여한 아소카왕의 국사(國師)다.

3) 널리 알려진 불교 용어 가운데 극락(極樂)과 지옥(地獄), 색즉시공(色卽是空)이나 공즉시색(空卽是色) 등은 모두 그의 번역 과정에서 만들어진 것이다.

아니었습니다. 때문에 그는 원본을 접하고 묵혀두다 『십주경』에 대해 잘 아는 불타야사(佛陀耶舍)를 초청해 가르침을 받고 번역에 들어갈 정도였습니다. 그리고 선행 번역본이 있으면 그 번역본의 장단점을 확실히 파악한 다음 번역을 시작했고, 번역 용어 선택이나 잘못된 곳을 고칠 때도 '제자들을 비롯한, 주변 사람들과 상의를 거쳐 진행'했습니다.

즉 번역에 있어, 이른바 집단지성의 힘을 활용했습니다. 옛 번역본의 오류뿐이 아닌 원어 사본의 오류도 교정했습니다. 서역의 음이 틀린 곳은 인도어로 바꾸고, 중국어가 틀린 곳은 글자의 뜻을 교정했으며, 수정할 필요가 없는 것은 바로 기록하고, 다른 이름은 올바르게 고쳤습니다. 서역의 음이 반 이상이고, 나아가 경전만으론 그 뜻이 분명하지 않다 싶으면 관련 논서(論書)를 찾아 대조하는 과정까지 거쳤습니다.

앞에서도 언급했지만 구마라집은 여광(呂光)의 협박으로 불사음계(不邪淫戒)를 깼바 있고, 장안에선 그의 학식과 재능에 놀란 후진(後秦)의 황제 요흥(姚興)에게 국사(國師)로 영접되었는데, 요흥은, "당신 같은 위대한 사람의 후사(後嗣)가 끊어져선 안 된다."며 또다시 궁녀를 열 명이나 내려주면서 구마라집을 보필하게 했다고 전합니다. 때문에 엄밀히 말하면 구마라집은 '승려지만 파계승에 해당하는 인물'이었습니다.

이 때문에 '위대한 부처님의 가르침을 파계승(破戒僧)이 설법하고 불경을 번역하는 것이 합당한 것이냐.'는 항의는 물론 문제를 삼는 이들이 무척이나 많았다고 합니다. 이에 구마라집은 설법하거나 불경(佛經)을 강설할 때마다, "나를 보지 말고, 부처님의 말씀인 법(法)을 바라보라."고 강조

했습니다. 즉 "더러운 진흙 속에서 연꽃은 피어난다. 모두들 연꽃의 향기
만을 취할 뿐, 더러운 진흙은 보지 말라."는 식이었습니다.

구마라집은 우리나라에도 상당한 영향을 미친 사람입니다. 고구려의
승려 승랑(僧朗)[4]이 배운 것으로 알려진 삼론종(三論宗)[5]은 구마라집이 번
역한 불경을 소의경전(所依經典)으로 삼는 불교 종파이기 때문입니다. 『삼
국유사(三國遺事)』에는 신라십성의 한 사람인 혜공은 구마라집의 제자였
던 후진의 승려 승조(僧肇)가 지은 『조론(肇論)』을 보고 "이거 전생에 내가
지은 거야."라고 대답했었다고 전하는 기록이 남아 있습니다.

그리고 우리의 국문학사에서도 구마라집은 다뤄지고 있습니다. 조선
후기의 문인 김만중은 『서포만필(西浦漫筆)』에서 구마라집이 불경 번역에
대해 남긴 말을 인용해 한글로 창작된 정철의 『관동별곡(關東別曲)』과 『사

---

4) '승랑(僧朗)'은, 고구려 초기 불교와 후기 불교를 이해할 때 주목해야 하는 승려이다. 30세
때 중국으로 건너간 승랑은 구마라집(鳩摩羅什)의 제자에게 중관학(中觀學)을 배웠다. 이 무렵 북
쪽에선 『아비달마론』이 성행하고 있었고, 남쪽[江南]은 『성실론(成實論)』에만 치우치고 있었다.
승랑은 성실학파를 비판하고, 돈황(敦煌)으로 가서 담경(曇慶)으로부터 삼론(三論)을 배웠다. 송나
라 때는 남쪽으로 옮겨 절강성(浙江省) 회계산(會稽山)에 있는 강산사(岡山寺)에 머물렀고, 절강성
종산(鍾山)에 있는 초당사(草堂寺)로 옮겨 주옹(周顒)에게 삼론을 가르쳤다. 주옹은 도가(道家)와 불
교에 밝았고, 만년엔 『삼종론(三宗論)』을 지은 인물이다. 승랑은 512년[문자왕 21] 남경(南京)에
있는 섭산(攝山)의 서하사(棲霞寺)에서 양(梁)나라 무제(武帝)가 선발해 파견한 지적(智寂)과 승회(僧
懷), 승전(僧詮) 등 10명의 고승에게 삼론학을 가르쳤다. 이 가운데 '승전'이 승랑(僧朗)의 학설을
계승했고, 승전의 학통을 이은 사람은 흥황사(興皇寺)의 법랑(法朗)이다. 법랑의 후계자는 가상대
사 길장(吉藏)이다. 승랑의 저술은 현존하지 않으나, 길장의 저술이나 중국과 일본 등에 현존하
는 삼론 관계 문헌들에는 승랑의 논설이 인용되고 있다. 길장은 수나라 말기에 가장 많은 저술
을 남겼던 불교 학자로, 승랑의 사상과 학설을 계승하여 '삼론종학(三論宗學)'을 크게 완성했다.
5) '삼론종(三論宗)'은, 『중론(中論)』, 『십이문론(十二門論)』, 『백론(百論)』의 삼론(三論)에 의거한 중
국 불교의 논종(論宗)을 가리킨다.

미인곡(思美人曲)』, 『속미인곡(續美人曲)』 같은 작품을 굳이 중국식 칠언고시(七言古詩)로 번역하려 하는 것을 두고, "앵무새가 사람 말을 따라 하는 것에 지나지 않는 부질없는 짓."이라 비판한 것입니다.

즉 민간에서 부르는 이와 같은 노래가 이른바 배운 분들, 즉 학자들이나 사대부(士大夫)들이 말하는 시문(詩文)보다 형식에 있어 저급하거나 저속하다고 할 수는 있어도 표현의 참신함과 진솔함에 있어서는 오히려 그들이 감히 따라올 수 없다고 기술한 것입니다. 김만중의 이런 비평은 한문(漢文)이 아닌 국문(國文)으로 제작된 시문학(詩文學)의 가치를 긍정하는 것으로, 한국문학사에서 매우 높게 평가를 받고 있습니다.

일러두기

1. 이 책의 사상적(思想的) 내용 가운데 일부는 도서출판 부키에서 출간한 『금강경 강의』(남회근)에서 영감(靈感)을 받아 기술했음을 밝힙니다. 아울러 원문(原文)은 조계종출판사에서 펴낸 『조계종표준 금강반야바라밀경』을 참조했습니다.

2. 문맥(文脈)에 따라 세존과 석존, 여래, 여래불, 부처, 부처님을 혼용했습니다. 아울러 |해동|에서도 다양한 호칭을 사용했습니다. 그리고 동일어(同一語)는 가능한 동일하게 번역했으나, 경우에 따라선 문맥에 맞게 의역했습니다.

3. 쉽고 빠르게 확인할 수 있도록, 동일한 내용이라도 '|자해|와 주석'에 거듭 기술을 했습니다. 아울러 이 책의 구성은 |우리말| 번역과 |구마라집| 원문, |자해| 원문에 대한 풀이, 김해영의 '해', 김동숙의 '동'을 따 |해동|으로 했습니다.

차례

금강반야바라밀경(金剛般若波羅蜜經) 하권 ··· 163

금강반야바라밀경(金剛般若波羅蜜經) 상권

이 경(經)의 본래 이름은 『금강반야바라밀경』입니다. 여기서 '금강(金剛)'
은, 세상에서 가장 강력(强力)하고 견고한 것을 상징합니다. '반야(般若)'는
지혜(智慧)로, 분별에서 나오는 일반적인 지혜가 아닌, 분별을 떠난 진리
의 세계에서 논하는 혜안(慧眼)을 가리킵니다. 그리고 '바라밀(波羅蜜)'은,
피안(彼岸)의 세계로, 모든 분별을 떠난 대자유의 세계, 영원히 행복한 '아
뇩다라삼먁삼보리[無上正等正覺]의 세계'를 뜻합니다.

다시 말해 피안(彼岸)의 세계는 세속에서 비롯된 온갖 번뇌와 망상(妄想)
에서 벗어난 해탈(解脫)의 세계, 즉 열반(涅槃)의 세계를 가리킵니다. 또한
무상정등정각(無上正等正覺)의 깨달음으로, 부처의 세계를 뜻합니다. 아울
러 이 '경(經)'은, 부처님의 말씀으로, 중생(衆生)이 '아뇩다라삼먁삼보리'를
얻기 위한 도구이자 방편입니다. 말하자면 강(江)을 건널 때 사용하는 '뗏
목'이나 '배'와 같은 수단이라 생각하면 되겠습니다.

이것이 이 경(經)의 이름인 『금강반야바라밀경(金剛般若波羅蜜經)』의 뜻입
니다. 간단히 정의하면, '금강처럼 견고하고 강력한 지혜를 통해 피안의
세계로 안내하는 말씀'이라 하겠습니다. 그렇다면 여기서 의문이 들 수

있습니다. 사람은 왜 사는 것인지, 대체 살아가는 이유가 무엇인지 등등에 대해 자문합니다. 생각 끝에 어떻게 살 것인지 목표를 세웁니다. 그리고 어떻게 '목표에 도달할 수 있는지에 대해 생각'합니다.

이때 정확한 이정표와 목적지에 빠르게 도달할 수 있도록 도와주는 수단이 존재한다면 크게 걱정할 일이 없을 것입니다. 가령 내비게이션이 장착된 자동차라면 어떻겠습니까. 모르는 길도 어렵지 않게 목적지에 도달할 수 있을 것입니다. 반대의 경우라면 어떨까요. 삶의 목표는 물론 이정표나 수단 등이 전혀 갖춰지지 않았다면 삶이 늘 고달플 것입니다. 온갖 고통을 경험한 이후에나 이정표나 수단을 찾을 것입니다.

주지하듯 사바세계는 온갖 고통이 존재하는 세계입니다. 누구나 이 세계에 존재하는 한, 고통을 피할 순 없습니다. 때문에 '대자유의 세계', '영원히 행복한 아뇩다라삼먁삼보리[無上正等正覺]의 세계'가 필요한 이유라 하겠습니다. 이곳에 도달하기 위한 이정표와 수단이 이 『금강경』인 것입니다. 즉 부처님의 말씀을 듣고 따르면, 더 쉽게 대자유의 세계로 진입하여, 영원히 행복한 세상에서 호흡할 수 있는 것입니다.

그렇다면 『금강경』은 어떤 책인지 살펴보겠습니다. 이 경(經)은 대승경전(大乘經典)의 최고봉으로 일컫는 『화엄경(華嚴經)』의 종지(宗旨)와 같은 진리, 하나의 지극한 도(道)를 품고 있습니다. 그리고 이 경(經)을 학술적으로 분류하면, 반야부(般若部)에 속합니다. 모든 불경과 후세의 보살, 고승들이 하나 같이 『금강경』을 『금강반야바라밀경』으로 칭한 것도 이 때문입니다. 여기서 반야(般若)에 관해 좀 더 살펴보겠습니다.

위에서도 간단한 언급이 있었습니다만 좀 더 구체적으로 살펴보면, 단순한 지혜(智慧)가 아닌 대지혜(大智慧)를 가리킵니다. 그리고 '반야'는 근본적 지혜로, 현대적인 표현으론 '형이상학적(形而上學的)인 생명의 본원(本源)이나 본성(本性)을 파악할 수 있는 지혜'를 뜻합니다. 이는 사변적이 아닌, 몸과 마음을 모두 던져 증험하는 지혜입니다. 한편 대지혜로 불리는 반야는 모두 5종류의 반야로 나눠 설명되고 있습니다.

첫째는 실상반야(實相般若)요, 둘째는 경계반야(境界般若), 셋째는 문자반야(文字般若), 넷째는 방편반야(方便般若), 다섯째는 권속반야(眷屬般若)라 합니다. 여기서 하나씩 살펴보겠습니다. 첫째, '실상반야'입니다. 이는 '모든 것의 실상, 진정한 본성을 아는 지혜'를 가리킵니다. 말하자면 우리가 평소에 보는 이 세계는 실제 존재하는 모습이 아닌, 그저 우리의 마음[생각]에 의해 만들어진 착각임을 깨닫는 지혜를 뜻합니다.

다시 말해 '실상반야'는 법(法)에 대한 깊은 통찰을 통해, 존재의 본질과 실상을 알아내는 지혜[6]를 가리킵니다. 즉 모든 것의 진정한 모습을 파악하는 능력이라 하겠습니다. 둘째, '경계반야'입니다. 이는 '수행자가 마주하는 경계, 즉 경험과 대상을 파악하는 지혜'에 관한 것을 가리킵니다. 또 감각적 경험과 외부 세계에 대한 지혜로, 세상의 '모든 대상과 현상들에 대한 올바른 인식을 통해 깨달음에 이르는 지혜'입니다.

---

6) 이렇게 통찰한 결과, 모든 사물의 참모습과 나아가 영원히 변하지 않는 이치를 비춰보는 지혜를 이른바 '관조반야(觀照般若)'라 한다.

부연하면 '경계반야'는 대상과 상황을 바르게 인식하고, 그것에 대한 올바른 이해를 통해 고통을 넘어서게 하는 것을 이릅니다. 셋째, '문자반야'입니다. 이는 '문자나 이론에 의한 지혜'를 가리킵니다. 즉 이와 같은 경(經)이나 교리에서 얻는 지혜로 길을 찾고 배우는 방식입니다. 하지만 '문자반야'는 지식이나 교리의 이해에 그치는 한계를 지닐 수 있기 때문에, 여러 불경(佛經)에선 이에 대한 '별도의 가르침'이 있습니다.

가령 『대반야경』에선, "반야바라밀다는 미묘하고 깊어 실로 말로 표현할 수 없으나, 중생들이 아는 세속의 문자를 방편으로 설한다."고 했고, 『화엄경』에선, "비록 실상은 말로 표현할 수 없다는 것을 알지만, 그럼에도 방편으로써 다함 없는 변재로 법을 따르고 뜻을 따라 단계적으로 설한다."고 했으며, 『보적경』[7]에선, "보살은 의미를 생각하지, 문자를 생각하지 않는 것이 반야바라밀다를 행하는 것이다."라고 했습니다.

또 『인왕반야경』에선, "보살은 문자(文字)에 집착하지 않고, 문자를 떠나지도 않으며, 문자라는 상이 없고, 문자가 없지도 않다. 이와 같이 닦을

---

7) 위의 '『대반야경(大般若經)』'은, 반야경전 가운데 가장 분량이 많은 불경이다. 『대품반야경(大品般若經)』, 『마하반야바라밀경(摩訶般若波羅蜜經)』이라고도 한다. '『보적경(寶積經)』'은, 당나라의 보살 유지(流志)가 대승경전 49부를 모아 번역한 불경을 말한다. 이미 번역되어 있는 23권과 뜻이 통하지 않는 것을 다시 번역한 15권, 아직 번역하지 못한 12권을 번역하여 120권으로 만들었다. 참고로 아래 '『인왕반야경(仁王般若經)』'은, 이른바 백고좌법회의 근거가 되는 경전이다. 구마라집이 번역한 『불설인왕반야바라밀경(佛說仁王般若波羅蜜經)』과 불공이 번역한 『인왕호국반야바라밀다경(仁王護國般若波羅蜜多經)』이 있다. 이 경(經)에선 국왕이 반야바라밀을 행하는 공덕으로 국토를 보호할 수 있다고 하여 왕이 직접 반야바라밀을 외우고 법회를 열도록 요구한다.

수 있으면 닦는다는 상을 보지 않으니, 이를 일러 문자를 닦는 것이라 하며, 능히 반야의 참된 성품을 체득하니, 이를 반야바라밀다라 한다."고도 했습니다. 넷째, '방편반야'입니다. 이는 '불경에서 수행(修行)이나 가르침에 있어 일시적인 방편(方便)'으로 사용되는 지혜입니다.

즉 깨달음에 이르는 다양한 방법을 선택하고, 적용하는 지혜를 의미합니다. 가령 부처님이 여러 사람들의 성향에 맞춰 다양한 방법[敎禪 등]을 사용하여 가르침을 전달한 것이 '방편반야'에 해당된다고 할 수 있습니다. 한편 '방편반야'는 상황에 맞는 가장 적절한 방법을 선택하는 지혜라는 점에서 '문자반야'와 서로 통하기도 합니다. 다섯째, '권속반야'입니다. 이는 '다른 사람들과 함께 이루어 가는 지혜'를 가리킵니다.

즉 불교의 가르침을 따르는 수행자들 사이에서 나타나는 지혜를 말합니다. 다른 말로는 이를 행원(行願)이라 지칭하기도 하는데, 이처럼 직접 수행하는 이들 외에도 친척이나 친구, 배우자들 속에서도 지혜가 동반된다는 차원에서 권속반야라 합니다. 한편 권속반야는 개인적인 깨달음만을 추구하는 것이 아닌, 공동체와 함께 발전하는 지혜로, 서로의 가르침을 통해 더 높은 진리와 깨달음[8]에 도달하는 방식을 의미합니다.

---

8) 깨달음의 과정, 즉 돈오(頓悟)나 점수(漸修)의 과정은 서로 다른 차원의 것이 아니다. 가령 에베레스트(Everest) 정상에 오르는 것을 깨달음의 완성이라 한다면, 8847미터는 '점수의 과정'이고, 1미터가 바로 '돈오의 과정'이라 할 수 있는 것이다. 따라서 '점수'의 과정이 배제된 '돈오'는 있을 수 없다고 볼 수 있다. 참고로 점수(漸修)가 하나의 과정이라면, 돈오(頓悟)는 하나의 현상이다. 즉 두 가지는 동일한 하나의 두 가지 형태라 할 수 있다. '점수하는 가운데 돈오'가 있고, '돈오하는 가운데 점수'가 있다는 말이 상통되는 이유다.

제1분 법회가 열리게 된 원인[法會因由分]

| 우리말 |

이와 같이 나는 들었다. 한때 부처께서는 사위국의 기수급고독원에서 큰 비구 1250명[9]과 함께 계셨다. 그때 세존(世尊)께서는 식사 시간이 되어 가사를 두르고 발우를 들어 사위성 안으로 들어가 걸식(乞食)을 하셨다. 성안에선 한 집 한 집 차례로 걸식을 하고, 본래의 곳으로 돌아오셨다. 식사를 마치고 의발(衣鉢)을 수습하신 후, 발을 씻고 자리를 펴고 앉으셨다.[10]

| 구마라집 |

如是我聞. 一時, 佛, 在舍衛國, 祇樹給孤獨園, 與大比丘衆, 千二百五十人俱. 爾時, 世尊, 食時, 著衣持鉢, 入舍衛大城乞食. 於其城中, 次第乞已, 還至本處. 飯食訖, 收衣鉢, 洗足已, 敷座而坐.

---

9) 1250명은 초기 승단의 제자들로, 구체적인 숫자는 대략적인 계산에 의해 나온 것으로 보인다. 이를테면 가섭(迦葉 : Kassapa) 등 세 형제의 제자들 1000명과 사리불과 목건련의 스승이 었던 산자야(Sanjaya)의 제자들 250명으로 구성된 것이다.

10) 부처님의 삶은 이처럼 평범하다. 때 되면 걸식하고, 때 되면 돌아오고, 때 되면 자리를 펴는, 즉 일상 속에서 불법(佛法)을 편 것이다.

| 자해 |

일시(一時)[11]: 한때. 비구(比丘): 비(比)는 위의(威儀)를 갖춘 선비란 뜻이고, 구(丘)는 구(救)한다는 의미로, 즉 비구는 '위의를 갖추어 몸과 마음으로 불법(佛法)을 구하는 사람'이란 뜻이다. 세존(世尊)[12]: 부처의 10가지 명호(名號) 가운데 '가장 존귀한 분'이란 뜻이다. 착의(著衣): 옷을 입다, 가사를 두르다. 지발(持鉢): 발우를 들다. 걸식(乞食)[13]: 구걸해 먹다, 걸식의 다른 말로는 화연(化緣), 즉 '본래 인연을 교화(敎化)한다'는 뜻이다. 반사(飯食): 끼니로 먹는 음식. 흘(訖): 마치다. 부좌(敷座): 자리를 펴다.

| 해동 |

"이와 같이 나는 들었다"의 '나'는 아난존자(阿難尊者)를 가리킵니다. 『열반경(涅槃經)』에 이런 이야기가 있습니다. 부처님이 열반에 들려 하자, 아난이 묻습니다. "이제 떠나시면 그동안 말씀하신 것을 기록하고자 하는

---

11) '일시(一時)'는, 그저 평범한 날로, 과거, 현재, 미래를 초월한 시간을 의미한다. 즉 깨달음의 관점에서 보면, 시간은 오거나 가는 것이 아니다. 억겁(億劫)의 시간은 그대로다. 그저 시간 속에 존재하는 유정(有情)과 무정(無情)의 상(相)만 변화할 따름이다. 하지만 중생들은 이 상의 변화로 말미암아 시간이 흐른다고 생각한다.

12) '세존(世尊)'은, 정반왕(淨飯王)의 태자셨고, 출세간(出世間)에선 삼계(三界 : 欲界, 色界, 無色界)의 큰 스승이셨으며, 사생(四生 : 胎生, 卵生, 濕生, 化生)의 자부(慈父)이자 지존(至尊)이셨다.

13) 걸식(乞食)을 하는 이유는 다양하다. 첫째, 수행자에겐 수행을 위한 방편이고, 중생에겐 복을 짓기 위한 방편[福田]이며, 둘째, 걸식에 따른 음식물의 호오(好惡)를 없앨 수 있으며, 셋째, 귀천의 구분이 없는 걸식을 통해 불평등한 관념을 제거하는 데 있다. 만일 걸식을 하지 않으면, 직접 농업에 종사해야 한다. 이렇게 되면 욕망이 끊임없이 발동될 뿐만 아니라 농업에 종사하는 과정에서 수많은 생명들을 해칠 수 있기 때문에 이를 금한 것이다.

데, 과연 사람들이 믿어줄까요. 제가 임의로 지어낸 것으로 생각할 수도 있지 않을까요." 이에 부처님은 아난에게 시작할 때마다 "이와 같이"를 붙이라 일러줍니다. 즉 부처님의 말씀을 들었다는 것입니다.

여기서 아난존자에 대해 살펴봅니다. 세속에선 석가모니 부처님의 사촌동생이고, 제자로선 부처님이 열반하실 때까지 보좌를 한 분입니다. 이른바 십대제자(十大弟子)[14] 가운데 유독 총명한 분으로, 부처님의 법문(法門)을 가장 많이 듣고 기억한 분입니다.[15] 가령 "이와 같이 나는 들었다." 즉 '여시아문(如是我聞)'으로 시작되는 경전들은 대체로 아난존자의 고증으로 이루어진 것으로 이해하면 큰 무리가 없을 정도입니다.

이어 '한때 부처님께서는 사위국의 기수급고독원에서 큰 비구 1250명과 함께 계셨다'는 것에 대해 살펴봅니다. 우선 사위국(舍衛國)은 중인도(中印度) 지역에 자리 잡은 경제와 문화가 발달한 나라이고, 기수(祇樹)는 나무 이름으로, 사위국의 기타(祇陀) 태자가 심은 나무로 알려져 있습니

---

14) 부처님은 45년간 교화를 했다. 여기서 수많은 제자가 탄생했다. 이 가운데 뛰어난 제자 10명은 이른바 십대제자(十大弟子)로 불린다. 이들은 각기 다른 수행으로 두각을 나타냈다. 지혜(智慧) 제일의 사리푸트라(Sariputra : 舍利佛), 신통력(神通力) 제일의 마하 목갈라나(Moggallana : 目犍連), 수행이 으뜸인 두타(頭陀) 제일의 마하 캇사파(Mahakasyapa : 大迦葉), 공(空)을 가장 잘 이해하는 혜공(慧空) 제일의 수부티(Subhuti : 須菩提), 부처님의 가르침을 가장 잘 설하는 설법(說法) 제일의 부루나(Purna : 富樓那), 교리(敎理)의 이치(理致)를 헤아려 논쟁을 잘하는 논의(論議) 제일의 마하 캇차나(Mahakaccana : 迦旃延), 천상의 눈을 가진 천안(天眼) 제일의 아누룻다(Anuruddha : 阿那律), 계율을 잘 지키는 지계(持戒) 제일의 우팔리(Upali : 優婆離), 남몰래 수행하는 것이 으뜸인 밀행(密行) 제일의 라홀라(Rahula : 羅睺羅), 부처님의 가르침을 가장 많이 듣고 암송하는 다문(多聞) 제일의 아난다(Ananda : 阿難陀) 등이다.
15) 십대제자(十大弟子)들 가운데서도 더욱 뛰어난 인물을 꼽는다면, 사리불(舍利佛)과 목건련(目犍連), 대가섭(大迦葉)을 들 수 있다.

다. 그리고 급고독원(給孤獨園)은 정사(精舍), 즉 사찰을 가리키며, 여기서 '배화교(拜火敎)의 교주'인 급고독(給孤獨)[16]이 돌봐줬습니다.

'큰 비구 1250명'은 부처님의 다양한 제자들을 가리킵니다. 그들이 세속의 부모와 배우자를 떠난 것은 그저 중생들에게 물질적으로 구걸하기 위한 것이 아니었습니다. 그들은 정신적으로 태어나지도 죽지도 않는 이른바 '불생불멸(不生不滅)의 가르침'을 구해 해탈을 하기 위해 부처님의 제자가 된 사람들입니다. 말하자면 그들은 아라한과(阿羅漢果)를 증득(證得)한 현인(賢人)들, 즉 '성불비구(成佛比丘)들'로 일컬어집니다.

아울러 '세존(世尊)께서 식사 시간이 되자, 가사를 두르고 발우를 들어 사위성 안으로 들어가 걸식(乞食)을 했다'는 것에 대해 살펴봅니다. 우선 세존은 하루 한 번 공양(供養)을 하셨고, 공양 시간은 주로 사시(巳時 : 09~11)에 이뤄졌습니다. 여기서 눈여겨볼 것이 있습니다. 부처님께서 직접 걸식을 하셨다는 점입니다. 사실 걸식은 말처럼 쉬운 일이 아닙니다. 지니고 있는 온갖 이기심(利己心)을 내려놓을 때 가능합니다.

걸식은 조금의 이기심이라도 발동하면 결코 할 수 없는 일입니다. 부처님께선 사람으로서 가장 하기 어려운 것을 통해 자신을 한없이 낮추는 마음, 즉 조복(調伏)[17]을 받아 아상(我相 : 利己心)을 없애고, 부처의 길로

---

16) '급고독(給孤獨)'은, 당시 배화교(拜火敎)의 교주로, 나이가 지긋하고 덕이 많은 사람이다. 그는 어려운 사람들이 찾아오면 항상 도움을 주던 사람이다.
17) '조복(調伏)'은, 몸과 마음을 조절하여 온갖 악행을 다스리는 것을 뜻한다.

들어서는 중생들을 인도한 것입니다. 특히 걸식공양을 받으실 땐 빈부를 따지지 않고 한 번에 7가구를 차례로 들렀습니다. 나눔의 소중함을 통해 보시공덕(布施功德) 할 수 있는 방법을 일러주신 것입니다.

한편 걸식(乞食)의 또 다른 의미를 찾는다면, 역시 모든 사람은 평등(平等)하고 귀천(貴賤)이 없음을 의미한다는 점입니다. 이런 차원에서 부처님께선 제자들에게 철저한 무소유 정신이 체득되도록 하고, 티끌만 한 탐욕도 마음에 담아두지 못하도록 한 것입니다. 그리고 '공양[식사]을 마치고 의발(衣鉢)을 수습하신 후, 발을 씻고 자리를 펴고 앉으셨다'는 것은, 지극히 평범하고 진솔한 인간의 모습을 보여주고 있습니다.

제2분 수보리가 일어나 법을 청하다[善現起請分]

| 우리말 |

그때 장로 수보리가 대중 속에 있다 일어나, 오른쪽 어깨를 드러내고 오른쪽 무릎을 땅에 대며, 두 손을 모아 공경의 마음을 표현한 후, 부처께 말씀드렸다. "희유(希有)한 세존이시여. 여래(如來)께선 여러 보살(菩薩)[18]들을 잘 보호하시고, 여러 보살들에게 잘 일러주십니다. 세존이시여. 선남자 선여인이 아뇩다라삼먁삼보리의 마음을 발[19]하려면 어떻게 머물러야 할까요. 어떻게 그 마음을 항복시켜야 할까요." 부처께서 말씀하셨다. "훌륭하고 훌륭하다, 수보리여. 그대의 말은 여래가 여러 보살들을 잘 보호하고, 여러 보살들에게 잘 일러준다는 것이었지. 그대는 이제 잘 듣게

---

18) '보살(菩薩)'은, 부처님처럼 충분히 원만하지 않기 때문에 '자기가 가장 잘하는 역할을 분담'하게 되었다. 불교에서 가장 유명한 사대보살(四大菩薩)은, 관세음보살(觀世音菩薩)과 문수보살(文殊菩薩), 보현보살(普賢菩薩), 지장보살(地藏菩薩)로 나눠볼 수 있다. 여기서 관세음보살은 비(悲)를 담당하는 보살로, 즉 사람이 고통이나 위험, 재난 등을 만났을 때 칭명(稱名)하면 관세음보살은 이 소리를 듣고 바로 오시는 보살이고, 문수보살은 지(智)를 담당하는 보살로, 이 보살을 따라 수행하면 지혜를 빠르게 향상시킬 수 있는 보살이며, 보현보살은 행(行)을 담당하는 보살로, 중생을 대신해 고난을 짊어진 것처럼 보살도를 행하는 보살이고, 지장보살은 원(願)을 담당하는 보살로, 염라의 화신답게 '지옥이 비지 않으면 성불하지 않겠다'고 할 정도로 원을 들어주는 보살이다. 여기서 관세음(觀世音)의 '관(觀)'은, 무루(無漏 : 無煩惱)의 큰 지혜로 관조(觀照)하는 것을 뜻하고, '세(世)'는, 천(天), 인(人), 아수라(阿修羅), 축생(畜生), 아귀(餓鬼), 지옥(地獄) 등 육도를 뜻하며, '음(音)'은, 육도의 중생이 어려움을 만났을 때 구원을 기도하는 소리를 뜻한다.
19) '아뇩다라삼먁삼보리'의 마음을 발하는 본질적인 이유는, 성불(成佛)하겠다는 서원(誓願)을 세우는 것이다. 하지만 성불의 서원은 말처럼 쉬운 일이 아니다. 성불하고야 말겠다는 의연한 자세와 무한 용기가 동반되어야 한다.

나. 그대를 위해 말하리라. 선남자 선여인이 아뇩다라삼먁삼보리의 마음을 발하려면 응당 이렇게 머물고, 이렇게 그 마음을 항복시켜야 하느니라." "네. 그렇습니다, 세존이시여. 원하건대 즐겨 듣고자 합니다."

| 구마라집 |

時, 長老, 須菩提, 在大衆中, 卽從座起, 偏袒右肩, 右膝著地, 合掌恭敬, 而白佛言. 希有世尊, 如來, 善護念諸菩薩, 善付囑諸菩薩. 世尊. 善男子善女人, 發阿耨多羅三藐三菩提心, 應云何住. 云何降伏其心. 佛言. 善哉善哉, 須菩提. 如汝所說, 如來善護念諸菩薩, 善付囑諸菩薩. 汝今諦聽. 當爲汝說. 善男子善女人, 發阿耨多羅三藐三菩提心, 應如是住, 如是降伏其心. 唯然, 世尊. 願樂欲聞.

| 자해 |

장로(長老): 나이가 많고 덕이 높은 사람. 편단(偏袒): 한쪽을 드러내다. 백불언(白佛言): 여기서 '백(白)'은 '말하다' 혹은 '말씀하다'라는 뜻으로, '언(言)'과 함께 쓰며, 즉 부처님의 말씀을 강조할 때 쓰는 일종의 관형어다. 희유(希有): 놀라운 일, 드문 일, 불가사의한 일. 희유세존(希有世尊): 참으로 드물게 만나볼 수 있는 세존이시여. 여래(如來): 직역하면 올 것 같다. 호념(護念): 늘 염두에 두고 보호하는 마음, 사랑하는 마음. 보살(菩薩): 내면의 평화와 평등, 대자유(大自由)를 이룬 인격체로, 이타자리(利他自利)의 지행(知行)을 갖춰 중생을 제도할 자격을 갖춘 이를 가리킨다. 운하(云何): 어떻게, 왜. 부촉(付囑): 불법(佛法)의 보호와 전파를 다른 이에게 부탁하다.

아뇩다라삼먁삼보리(阿耨多羅三藐三菩提): 보살승으로 함께 나아가는, 헤아릴 수 없는 최상의 진리로 영원히 행복한, 즉 피안의 세계[20]를 뜻한다.

| 해동 |

여기부터 장로(長老) 수보리와 부처님의 긴 대화가 시작됩니다. 주지하듯 『능엄경(楞嚴經)』[21]의 주인공은 아난이고, 『금강경』의 주인공은 수보리입니다. 따라서 이 경전은 수보리가 문제를 제기하는 것에서 출발합니다. 물론 수보리의 질문은 당시 대중들의 의사를 대표하는 것이라 하겠습니다. 말하자면 수보리의 질문은 공론(空論)이라 할 수 있습니다. 그리고 지금과는 다른 환경으로, '자리에서 일어나 질문'을 합니다.

여기서 수보리의 복장을 보면, 오른쪽 어깨를 드러낸 것이 특징입니다. 이는 인도의 예법으로, 가사를 입을 땐 한쪽 어깨를 드러내는 것입니다. 이런 관습은 몇 가지 설이 존재합니다. 하나는 오른손을 좋은 일에 쓰기 위해 비워두는 것입니다. 가령 부처님과 함께 걸을 땐 오른손으로 어른들을 부축하면서 걷는 것입니다. 다른 하나는 오른손은 길(吉)한 손이고, 왼손은 불길(不吉)한 손이기 때문에 왼손을 가리는 것입니다.

---

20) 여기는 절대 평등의 세계로, 성현(聖賢)도 없고, 중생(衆生)도 없으며, 크고 작음도 고(苦)도 없는 영원히 즐거움만 가득한 곳이다.

21) '『능엄경(楞嚴經)』'은, 당(唐)나라 중종(中宗) 신룡(神龍) 1년(705)에 천축국(天竺國) 반자밀제(般剌蜜帝)가 번역한 것이다. 이 책은 제보살(諸菩薩)의 마음 수행을 통해 불과(佛果)에 이르는 길을 깨닫고, 나아가 중생(衆生)을 교화(敎化)하려는 마음, 즉 보리심의 깨닫는 방법을 설한 책이다. 『능엄경』은 『대불정여래밀인수증요의제보살만행수능엄경(大佛頂如來密因修證了義諸菩薩萬行首楞嚴經)』, 혹은 『대불정수능엄경(大佛頂首楞嚴經)』, 『수능엄경(首楞嚴經)』이라고도 부른다.

이어 수보리가 오른쪽 무릎을 땅에 대고, 두 손을 모아 공경의 마음을 표현하는 것 또한 당시 인도의 예법이었습니다. 그리고 합장(合掌)은 말 그대로 두 손을 한데 모으는 것으로, 몸과 마음을 하나로 합하여 성심(誠心)을 다해 예(禮)를 표하는 불교의 인사법입니다. 따라서 합장을 한 상태로 서로 인사를 한다면 예(禮)를 갖춘 것이라 볼 수 있고, 수보리의 합장과 무릎을 땅에 댄 자세 역시 예를 표한 것이라 하겠습니다.

그리고 세상에서 수없이 언급되는 여래(如來)와 보살(菩薩)에 관해 살펴봅니다. 우리는 대체로 '여래'를 '부처님'의 다른 이름으로 이해합니다. 사실 부처님을 일컫는다는 것은, '여래', '세존(世尊)', '석존(釋尊)', '불(佛)' 등이 모두 여기에 속한다고 할 수 있습니다. 이 때문에 관행적으로 '여래'와 '불'을 합해 '여래불(如來佛)'이라 칭하기도 합니다. 여기서 '여래'란 말은, 도(道)를 얻었다거나, '성불(成佛)한 사람을 통칭'합니다.

아울러 아미타[22]와 석가모니(釋迦牟尼)는 일종의 이름으로, 고유명사입니다. 이에 반해 '여래'나 '불(佛)'은 통칭, 즉 일반명사로 쓰입니다. 말하자면 '여래'나 '불'은 유교(儒教)의 성인(聖人)과 다르지 않은 것입니다. 가령

---

22) '아미타불(阿彌陀佛)'은 정토종의 본존불로, 극락정토[극락세계]에 있으며, 사바세계[현세]에서 서쪽으로 10만억 불토를 지나면 극락정토가 나온다고 주장한다. 한국에 본격적으로 아미타신앙을 전파한 승려는 원효(元曉)다. 그는 정토사상을 펼치며, 임종 시 10번만 아미타불을 외우면 누구나 극락세계에 갈 수 있다고 강조했다. 즉 모든 중생을 평등하고 겸손하게 대해야 한다고 주장한 것이다. 참고로 아미타불을 모신 대표적인 전각은 안동시의 봉정사(鳳停寺) 극락전, 영주시의 부석사(浮石寺) 무량수전, 강진군의 무위사(無爲寺) 극락전 등이 있다.

요순(堯舜)과 문왕(文王), 주공(周公), 공자(孔子) 등은 모두가 성인(聖人)으로 통칭되나, 공자나 주공 등은 고유명사인 것입니다. 따라서 여래(如來)로 번역된 것은 매우 잘된 번역이라 할 수 있습니다.

한편 보살(菩薩)이란, 부처님의 제자 가운데 대승[23]불교를 추종하는 사람을 가리킵니다. 여기서 출가한 제자들은 부모와 처자를 두고 나온 사람들로, 이른바 대비구승(大比丘僧)으로 부릅니다. 물론 불교 경전엔 소승(小乘)에 속하는 사람들도 존재합니다. 이들은 세속의 일체를 떠나 자신의 수행에 전념하며, 일체의 것을 배제하고 오직 도(道)를 성취하고자 정진합니다. 이것이 소승 나한(羅漢)[24]의 경계라 할 수 있습니다.

선종(禪宗)에선 이들을 담판한(擔板漢)이라 부릅니다. 즉 판자 하나만 짊어지고 길을 가는데, 한쪽 면만 볼 뿐 다른 면은 보지 못한다는 것입니다. 말하자면 청정이나 공(空)만 붙들고 늘어짐으로써 반대편에 존재하는 번뇌와 고통은 보지 못하는 것입니다. 주지하듯 불교에선 실상(實相) 표현하

---

23) 채식(菜食)을 하고 계(戒)를 지키며 염불(念佛)하는 것만 아는 사람은 범부(凡夫)이고, 삶과 죽음을 깨달은 사람은 나한과(羅漢果)를 성취한 사람이다. 그러나 자신들만 불법(佛法)을 타고 고해(苦海)에서 벗어날 것만 생각하기 때문에 소승(小乘)이라 한다. 한편 보살(菩薩)은 자신을 잊은 가운데 중생(衆生)과 배를 타고 건너가 함께 해탈하여 피안(彼岸)에 이르기 때문에 대승(大乘)이라 한다.

24) '나한(羅漢)'은, 아라한(阿羅漢)의 준말이다. 아라한은 본래 부처를 가리키는 명칭이었는데, 후에 불제자들이 도달하는 최고의 계위(階位)로 바뀌었다. 수행 결과에 따라 범부(凡夫), 현인(賢人), 성인(聖人) 등으로 구별하는데, 잘 정비된 교학(敎學)에선 성인을 예류(預流), 일래(一來), 불환(不還), 아라한(阿羅漢)의 사위(四位)로 나눠 아라한을 최고의 자리에 놓고 있다. 참고로 아라한과(果)는 더 이상 배우고 닦을 만한 것이 없기 때문에 무학(無學)이라 하고, 그 이전의 계위는 아직도 배우고 닦을 필요가 있는 단계이므로 유학(有學)이라 한다.

는 것을 시현(示現)이라 합니다. 어떤 것의 형상을 드러낸다는 말입니다. 여기서 '큰 보살들의 시현은 모두 재가(在家)인'입니다.

가령 대자대비의 관세음보살(觀世音菩薩), 큰 지혜의 문수보살(文殊菩薩), 큰 실천[大行]의 보현보살(普賢菩薩) 등 큰 보살들은 하나 같이 재가인(在家人)의 옷차림으로 시현합니다. 예외가 있다면 큰 발원[大願]의 지장보살(地藏菩薩) 정도입니다. 출가인(出家人)들은 결코 화려한 복장을 할 수 없고, 몸에도 다양한 치장을 할 수 없습니다. 그럼에도 지금의 보살들은 이와 다릅니다. 목걸이, 귀걸이, 화장 등 치장을 합니다.

이런 현상을 대체 어떻게 해석할 수 있을까요. 이는 보살(菩薩)들이 속세(俗世)로 들어왔다는 것을 의미합니다. 이로 말미암아 이런 보살의 경계를 이른바 대승(大乘)이라 합니다. 이에 반해 나한(羅漢)의 경계는 공(空)에 머무릅니다. 감히 속세로 들어오려 하지 않습니다. 따라서 일체의 것과 마주하려 하지 않습니다. 즉 눈으로 보지 않기 때문에 마음도 혼란할 이유가 전혀 없습니다. 이와 같이 자신만을 위하는 것입니다.

어떤 사람은 종교적 열정으로 자신의 도(道)를 이루진 못했으나, 타인을 위해 교화하고자 애씁니다. 물론 다른 종교도 크게 다르진 않습니다. 그럼에도 자신보다 타인을 먼저 구하고자 하는 것, 이것이 보살의 도라 할 수 있습니다. 이미 스스로 원만히 깨닫고 다른 사람을 깨닫게 하는 것은 현존하는 현생의 부처라 할 것입니다. 여하튼 보살은 여래의 앞 단계로, 여래나 불은 보살의 열매이고, 성취의 결과라 하겠습니다.

논하다 보니, 본론이 늦었습니다. 아뇩다라삼먁삼보리(阿耨多羅三藐三菩提)[25]에 관해 살펴봅니다. '아뇩다라삼먁삼보리'를 우리말로 해석하면 '헤아릴 수 없는 세계, 최상의 진리로 행복한 삶을 누리는 피안의 세계'를 뜻합니다. 여기엔 절대평등과 절대자유의 세계로, 성현(聖賢)도 중생(衆生)도 대소(大小)도 고락(苦樂)도 없는 세계를 가리킵니다. 때문에 어떻게 하면 최상의 진리를 얻어 행복할 수 있는지가 관건입니다.

세상의 모든 중생들은 행복하길 원합니다. 그러나 사바세계엔 영원한 행복이 존재하지 않습니다. 중생계의 생명체는 모두가 생로병사(生老病死)의 과정을 거칠 수밖에 없기 때문입니다. 특히 생로병사 과정에서 오욕(五欲), 즉 식욕(食欲), 색욕(色欲), 재욕(財欲), 명예욕(名譽欲), 수면욕(睡眠欲) 등을 충족시키기 위해 애씁니다. 이 오욕이 충족되면 비로소 '아뇩다라삼먁삼보리'의 세계를 맛볼 수 있을 것으로 기대합니다.

하지만 오욕이 충족된다고 한들 결코 '아뇩다라삼먁삼보리'의 세상은 도래하지 않습니다. 오욕을 채워 부귀영화를 누린다 한들 맛볼 수 없습니다. 왜 그렇겠습니까. 이는 한순간에 불과하기 때문입니다. 생겨난 것은 시간이 가면 금방 사라지는 것이니, 곧 꿈이요, 환상에 지나지 않는 것입니다. 다시 말해 물질을 통해선 결코 영원한 행복의 세계에 들 수 없습니다. 그렇다면 어찌해야 '피안의 세계에 도달'할 수 있을까요.

---

25) '아뇩다라삼먁삼보리(阿耨多羅三藐三菩提)'를 산스크리트어(Anuttarasamyaksambodhi)로 굳이 번역하면, '아뇩다라'는 무상(無上)으로 지고무상(至高無上)하다는 뜻이다. 그리고 삼은 정(正)이고, 먁은 등(等), 즉 평등을 의미한다. 그리고 보리(菩提)는 깨달음으로, 합쳐 말하면 '무상정등정각(無上正等正覺)의 마음'을 가리킨다.

때문에 수보리가 부처님께 물은 것입니다. 어찌하면 중생이 고통의 바다[苦海]에서 벗어나 영원한 행복을 누릴 수 있는지 물었습니다. 이에 부처님은 "여래가 여러 보살들을 잘 보호하고, 여러 보살들에게 잘 일러준다는 것이었지. 그대는 이제 잘 듣게나. 그대를 위해 말하리라. 선남자 선여인이 '아뇩다라삼먁삼보리'의 마음을 발하려면 응당 이렇게 머물고, 이렇게 그 마음을 항복시켜야 하느니라."라고 일러준 것입니다.

여기서 '머무르고, 항복시켜야 한다'는 말씀은 무엇을 뜻하는 것일까요. 이는 마음을 다스리고, 평상심을 유지해야 함을 뜻합니다. 즉 스스로 제어하고 극기(克己)하여 그 무엇에도 구속되지 않으며 자유자재로 존재하는 것, 이를 평상심이라 합니다. 그러므로 영원한 행복을 누리기 위해선 자신이 주인공이 되어야 합니다. 스스로 주인공이 되지 못하면, 결국 누군가의 종[奴]이 되어 끊임없이 좌충우돌하게 될 것입니다.

다시 말하면 스스로 주인정신이 존재하지 않으면, 항상 누군가의 종이 되어 일희일비(一喜一悲)하면서 흔들릴 수밖에 없습니다. 때문에 큰 자유를 얻어 영원한 행복을 누리기 위해선 오직 나 자신이 주인공이 되는 것이 중요합니다. 종에게 선택권이란 결코 주어지지 않기 때문입니다. 여하튼 장로[26] 수보리가 대중 속에 있다 일어난 것은, 1250명의 비구를 대표해 반가운 마음으로 부처님께 즐겨듣기를 원한 것입니다.

---

[26] '불교에서의 장로(長老)'는, 주로 수행과 지혜, 경험이 풍부한 승려를 지칭한다. 그리고 단순히 나이가 많은 승려를 넘어 오랜 수행과 교리의 이해를 바탕으로 존경받는 승려를 의미한다. 특히 불교 공동체에서 중요한 역할을 수행하며, 법문을 전하거나 지도자로서의 역할을 한다.

제3분 대승의 바른 종지[大乘正宗分]

| 우리말 |

부처께서 수보리에게 말씀하셨다. "모든 보살마하살은 응당 이와 같이 마음을 항복시켜야 한다. 존재하는 모든 중생의 종류, 즉 난생(卵生), 태생(胎生), 습생(濕生), 화생(化生), 유색(有色), 무색(無色), 유상(有想), 무상(無想), 비유상(非有想), 비무상(非無想)들을 내가 모두 완전한 열반에 들게 하여 제도하리라. 이와 같이 헤아릴 수 없고, 셀 수도 없이 많은 중생을 제도하더라도 실로 제도를 얻은 중생은 아무도 없다. 이유가 무엇인가, 수보리여. 만약 보살이 아상(我相), 인상(人相), 중생상(衆生相), 수자상(壽者相)[27]을 지닌다면 보살이 아니기 때문이다."

| 구마라집 |

佛告須菩提. 諸菩薩摩訶薩, 應如是降伏其心. 所有一切衆生之類, 若卵生, 若胎生, 若濕生, 若化生, 若有色, 若無色, 若有想, 若無想, 若非有想非無想, 我皆令入無餘涅槃而滅度之. 如是滅度無量無數無邊衆生, 實無衆生得滅度

---

27) '아상(我相), 인상(人相), 중생상(衆生相), 수자상(壽者相)' 등 사상(四相)'은, 깨치지 못한 중생들이 전도(顚倒)된 생각에서 실재한다고 믿는, 이른바 '분별심(分別心)'을 가리킨다. 참고로 『금강경』에선 이 사상(四相)을 자주 언급한다. 이 4개의 상(相)이 중생들을 번뇌(煩惱)와 미혹(迷惑)에 빠지게 하는 원인이기 때문이다.

者. 何以故, 須菩提. 若菩薩, 有我相, 人相, 衆生相, 壽者相, 卽非菩薩.

| 자해 |

보살마하살(菩薩摩訶薩): 대보살(大菩薩)이란 뜻으로, 대승보살(大乘菩薩)의 이름이다. 일체중생을 고난에서 구제하여 모두 잘 살게 하고자 대원(大願)을 세워 행하는, 즉 큰 깨달음을 얻은 이를 가리킨다. 난생(卵生): 알로 태어나는 생명. 태생(胎生): 태반(胎盤)에서 태어나는 생명. 습생(濕生): 습기에 의해 태어나는 생명. 화생(化生): 여러 물질들이 혼합되어 태어나는 생명. 유색(有色): 물질적 색채가 있는 생명. 무색(無色): 물질적 색채가 없는 생명. 유상(有想): 생각이 있는 생명. 무상(無想): 생각이 없는 생명. 비유상(非有想): 생각이 있는 것도 아닌. 비무상(非無想): 생각이 없는 것도 아닌. 무여(無餘): 남김 없는, 완전한. 멸도(滅度): 제도하여 사상(四相)을 멸하다, 즉 '고통에서 벗어나 열반에 이르도록 하는 것'을 가리킨다.

| 해동 |

보살마하살(菩薩摩訶薩)을 살펴봅니다. 여기서 마하(摩訶)는 크다는 뜻입니다. 즉 '대보살'을 가리킵니다. "응당 이와 같이 마음을 항복시켜야 한다."는 것은 자신의 마음을 항복시키는 방법이 존재함을 의미합니다. 바로 '모든 중생(衆生)의 종류'라 일러줍니다. 그렇다면 중생에 대해 살펴봅니다. 불교에서 논하는 중생은 인간을 포함한 생명이 있는 모든 존재를 가리킵니다. 따라서 '사람은 중생의 한 종류'일 따름입니다.

다시 말해 사람을 포함한 모든 생명이 있는 존재, 심지어는 세균조차 중생으로 봅니다. 그러므로 부처님은 모든 중생을 교화하기 위해 자애를 베풀어야 함을 강조합니다. 이를 위해선 자신의 마음[心]을 먼저 항복시켜야 합니다. 그렇다면 마음에 대해 언급하지 않을 수 없습니다. 마음이란 무엇인가요. 무엇을 마음이라 하나요. 일반적으론 중생의 움직이는 모습을 보고, 내면에서 작동하는 것을 이른바 마음[28]이라 합니다.

하지만 이를 진정으로 마음이라 단정할 순 없습니다. 과거 오래전엔 마음이 단전에 존재한다고 하다, 심장으로 올라왔다가 최근엔 뉴런(Neuron)이란 신경세포 간 전달하는 전기 신호, 즉 시냅스(Synapse)[29]의 작용을 마음이라 주장하기도 합니다. 물론 불교에선 '오온(五蘊)의 작용'을 마음으로 규정하고 있습니다. 그럼에도 이 마음이란 녀석에 대해 '이것이다'라고 명확히 규정하기 어려운 면이 존재하는 것이 사실입니다.

무엇으로 규정되든 어떻게 규정되든 마음을 복종시키지 않고선 '아뇩다라삼먁삼보리'를 이룰 수 없습니다. 따라서 어떻게든 기존에 지니고 있는 마음을 항복시키지 않을 수 없습니다. 즉 사랑하는 마음, 미워하는 마

---

28) 불교를 한마디로 하면, '치심지학(治心之學)'이라 할 수 있다. 이처럼 방대한 학문을 '이것'이라 규정할 수 있다면, 이는 어불성설(語不成說)이다.
29) 뉴런(Neuron)과 뉴런(Neuron)의 접합부로, 다른 신경세포를 흥분시키는지 억제하는지에 따라 흥분성 시냅스(Synapse)와 억제성 시냅스로 나뉜다. 시냅스는 물리적인 틈새로서 시냅스 후 뉴런으로 신경 전달 물질을 확산의 원리를 통해 전달한다. 여러 자극이 감각을 통해 들어오면 뉴런은 다른 뉴런과 연결하는 시냅스 회로를 구성하여, 정보를 저장하거나 연산한다. 크게 전기적 시냅스와 화학적 시냅스로 나뉘는데 현재 생명과학계는 화학적 시냅스가 우리 몸에 더 많은 것으로 보고 있다.

음, 즐거워하는 마음, 두려워하는 마음, 초조해하는 마음, 집착하는 마음, 순간적으로 변하는 마음 등 종잡을 수 없는 마음을 복종시켜야 합니다. 수보리의 질의를 이처럼 답하는 것이 '제3분의 요체'입니다.

중생에 대해 다시 봅니다. 부처님은 중생들이 인연(因緣)으로 생겨나는 방식에 대해 논하는데, 이는 삼계(三界)[30]의 중생을 포괄합니다. 삶의 모습은 다르나 모두 소중한 존재이므로 열반에 들 수 있도록 해야 하는 것입니다. 중생이 이 삼계에 생겨나는 방식은 10가지로 분류합니다. 즉 난생(卵生), 태생(胎生), 습생(濕生), 화생(化生), 유색(有色), 무색(無色), 유상(有想), 무상(無想), 비유상(非有想), 비무상(非無想) 등입니다.

---

30) 불교(佛敎)에선 존재하는 모든 세계를 삼계(三界)로 나눠 설명한다. 삼계는 나고 죽음을 거듭하는 중생들의 세계를 차원에 따라 '욕계(欲界), 색계(色界), 무색계(無色界)'로 분류하여 일컫는다. 여기서 계(界)는 산스크리트어 다투(Dhatu)에서 나온 말로, 본래는 '계층(階層)', '기초(基礎)', '요인(要因)'이란 뜻을 지니고 있으며, 『능엄경』에선 '방위(方位)', '공간(空間)'이란 뜻으로도 쓴다. 먼저 '욕계(欲界)'는, 탐욕(貪欲)의 세계로, 식욕(食欲), 색욕(色欲), 수면욕(睡眠欲)과 같은 기본적인 욕망이 가득한 곳이다. 이곳엔 고통이 헤아릴 수 없는 지옥세계(地獄世界)부터 아귀(餓鬼), 축생(畜生), 아수라(阿修羅), 인간(人間), 천상(天上)세계로 나눠져 있다. '색계(色界)'는, 물질의 세계로, 욕계와 같은 탐욕은 없으나, 미묘한 빛깔과 형체를 지닌 곳이다. 범중천(梵衆天), 범보천(梵輔天), 대범천(大梵天), 소광천(少光天), 무량광천(無量光天), 광음천(光音天), 소정천(少淨天), 무량정천(無量淨天), 변정천(遍淨天), 무운천(無雲天), 복생천(福生天), 광과천(廣果天), 무상천(無想天), 무번천(無煩天), 무염천(無染天), 선견천(善見天), 선현천(善現天), 색구경천(色究竟天) 등 천상 세계로 나눠져 있다. '무색계(無色界)'는, 물질이 아닌 세계로, 욕망이나 형상 없이 순전히 정신으로만 이뤄진 곳이다. 공무변천(空無邊天), 식무변천(識無邊天), 무소유천(無所有天), 비상비비상천(非想非非想天)이 여기에 해당한다. 정리하면, 삼계 가운데 욕계는 중생들이 선과 악을 행한 그 경중에 따라 태어나는 곳이지만, 색계와 무색계는 이와 좀 다르다, 여기엔 착한 일을 많이 행했다고 태어나지 못하고, 선정(禪定)을 닦아야 오를 수 있는 곳이다. 불교는 타종교처럼 천상계를 이상 세계로 여기지 않는다. 천상계가 아무리 영원하고 즐거운 곳이라 할지라도 언젠가는 끝이 있다고 보기 때문이다. 불법(佛法)을 닦는 목적은, 부처처럼 삼계를 벗어나기 위해서다. 때문에 선업(善業)을 짓고 선정(禪定)을 부지런히 닦아야 하는 이유가 여기에 있는 것이다.

말하자면 알로 부화(孵化)해서 태어난 생명이나 어미의 태(胎)에서 태어난 생명이나 습기(濕氣)로 인해 태어난 생명, 여러 물질이 혼합되어 생겨난 생명, 색을 지닌 생명, 색을 지니지 않은 생명, 생각할 수 있는 생명, 생각할 수 없는 생명, 생각이 있지도 않고, 생각이 없지도 않은 생명들 모두를 빠짐없이 제도하여 영원히 행복한 열반의 세계로 인도하는 것입니다. 즉 차별이 전혀 없는 평등세계로 인도하는 것입니다.

사실 우리 마음속엔 이런 10가지, 즉 십생(十生)이 존재합니다. 다름 아닌 번뇌(煩惱)와 망상(妄想)이 그것입니다. 온갖 번뇌와 망상은 하루에도 수없이 생겨나고 사라지길 반복합니다. 이처럼 수없는 마음의 변화를 이른바 108번뇌[31]라 칭하기도 합니다. 번뇌는 생명력이 대단하여, 경우에 따라선 수만 번도 가능하다고 합니다. 아무튼 부처님께선 수없이 많이 일어나는 '중생들의 마음속 번뇌를 제도하신다는 말씀'입니다.

그럼에도 반전이 있습니다. 부처님께서 다양한 형태로 태어난 중생들

---

31) '108번뇌'는, '육근(六根)'이란 감각기관과 '육경(六境)'이란 감각 대상이 서로 마주칠 때 육식(六識)이 일어난다. 육근(六根)은 안이비설신의(眼耳鼻舌身意), 육경(六境)은 색성향미촉법(色聲香味觸法)이다. 육근이 육경을 만나면 먼저 '좋다[好]', '나쁘다[惡]', '그저 그렇다[平等]'는 3가지 '인식작용[느낌]'을 일으킨다. 다시 좋은 것은 즐겁게 받아들이고[樂受], 나쁜 것은 괴롭게 받아들이며[苦受], 그저 그런 것은 즐겁지도 괴롭지도 않게 방치하는[捨受] 마음이 생긴다. 곧 육근과 육경의 하나하나가 부딪칠 때 좋고[好], 나쁘고[惡], 그저 그렇고[平等], 괴롭고[苦], 즐겁고[樂], 버리는[捨] 6가지 감정이 나타난다. 따라서 총36가지의 번뇌가 생겨나는 것이다. 이런 36가지 번뇌는 과거에도 현재에도 미래에도 끊임없이 유전한다. 그러므로 36에 과거, 현재, 미래의 3을 곱하면 108번뇌가 되는 것이다. 불교에선 이 108번뇌에 특별한 의미를 둔다. 때문에 108개의 나무 알을 꿰어 108염주를 만들고, 이를 돌리면서 번뇌를 멸하고, 해탈을 꿈꾸는 것이다.

을 제도하지만, 실제론 제도되지 않았다는 말씀입니다. 이는 모든 중생들에게 부처와 같은 본래면목(本來面目)이 존재함을 자각하게 해주었음에도 오욕(五欲)32)에 의해 스스로 사상(四相)을 만들어 우비고뇌(憂悲惱苦)와 생사윤회(生死輪廻)를 거듭하기 때문입니다. 즉 중생은 이처럼 없던 상을 만들어 번뇌를 일으킴으로써 생사윤회를 거듭하는 것입니다.

여기서 부처와 중생의 마음을 알아봅니다. 무엇이 부처의 마음이고, 무엇이 중생의 마음일까요. 부처의 마음은 사상(四相)이 없는, 본래 맑고 밝은 영원한 행복이 존재하는 마음이라 한다면, 중생의 마음은 부처와 악귀(惡鬼)가 혼재해 있는 마음을 뜻합니다. 즉 중생도 본래는 부처와 같은 마음이었으나, 오욕(五欲)이 들어와 중생으로 갈린 것이기 때문에 본성(本性)엔 부처의 마음이 그대로 남아 있다고 볼 수 있습니다.

다시 말해 중생의 마음은 부처의 마음 위에 '오욕과 사상이 덮여 있는 마음'이라 할 수 있습니다. 때문에 중생의 마음은 때로 악귀와 같은 잔악(殘惡)한 마음이 일어 악행(惡行)을 저지르기도 하고, 때론 부처와 같은 자비(慈悲)의 마음이 일어 선행을 하기도 하는 것입니다. 물론 여기서 언급하는 중생은 사람을 가리킵니다. 여하튼 중생[사람]의 마음을 보십시오. 잔인함도 최고요, 자비로움도 생명체 가운데 최고입니다.

---

32) 인간의 5가지 근본 욕망으로, 식욕(食欲), 색욕(色欲), 재욕(財欲), 명예욕(名譽欲), 수면욕(睡眠欲)을 가리킨다. 한편으론 욕망의 대상인 색성향미촉(色聲香味觸)에 집착하여 일으키는 것으로 해석하면, 색욕(色欲), 성욕(聲欲), 향욕(香欲), 미욕(味欲), 촉욕(觸欲)으로 이해하기도 한다.

이처럼 중생[사람]의 마음은 부처와 악귀(惡鬼)가 혼재해 있습니다. 즉 중생의 마음은 선악(善惡)이 혼재되어 있는 관계로 처한 환경에 따라 때론 선하게도 때론 악하게도 나타나는 것입니다. 말하자면 중생이 저지르는 모든 악행은 오욕(五欲)과 사상(四相)에서 나오는 것으로, 부처의 마음을 이것이 덮어버림으로써 온갖 악행이 드러나는 것입니다. 따라서 중생이 이것만 걷어낼 수 있다면 부처의 마음이 되는 것입니다.[33]

모두가 알고 있듯 '우리가 불법(佛法)을 배우고 익히는 것'은, 깨달음을 얻어 영원한 행복을 누리기 위함입니다. 여기서 깨달음을 얻는다는 것은, 본래 지니고 있는 부처의 마음을 회복하는 것입니다. 즉 오욕(五欲)과 사상(四相)에서 벗어나 중생의 본래인 근본자리로 돌아가는 것을 뜻합니다. 중생의 마음이 이처럼 본래의 자리로 돌아가면, 부처의 마음과 같아지는 것이므로 더 이상 제도(濟度)를 논할 이유가 없습니다.

이 자리는 곧 차안(此岸)도 피안(彼岸)도 분별할 필요가 없는 곳입니다. 열반(涅槃)이나 생사(生死)도 존재하지 않고, 선(善)도 악(惡)도 극락(極樂)도 지옥(地獄)도 존재하지 않으며, 깨우침이나 존재하지 않는 것도 존재하지 않습니다. 이처럼 분별을 떠나면 중생에도 걸림이 있을 수 없고, 그 무엇에도 걸림이 있을 수 없습니다. 즉 더 이상 제도(濟度)할 그 무엇도 없고, 제도를 받은 이들도 결국은 없게 되는 것입니다.

---

[33] 따라서 부처님께선 평생 동안 중생들에게 이 오욕(五欲)과 사상(四相)을 제거하는 방법을 여러 방편(方便)을 통해 일러주신 것임은 물론이다.

여기서 사상(四相)에 관해 잠시 살펴봅니다. 첫째, 아상(我相)입니다. 이는 '나'란 존재만 생각하는 마음입니다. 즉 생각과 행동에 있어 이기심(利己心)과 이기적(利己的)인 행동을 일삼는 것입니다. 말하자면 자신은 우등하고 남은 열등하게 여겨, 남의 처지나 고통 등은 고려하지 않고, 오로지 자신의 입장에서만 이롭게 생각하는 마음입니다. 둘째, 인상(人相)입니다. 자신이 아닌 '남이란 의식이 강한 마음'을 가리킵니다.

즉 자신과 남을 철저히 나눠 자신은 인간이고 남은 축생, 못난 사람 등으로 분별하여, 오직 자기 자신을 중심으로 판단하고 행동하는 지극히 이기적인 마음입니다. 셋째, 중생상(衆生相)입니다. 이는 괴롭고 힘든 것을 싫어하면서도 중생은 어차피 성불할 수 없다고 단정하고, 오로지 즐거움만 탐내는 마음을 뜻합니다. 넷째, 수자상(壽者相)입니다. 이는 장수(長壽)하고 싶은 마음과 '어려운 것은 피하고 싶은 마음'입니다.

곧 타인의 형편이나 처지는 고려하지 않고, 오로지 자신만을 생각하며, 그러면서도 이로운 곳을 찾아 거기서 오래도록 머무르려는 마음을 뜻합니다. 이처럼 사상(四相)은 모두 아상(我相), 즉 이기심에서 출발하고 있음을 알 수 있습니다. 부처와 중생을 나누고, 선과 악을 나눕니다. 이런 아상으로부터 자유로워지는 것, 이를 해탈(解脫)이라 합니다. 따라서 '나'라고 하는 아상을 제거하는 것이야말로 선결과제인 셈입니다.

이 아상(我相)만 제거할 수 있다면, 인상과 중생상, 수자상은 절로 제거되기 때문입니다. 이렇게 되면 부처와 중생상은 분별되지 않고, 나와 남을 구별할 필요도 없으며, 일체의 시시비비(是是非非)가 존재하지 않게 되는 것입니다. 그럼에도 사람들은 이 4가지 상(相)에 집착하기 때문에 개인 간, 집단 간, 국가 간, 종교 간 등 끝도 없이 갈등을 야기(惹起)합니다. 부처님이 사상을 강조한 이유가 여기에 있다 하겠습니다.[34]

---

34) 부처님이 『금강경』 시작부터 끝까지 이 사상(四相)에 대해 수없이 설한 이유는, 사상에서 벗어나지 못하면 그 누구도 영원히 행복할 수 없다고 보았기 때문이다.

제4분 불법 수행은 머무름이 없는 것[妙行無住分]

| 우리말 |

"다음으로, 수보리여. 보살은 법(法)에 대해 응당 머무는 바 없이 보시(布施)를 행한다. 이른바 색(色)에 머물지 않고 보시할 것이며, 소리[聲], 향기[香], 맛[味], 촉감(觸感), 법(法)에 머물지 않고 보시해야 한다. 수보리여. 보살은 응당 이와 같이 보시하며 상에 머물지 않는다. 이유가 무엇인가. 만약 보살이 상에 머물지 않고 보시하면 그 복덕은 헤아릴 수 없기 때문이다. 수보리여. 그대 생각은 어떤가. 동방(東方)[35]의 허공을 다 헤아릴 수 있겠는가." "불가능합니다, 세존이시여." "수보리여. 남방 서방 북방 등 사방과 위아래의 허공을 다 헤아릴 수 있겠는가." "불가능합니다, 세존이시여." "수보리여. 보살은 상에 머물지 않고, 보시하는 복덕(福德) 또한 이와 같이 다 헤아릴 수 없다. 수보리여. 보살은 단지 가르침을 받은 대로 머무는 것이다."

---

35) 중국에선 전통적으로 동쪽을 동방(東方), 서쪽을 서방(西方), 남쪽을 남방(南方) 등으로 칭한다. 참고로 '동방(東方)'은, 예로부터 '생기(生氣)가 일어나는 방향'이라 했다. 따라서 장생(長生)을 원한다면 동방유리광명세계의 약사여래를 찾아야 한다. 약사불은 동방세계의 본존불(本尊佛)이기 때문이다. 즉 서방 세계가 '돌아가는 곳'이라면, 동방 세계는 '끊임없이 태어나는[生生不已] 삶의 법[生法]을 말하는 곳이다.

| 구마라집 |

復次, 須菩提. 菩薩於法, 應無所住, 行於布施. 所謂不住色布施, 不住聲香味觸法布施. 須菩提. 菩薩應如是布施, 不住於相. 何以故. 若菩薩不住相布施, 其福德不可思量. 須菩提. 於意云何. 東方虛空, 可思量不. 不也, 世尊. 須菩提. 南西北方, 四維上下虛空, 可思量不. 不也, 世尊. 須菩提. 菩薩, 無住相布施福德, 亦復如是, 不可思量. 須菩提. 菩薩但應如所教住.

| 자해 |

부차(復次): 의역하여 '또한'으로 해석해도 무방하나, 여기선 앞의 문장을 부드럽게 이어간다는 차원에서 '다음으로'로 해석했다. 응(應): 응당, 마땅히. 소위(所謂): 이른바. 하이고(何以故): '연고가 무엇인가.' 혹은 '왜 그런가.'로 해석할 수도 있으나, 여기선 '이유가 무엇인가.'로 해석했다. 어의운하(於意云何): 의역하면, '지니고 있는 생각[意]이 있다면, 어떻게 말할 수 있겠는가.'로 해석할 수 있는데, 이를 줄여, '그대 생각은 어떤가.'로 해석했다. 사유(四維): 간방(間方)을 가리킨다. 즉 정동, 정서, 정남, 정북 등 4개 방위의 각 사이를 일컫는다. 가령 동북 간방, 서남 간방 등. 상하(上下): 허공과 중앙.

| 해동 |

앞에서 수보리는 "선남자 선여인이 아뇩다라삼먁삼보리의 마음을 발하려면 어떻게 머물러야 하는지, 어떻게 마음을 항복시켜야 하는지에 대해 여쭈었습니다. 이에 부처님께선 아상, 인상, 중생상, 수자상이 존재하면 보살이 아니라고 말씀하십니다. 그리고 여기선 '마음이 머무르는 법'에 대해 말씀을 합니다. 그러면서 보살은 머무는 바 없이 보시(布施)해야 함을 강조합니다. 즉 육근과 육경에 머무르지 말라는 말씀입니다.

　그럼 색성향미촉법(色聲香味觸法), 즉 육경(六境)을 살펴봅니다. 이는 안근(眼根)과 이근(耳根), 비근(鼻根), 설근(舌根), 신근(身根), 의근(意根)의 육근(六根)이 취하는 인식 및 작용대상[對境]으로, 안식(眼識), 이식(耳識), 비식(鼻識), 설식(舌識), 신식(身識), 의식(意識) 등 육식(六識)의 인식대상[所緣]입니다. 곧 경계(境界 : 세력 범위)인, 색경(色境)과 성경(聲境), 향경(香境), 미경(味境), 촉경(觸境), 법경(法境)을 가리킵니다.

　여기서 색(色) 하나를 보면, 지수화풍(地水火風)의 사대(四大)이며, 우리의 신체를 가리킵니다. 즉 색(色)에 머문 상태 혹은 대상을 의식하는 상태에선 보시(布施)를 행하지 말라는 것입니다. 말하자면 '눈에 보이는 것과 귀에 들리는 것, 냄새나 말, 몸[身], 생각[意]'에 끌려가지 말고 행해야 한다는 것입니다. 그리고 앞에서 부처님의 말씀을 듣고 마음을 항복시킨 이들은 이제 마음이 '머무르는 바를 알아야 함'을 일러줍니다.

여기서 머물러야 하는 마음은 결국 무주상보시(無住相布施)[36]를 말합니다. 이는 주처(住處)가 없는 마음을 뜻합니다. 즉 어느 한 곳에 정한 마음이 없어야 하는 것입니다. 말하자면 보시를 함에 있어 무심(無心)한 마음으로 보시공덕하지 않으면 아상(我相)에 빠지기 때문입니다. 역시 보시는 '아상에서 벗어난 보시라야 진정한 것'이라 할 수 있습니다. 그렇다면 여기서 논하는 '보시(布施)'는 과연 무엇을 의미하는 것일까요.

보시는 육바라밀(六波羅蜜)에서 가장 먼저 언급될 정도로 중시되고 있습니다. 즉 '나눔'이 그만큼 중요하단 것입니다. 가령 사람들이 지니지 못한 것을 내가 지니고 있어 그것을 나눌 수 있다면 이보다 좋은 일이 어디 있겠습니까. 이는 나누는 사람의 마음도 따뜻하지만, 나눔을 받는 사람의 마음도 따뜻해집니다. 이처럼 보시공덕은 사람들의 마음을 따뜻하게 할 뿐만 아니라 '평화와 공존(共存)의 기반'이기도 합니다.

거듭 논하지만 중생은 본래 부처와 마찬가지로 청정무구(淸淨無垢)한 존

---

36) 집착 없이 베푸는 보시를 가리킨다. 특히 무주상보시(無住相布施)는 이 『금강경』에 의해 천명된 것으로, 본래 뜻은 '법(法)에 머무르지 않는 보시'로 표현했다. 이 보시는 '내가' '무엇을' 누구에게 베풀었다.'라는 자만심 없이 온전한 자비심으로 베풀어주는 것을 의미한다. '내가 남을 위해 베풀었다.'는 생각이 있는 보시는 진정한 보시라고 할 수 없기 때문이다. 즉 내가 베풀었다는 의식은 집착만을 남기게 되고, 궁극적으로 깨달음의 상태에까지 이끌 수 있는 보시가 될 수 없으므로, 허공처럼 맑은 마음으로 보시하는 무주상보시를 강조하게 된 것이다. 우리나라에선 고려 중기의 보조국사(普照國師 : 1158~1210)가 『금강경』을 중요시한 뒤부터 이 무주상보시가 일반화되었다. 그리고 조선 중기의 휴정(休靜 : 西山大師)은 나와 남이 둘이 아닌 한 몸이라 보는 데서 무주상보시가 이뤄져야 하고, 이 보시를 위해선 빈손으로 왔다가 빈손으로 가는 것이 우리 인생임을 알아야 한다고 강조했다. 아울러 가난한 이에겐 분수(分數)대로 나눠주고, 마음이 빈곤한 이에겐 진리의 말로 올바른 길을 제시해주며, 모든 중생들이 마음의 평안을 누릴 수 있도록 하는 것, 이를 참된 보시로 보았다.

재였습니다. 하지만 오욕(五欲)이란 욕망이 생기고, 사상(四相)에 물들어 청정을 잃어버린 것입니다. 따라서 중생들의 악행(惡行)은 탐욕에서 비롯되고, 이 탐욕은 아상(我相)에서 시작된 것입니다. 그렇다면 중생이 이 탐욕에서 벗어날 수 있는 길은 바로 '나눔'일 것입니다. 영원한 행복의 세계, '아뇩다라삼먁삼보리'의 마음을 얻는 시작점이 될 것입니다.

다시 말해, 상(相)에 머물지 않는 무주상보시(無住相布施) 복덕(福德)[37]은 헤아릴 수 없이 크기 때문에 더욱 강조한 것이라 할 수 있습니다. 즉 영원한 행복의 마음, 즉 '아뇩다라삼먁삼보리'를 얻기 위해선 오욕(五欲)과 사상(四相)에서 자유로워야 하고, 이 '오욕과 사상'에서 자유롭기 위해선 역시 육바라밀(六波羅蜜) 특히 보시바라밀(布施波羅蜜) 실천을 통해 세상의 모든 생명들이 나와 다르지 않음을 인식하는 것입니다.

말이 나온 김에 육바라밀(六波羅蜜)에 대해 살펴봅니다. 피안(彼岸)에 이르기 위해 닦아야 할 6가지 실천덕목입니다. 바라밀은 바라밀다(波羅蜜多)의 준말로 저 언덕, 즉 피안(彼岸)에 이른다는 뜻입니다. 대승불교의 보살은 이 육바라밀의 실천을 통해 자신의 완성을 이룩해 가는 동시에 타인들도 완성시켜 나가도록 합니다. 육바라밀은 보시(布施)와 지계(持戒), 인욕(忍辱), 정진(精進), 선정(禪定), 지혜(智慧)를 말합니다.

---

37) 복덕(福德)은 공덕(功德)과 다르다. 공덕은 공을 쌓고, 덕을 누적시키는 것을 말한다. 즉 공부를 통해 조금씩 쌓아가는 것이 공(功)이라면, 이 공력이 어떤 결과물로 나타난 것을 덕(德)이라 한다. 그리고 복덕(福德)은 홍복(鴻福)과 청복(淸福)으로 나눈다. 홍복은 세속의 복덕을 말하고, 청복은 세속을 초월한 복덕을 가리킨다.

여기서 간단히 살펴보면, 보시(布施)는 어떤 조건도 없이 기꺼이 주는 생활을 말합니다. 지계(持戒)는 계율을 잘 지켜 악(惡)을 막고 선(善)을 행하는 생활입니다.[38] 인욕(忍辱)은 박해나 곤욕을 참고 용서하는 생활입니다. 정진(精進)은 꾸준하고 용기 있게 노력하는 생활입니다. 선정(禪定)은 마음을 바로잡아 통일되고 고요한 정신상태에 이르는 것입니다. 지혜(智慧)는 진상(眞相)을 바르게 보는 정신적 밝음을 뜻합니다.

아울러 보시(布施)와 지계(持戒), 인욕(忍辱)은 타인을 위한 이타(利他)의 생활인 자비(慈悲)의 실천으로, 일반적으로 하화중생(下化衆生)의 생활이라 할 수 있습니다. 그리고 정진(精進)과 선정(禪定), 지혜(智慧)는 자신을 위한 자리(自利)의 생활로, 지혜를 추구하는 상구보리(上求菩提)의 생활이라 할 수 있습니다. 이처럼 대승불교의 정신은 이 육바라밀에서도 확인할 수 있습니다. 참고로 '춘원의 시 한 편'을 소개합니다.

---

38) 불자(佛子)들이 계율을 지키는 이유는, 기본적으로 악(惡)을 막고 선(善)을 행하기 위함이다. 아울러 계율을 지키는 또 다른 이유는 악(惡)한 생각을 제거할 수 있고, 마음을 안정시킬 수 있으며, 나아가 지혜를 얻을 수 있기 때문이다.

육바라밀(六婆羅密) / 이광수(李光洙)

님에게는 아까운 것 없이
무엇이나 바치고 싶은 이 마음
거기서 나는 보시(布施)를 배웠노라.

님께 보이자고
애써 깨끗이 단장하는 이 마음
거기서 나는 지계(持戒)를 배웠노라.

님이 주시는 것이면
때림이나 꾸지람이나 기쁘게 받는 이 마음
거기서 나는 인욕(忍辱)을 배웠노라.

천하에 많은 사람 가운데
오직 님만을 사모하는 이 마음
거기서 나는 정진(精進)을 배웠노라.

자나 깨나 쉴 새 없이 님을 그리워하고
님 곁으로만 도는 이 마음
거기서 나는 선정(禪定)을 배웠노라.

내가 님의 품에 안길 때에

기쁨도 슬픔도 님과 나의 존재도 잊을 때에

거기서 나는 살바야(智慧)를 배웠노라.

인제 알았노라.

님은 이 몸께 바라밀을 가르치려고

짐짓 애인(愛人)의 몸을 나툰[39] 부처님이시라고.

---

[39] '나툰'은 산스크리트어에서 유래된 것으로, '드러냄', '드러나 보임', '나타남' 혹은 현현(顯現), 즉 불성이 드러나거나 진리가 나타나는 것을 의미한다.

제5분 여래의 이치를 보다[如理實見分]

| 우리말 |

"수보리여. 그대 생각은 어떤가. 신상(身相)으로 여래를 볼 수 있겠는가." "불가능합니다, 세존이시여. 신상으론 여래를 볼 수 없습니다. 이유가 무엇인가. 여래께서 신상이라 설하신 것은 신상이 아니기 때문입니다." 부처께서 수보리에게 말씀하셨다. "무릇 상(相)이 있는 것은 다 허망한 것이다. 만약 모든 상(相)이 상(相) 아님을 본다면 곧 여래를 보리라."

| 구마라집 |

須菩提. 於意云何. 可以身相見如來不. 不也, 世尊. 不可以身相得見如來. 何以故. 如來所說身相, 卽非身相. 佛告須菩提. 凡所有相, 皆是虛妄. 若見諸相非相, 卽見如來.

| 자해 |

신상(身相): 부처님의 신체적 특성을 가리킨다. 하이고(何以故): '연고가 무엇인가.' 혹은 '왜 그런가.'로 해석할 수도 있으나, 여기선 '이유가 무엇인가.'로 해석했다. 허망(虛妄): 거짓되고 정신이 산란한[어지러운] 것을 뜻한다.

| 해동 |

부처님께서 앞에선 '보시(布施)와 마음이 머무르는 법'에 관해 설했습니다. 여기선 수보리에게 신상(身相)에 대해 묻습니다. 즉 부처님께서 수보리에게 자신의 상(相)을 통해 여래를 볼 수 있는지 물은 것입니다. 이에 수보리는 지수화풍(地水火風)⁴⁰⁾으로 이뤄진 상(相)은 항상성이 없기 때문에 여래가 될 수 없다고 답합니다. 그렇습니다. 부처님께선 후세의 중생들이 상(相) 자체에 '집착하지 말아야 함을 일러주신 것'입니다.

---

40) '지수화풍(地水火風)'은, 만물을 구성하는 4가지 기본 요소로, 사대(四大)라고도 한다. 불교에선 이 지(地), 수(水), 화(火), 풍(風)의 이합집산으로 만물이 생겨나기도 없어지기도 한다고 해석한다. 참고로 동양철학에서의 지수화풍(地水火風)은, 오행(五行)으로 해석하기도 한다. 오행에 대한 생각은 이미 『서경(書經)』, 「홍범(洪範)」에 보인다. 「홍범(洪範)」은, 은(殷)나라의 유민(遺民)인 기자(箕子)가 주(周)나라 무왕(武王)에게 말한 것을 기록한 것이다. 다만 「홍범(洪範)」에서 말하는 오행은 5개의 요소를 열거하는 데 그쳤을 뿐, 그 운행 변전까지 말하진 않았다. 전국시대(戰國時代) 들어 오행은 상생설(相生說)과 상극설(相剋說)이 생겨 우주나 인간계의 현상을 오행의 상생과 상극으로 이해하고 예측하는 사고법이 형성됐다. 이것이 일반적으로 논하는 오행사상(五行思想)이다. 여기서 '상생(相生)'이란 목(木)은 화(火)를 생하고, 화(火)는 토(土)를, 토(土)는 금(金)을, 금(金)은 수(水)를, 수(水)는 목(木)을 생한다고 생각하는 순환 변전의 이치를 말하고, '상극(相剋)'이란 수는 화를 이기고, 화는 금을, 금은 목을, 목은 토를, 토는 수를 이김을 의미한다. 한편 지수화풍(地水火風)은 동양의학에서도 중요한 개념으로 인식한다. 즉 원소의 상호작용을 통해 몸의 균형과 건강을 유지하려는 목적으로 활용한다.

다시 말해 중생들이 법신(法身)이 아닌 부처님의 상(像)을 여래로 삼아 집착하지 말아야 함을 일러주신 것입니다. 가령 육안으로 볼 수 있는 불상(佛像)은 아무리 소중하다고 해도 여래가 될 수 없기 때문입니다. 불상 얘기가 나왔으니, 마조(馬祖)⁴¹⁾ 선사 제자 중 단하(丹霞) 스님의 일화를 하나 소개합니다. 그가 어느 겨울날 혜림사(慧林寺)에서 하루를 묵게 되었습니다. 그런데 절에 늦게 도착해 '공양'을 하지 못했습니다.

주지하듯 사찰에선 공양 시간이 지나면 밥을 주지 않습니다. 게다가 방에 불도 넣지 않아 굉장히 추웠습니다. 배가 고프고 날까지 추우니 잠을 잘 수가 없었습니다. 견디다 못한 단하 스님은 곧장 법당으로 이동해 나무로 된 불상을 쪼개 불을 피웠습니다.⁴²⁾ 이에 혜림사 스님들은 기겁하면서 그를 크게 꾸짖었음은 말할 것도 없습니다. 그러자 단하 스님은 부지깽이로 아궁이 속을 '휘휘 저으면서 무엇인가를 찾았습니다.'

이에 혜림사 스님들이, "지금 무엇을 찾고 있습니까."라고 묻습니다. 단

---

41) '마조도일(馬祖道一 : 709~788)'은, 8세기 중국 당나라의 승려로, 조사선(祖師禪)의 개조[始祖]이다. 남종선(南宗禪)에서 6대 조사인 조계혜능(曹溪惠能), 7대 조사인 남악회양(南嶽懷讓)에 이어, 위앙종(潙仰宗)과 임제종(臨濟宗)에서 선종(禪宗) 8대 조사로 섬겼다. 스승인 남악회양의 상수제자[상좌]였으며, 기라성(綺羅星) 같은 제자들을 거느렸다. 주요 직계 제자들로 위앙종과 임제종의 9대 조사인 백장회해(百丈懷海), 남전보원(南泉普願), 서당지장(西堂智藏), 단하천연(丹霞天然), 대주혜해(大珠慧海) 등이 있다. 또한 직계 제자의 제자들, 즉 손자뻘 되는 제자들로는 임제종 10대 조사인 황벽희운(黃檗希運), 임제종 11대 조사인 임제의현(臨濟義玄), 화두로 유명한 조주종심(趙州從諗), 위앙종을 창시한 위산영우(潙山靈祐) 등이 있다. 참고로 신라 말에서 시작되어 고려 초에 완성된 9산 선문 가운데 7개가 마조도일의 제자들에게서 법(法)을 이어받은 선사들이 형성한 것이다.

42) 단하소불(丹霞燒佛), 즉 '단하가 부처를 태우다'란 고사가 만들어진 이유다.

하 스님은, "다비식[火葬]을 했으니, 부처님 사리(舍利)를 찾는 중입니다." 라고 답합니다. 이에 혜림사 스님들은 아연실색하며 말합니다. "보시오. 나무 불상에서 무슨 사리가 나올 수 있단 말이오." 이에 단하 스님은 너털웃음을 지으며, "사리도 나오지 않는 부처라면 그건 부처가 아니지요. 불이나 피워 몸을 녹이는 게 마땅합니다."라고 답한 것입니다.

다시 돌아옵니다. 신상(身相)은 달리 말하면 육신(肉身)과 같습니다. 따라서 육신은 아무리 소중하게 하더라도 여래가 될 수는 없습니다. 가령 육신[신상]은 앞에서도 언급했든 지수화풍(地水火風)으로 이뤄진 상(相)이기 때문에 항상성이 없어 여래가 될 수 없는 것입니다. 즉 우리 몸을 하나하나 분리해 놓으면 아무것도 될 수 없는 존재에 불과하듯 신상 또한 원래 있던 곳으로 돌아가면 그 어떤 존재도 아닌 것입니다.

또 우상(偶像)이라 하여 부처로 착각하면 안 되는 것도 동일합니다. 심지어는 부처님과 동시대에 살았더라도 부처님의 몸, 즉 신상을 스승으로 삼아선 안 되는 것입니다. 그렇게 되면 역시 상(相)에 사로잡히기 때문입니다. 『능엄경』에서 아난이 이런 착오를 범한 일이 있었습니다. 부처님이, "왜 나와 함께 출가했느냐."고 묻자, 이에 아난은, "부처님의 생긴 모습이 훌륭하고 또 광채[後光]가 드러나 출가했다."고 답합니다.

이에 부처님은 아난이 상(相)에 사로잡혀 출가했다면서 문제를 삼습니다. 또 그가 마등가녀(摩登伽女)⁴³⁾를 만나게 된 것도 마찬가집니다. 이 때문에 부처님은 신상(身相)으론 여래를 볼 수 없다고 일러주신 것입니다. 그리고 『금강경』엔 사구게(四句偈)⁴⁴⁾가 여러 곳에 나오는데, 여기 나오는 것이 첫 번째입니다. 즉 "무릇 상(相)이 있는 것은 다 허망한 것이다. 만약 모든 상이 상 아님을 본다면 곧 여래를 보리라."는 것입니다.

여기서 상(相)이란, 우주 안 일체의 상을 언급하신 것이고, 또한 마음에서 일어나는 일체의 상을 가리키는 것입니다. 따라서 허망(虛妄)하다는 것은, 상(相)이 아무리 아름답고 소중하다 해도 일체가 지수화풍(地水火風)으로 이뤄져 있기 때문에, 때가 되면 사라져 영원할 수 없다는 것입니다. 그리고 '모든 상(相)이 상(相) 아님을 볼 수 있다면, 곧 여래를 볼 수 있다'는 것은 상(相)을 이루는 종자(種子)를 일컫는 말씀입니다.

즉 상(相) 이전의 상(相)을 가리키는 것으로, 이는 육안으론 보이지 않고, 볼 수도 없으며, 불생불멸(不生不滅)하고 불구부정(不垢不淨)하며, 이름이 있는 것도 아니고 그렇다고 없는 것도 아닙니다. 또한 부처도 아니고 중생도 아닙니다. 이것은 바로 부처의 종자(種子)인 불성(佛性)인 것입니

<hr/>

43) '마등가녀(摩登伽女)'는, 불교에서 말하는 음녀(淫女)의 이름으로, 그의 딸, 발길제(鉢吉帝)를 시켜 환술(幻術)로 부처님의 제자인 아난(阿難)을 유혹해 파계(破戒)하려 하자, 부처님이 이를 알고 신주(神呪)를 외워 아난을 구제한 것이다.

44) '사구게(四句偈)의 사구(四句)'는, 4개의 글귀를 뜻하고, 게(偈)는 시(詩)와 노래를 뜻한다. 즉 '사구게(四句偈)'는, 4개의 글귀로 되어 있는 게송(偈頌)을 가리킨다. 말하자면 부처님 말씀의 핵심을 4개의 구절로 함축해 놓은 것이다.

다. 따라서 이를 볼 수 있다면 여래를 볼 수 있다는 것입니다. 좀 더 구체적으로 '마음의 평화와 대자유를 얻을 수 있다'는 것입니다.

예로부터 선객(禪客)들에게 전하는 이야기가 있습니다. 어떤 스님이 운문 선사(雲門禪師)[45]께 물었습니다. "부처가 무엇입니까." 답하길, "마른 똥 막대기이다." 이것이 이른바 마른 똥 막대기[乾屎橛]란 공안(公案), 즉 화두(話頭)입니다. 말하자면 마른 똥 막대기가 부처라면, 세상 만물 일체가 부처 아닌 것이 없게 되고, 마른 똥 막대기가 부처가 아니라고 한다면 세상 만물 일체가 '부처가 될 수 없는 것'이기 때문입니다.

---

45) '운문문언(雲門文偃 : 864~949)'은, 당(唐)과 오대십국시대(五代十國時代) 때의 선사이다. 광동성 유원현(乳源縣) 북쪽의 운문산 광태선원(光泰禪院)에서 운문종(雲門宗)을 개창했다. 경상북도 청도군에 위치한 운문사가 여기서 따온 이름이다.

제6분 바른 믿음이 드물다[正信希有分]

| 우리말 |

수보리가 부처께 여쭈었다. "세존이시여. 중생들이 이와 같이 말씀하시는 것을 듣고 참다운 믿음이 생길까요." 부처께서 수보리에게 말씀하셨다. "그렇게 말하지 말라. 여래께서 열반하신 후 오백 년 뒤에도 계(戒)를 지키고, 복을 닦는 사람들은 이 문장과 글귀에 신심(信心)을 내어 이것으로 실다움을 삼을 것이다. 마땅히 알아야 한다. 이 사람은 한 부처, 두 부처, 세 부처, 네 부처, 다섯 부처께만 선근(善根)을 심은 것이 아닌, 이미 헤아릴 수 없는 천만(千萬) 부처의 처소에 온갖 선근을 심었으므로, 이와 같은 문장과 글귀를 들으면 바로 일념(一念)에 깨끗한 믿음을 낼 것이다. 수보리여. 여래께선 이 모든 중생이 헤아릴 수 없는 복덕을 얻으리란 것을 다 알고 다 보고 있다. 이유가 무엇인가. 이 모든 중생[이 계를 지키고 복을 짓는 모든 중생]은 다시는 아상(我相)과 인상(人相), 중생상(衆生相), 수자상(壽者相)이 없고, 법이란 상(相)도 없으며, 법이 아니란 상(相)도 없기 때문이다. 이유가 무엇인가. 이 모든 중생이 마음에 어떤 상을 취하게 되면 곧 아상, 인상, 중생상, 수자상에 집착한 것이다. 법이란 상을 취해도 아상, 인상, 중생상, 수자상에 집착하는 것이다. 이유가 무엇인가. 법이 아니란 상을 취해도 아상, 인상, 중생상, 수자상에 집착하는 것이다. 이런 까닭으로 응당 법을 취하지 말고, 법 아닌 것도 취하지 말아야 하는 것이다. 이런 뜻으로 말미암아 여래께서 항상 말씀하셨다. 너희 비구들은 내

가 설한 법이 뗏목의 비유와 같음을 알아야 한다. 법조차 오히려 버려야
하거늘, 하물며 법 아닌 것이야 더 말해 무엇 하겠는가."

| 구마라집 |

須菩提, 白佛言. 世尊. 頗有衆生, 得聞如是言說章句, 生實信不. 佛告須菩
提. 莫作是說. 如來滅後, 後五百歲, 有持戒修福者, 於此章句, 能生信心, 以此
爲實. 當知. 是人, 不於一佛二佛三四五佛, 而種善根, 已於無量, 千萬佛所, 種
諸善根, 聞是章句, 乃至一念, 生淨信者. 須菩提. 如來, 悉知悉見, 是諸衆生,
得如是無量福德. 何以故. 是諸衆生無復我相人相衆生相壽者相, 無法相, 亦
無非法相. 何以故. 是諸衆生, 若心取相, 則爲着我人衆生壽者. 若取法相, 卽
着我人衆生壽者. 何以故. 若取非法相, 卽着我人衆生壽者. 是故不應取法, 不
應取非法. 以是義故, 如來常說. 汝等比丘, 知我說法, 如筏喩者. 法尚應捨, 何
況非法.

| 자해 |

백불언(白佛言): 여기서 '백(白)'은 '말하다' 혹은 '말씀하다'라는 뜻으로,
'언(言)'과 함께 쓰며, 즉 부처님의 말씀을 강조할 때 쓰는 일종의 관형어
다. 파(頗): '약간', '조금'으로 해석하기도 하지만, 여기선 숫자가 적지 않
다는 차원에서 '두루두루'로 해석했다. 장구(章句): 문장과 글귀. 내지(乃
至): '얼마에서 얼마까지'의 뜻을 나타내는 말. 실신(實信): 참다운 믿음, 실
다운 믿음. 멸후(滅後): 멸한 뒤, 열반에 든 뒤. 지계수복(持戒修福): 계를 지
키고 복을 짓다, 계를 지키고 복을 닦다. 이(以): '~로써'라는 뜻의 조사.

위실(爲實): 실다움을 삼다, 부처님의 세상으로 들어가다. 종(種): 씨, 심다. 실지(悉知): 다 알다. 무량(無量): 헤아릴 수 없다. 부(復): 다시. 응(應): 응당, 마땅히. 여(汝): 너, 너희, 그대. 벌유(筏喩): 뗏목에 비유하다. 상(尙): 오히려. 응사(應捨): 응당 버리다, 마땅히 버리다.

| 해동 |

오늘날에도 사상, 즉 아상(我相), 인상(人相), 중생상(衆生相), 수자상(壽者相)을 들으면 놀랍습니다. 이미 수천 년 전에 이런 사고(思考)를 할 수 있었다는 것은 더욱 놀라운 일입니다. 수보리 또한 부처님의 설법[46]을 듣고 과연 박복한 중생들이 부처님의 참뜻을 헤아릴 수 있을까 싶어 물은 것입니다. 부처님은 무수한 시간이 흘러도 계(戒)를 지키고, 복을 닦은 사람들은 신심(信心)으로 실다움을 삼을 것[47]이라 답해줍니다.

즉 이와 같은 사람들은 헤아릴 수 없이 많은 선근(善根)을 심었기 때문에 실다운 곳에서 신심으로 정진할 것이란 말씀입니다. 이렇게 되면 결국 깨달음을 얻어 본래면목(本來面目)을 보게 될 것이고, 본래면목을 보게 되면 '여래께서 다 알고 다 보는 것과 같아진다는 의미'입니다. 여기서 여래와 같아진다는 의미는 사상(四相)에 걸림이 없는 상태로, 복덕을 지음에

---

46) 부처님의 설법(說法)은 주로 항하(恒河), 즉 갠지스강 양안(兩岸)을 유행(遊行)하며 이뤄졌다. 녹야원(鹿野苑)에서 죽림정사(竹林精舍), 기원정사(祇園精舍) 등에 이르면서 수많은 제자들이 양성되었고, 설법을 위한 장소가 마련되었다. 이러한 과정에서 이른바 불법승(佛法僧)이 성숙되었다.
47) '심신(心身)'이 지극히 편안한 곳'인 안심입명처(安心立命處)로 삼는다는 의미이다.

의식이 없는 것과 같습니다. 즉 무루(無漏)[48]의 복덕입니다.

주지하듯 대각(大覺)한 사람은 이전의 삶과 다른 삶을 삽니다. 즉 사상(四相)에 걸림이 없기 때문에 너와 내가 없고, 어제와 오늘, 내일이 따로 없으며, 차안(此岸)과 피안(彼岸)이 따로 없습니다. 차안이 곧 피안이고, 피안이 곧 차안인 것입니다. 성철 스님이 인용하기도 한 '산은 산이고 물은 물이다. 산은 산이 아니고 물은 물이 아니다. 산은 산이고 물은 물이다.'[49] 란 구절도 득도한 뒤엔 분별할 이유가 없는 것입니다.

---

48) 불교엔 일체법(一切法) 혹은 제법(諸法)을 분류하는 방식이 있다. 여기엔 유루법(有漏法)과 무루법(無漏法)이 존재하는 데, 누(漏)는 말 그대로 '흐르다' 또는 '새어 나오다'를 뜻한다. 즉 누(漏)는 번뇌(煩惱) 때문에 사람이 각종 악업(惡業)을 행하고, 그 결과 고(苦)가 그 사람의 삶에 누출(漏出 : 새어나옴)되어 나타나는 것으로 해석한다. 따라서 누(漏)는 곧 번뇌인 것이다. 다시 말해 번뇌 또는 고(苦)의 누출을 더욱 증장시키는 상태나 증장시키는 법들을 이른바 '유루(有漏) 혹은 유루법(有漏法)'이라 하고, 이런 유루의 뜻과 반대의 경우를 이른바 '무루(無漏) 혹은 무루법(無漏法)'이라 한다. 이를 더 적극적으로 정의하면, '번뇌가 끊어진 상태'나 '번뇌가 끊어지게 하는 법들'을 무루 혹은 무루법이라 하는 것이다.

49) 이 말이 선가(禪家)에 나온 것은, 송(宋)나라 선승(禪僧)인 청원행사(清原行思 : 1067~1120)로부터 시작된다. 이는 송(宋)대에 발간된 전등서(傳燈書)인 『오등회원(五燈會元)』에서 확인되는데, 『오등회원』은 남송대(南宋代)의 선승(禪僧) 보제(普濟 : 1178~1253)의 지휘 아래 그의 제자들과 함께 기존의 불조(佛祖) 『전등록(傳燈錄)』들을 정리하고, 재편집하여 송나라 보우 원년(寶祐元年 : 1253)에 간행된 전등서(傳燈書)를 말한다. 청원행사(清原行思)는 『오등회원』에서 말하길, "노승이 30년 전, 참선 공부를 하지 않았을 때 산을 보면 그냥 산이었고, 물을 보면 그냥 물이었으나, 후에 여러 선지식을 친견해 깨친 후에 보니, 산은 산이 아니었고, 물은 물이 아니었다. 마침내 크게 깨달은 후에 다시 예전의 산을 보니, 전과 다름없이 산은 단지 산이고, 물은 단지 물이었다."라는 글에서 퍼진 것이다. 즉 '중생의 눈으로 보면 산은 산이고, 물은 물일뿐이나, 크게 깨닫고 보니 산은 단지 산일뿐이고, 물은 단지 물일뿐이다.'란 의미인 것이다. 이는 『노자(老子)』에서 "도(道)가 말해질 수 있다면 항상 된 도[常道]가 아니고, 명(名)이 이름지어질 수 있다면 항상 된 이름[常名]이 아니다."란 의미와 다르지 않은 것이다.

사실 상(相)이란 게 마음이 발동하면 어떤 형태로든 상(相)이 됩니다. 그것을 긍정하든 부정하든 상(相) 자체를 피할 순 없습니다. 문제는 그 상(相)을 인식하는 것으로 끝나지 않고 분별한다는 게 문제라면 문제일 것입니다. 즉 아무 욕심이 발동하지 않은 상태에서의 상이라면 하등 문제될 것이 없겠습니다만, 그것에 가치를 부여해 자신에게 이롭다 혹은 해롭다 등등으로 판단해 갈라치기를 하는 데 문제가 되는 것입니다.

『장자』[50]에선 현상세계와 본래세계로 표현합니다. 말하자면 현상세계가 사상에 걸려있는 상태라면, 본래세계는 벗어난 상태를 가리킵니다. 즉 본래세계는 혼돈(渾沌)[51]의 세계로, 구별하지 않습니다. 옳고 그름, 시작과 끝이 존재하지 않습니다. 이처럼 현상세계와 본래세계의 차이는 '의식이 동반되느냐'에 달려 있습니다. 의식의 속박에서 벗어나면 현상세계

---

50) '장자(莊子)'는, 지금의 하남성 귀덕부 상구현 부근인 송나라 몽(蒙)이란 곳에서 태어났다. 성(姓)은 장(莊)이고, 이름은 주(周)다. 생몰연대는 정확치 않으나 대략 기원전 370년경에 태어나 300년경까지 살았던 것으로 보인다. 즉 공자보다 150여 년 정도 늦고, 맹자와는 동시대 사람이다. 그는 일찍이 고향인 몽(蒙)의 칠원(漆園)에서 공직자, 즉 관료(官僚) 생활을 했다. 탁월한 문장 감각으로 세상사와 사람들의 마음을 살피고 그에 어울리는 비유와 풍자를 통해 유가(儒家)와 묵가(墨家)를 비판했다. 장자는 득실(得失)에 연연하지 않고, 정(情)에도 얽매이지 않았다. 이름이 없었기에 허영(虛榮)을 찾지 않았고, 자신에 대해 무관심했기에 자연에 순응(順應)할 수 있었으며, 인위(人爲)가 없었기에 성명(性命)의 정을 잃지 않았다. 시비(是非)가 없었기에 도(道)를 잃지 않았고, 피차(彼此) 구별이 없었기에 만물을 동일시(同一視) 할 수 있었으며, 귀천(貴賤)이 없었기에 때에 편안했고, 생사(生死)의 관념이 없었기에 애락(哀樂)의 감정이 없었다. 무심(無心)에서 시작하여 천균(天均)에 이르는 장자의 도(道)는 그래서 무위자연(無爲自然)으로 표현된다. 이런 도(道)가 세상에 행해질 때 혼탁한 세상은 가고, 참 세상인 무하유지향(無何有之鄕), 즉 '어떤 인위도 없는 자연 그대로의 세계'가 도래할 것이라 강조했다.
51) '장자(莊子)의 혼돈(渾沌)'은, 본래의 세계이고, 도(道)의 세계이며, 참된 인간의 세계를 의미한다.

는 곧 본래세계로 바뀝니다. 이론이나 진리를 논할 필요가 없습니다.

이처럼 '의식의 속박에서 벗어난다'는 것은, 곧 '상(相)에 끌려가지 않고 벗어나는 것'과 다르지 않은 표현입니다. 무엇을 보든 무엇을 하든 매진은 하되, 거기에 집착하지 않는 것이 중요합니다. 사실 상(相)이란 것은 본래 없는 것입니다. 애초부터 없었던 것입니다. 하지만 내 것과 네 것을 구별하면서 생긴 것이 이른바 상(相)입니다. 따라서 상에서 벗어나기 위해 끊임없이 '계를 지키고 복을 닦아야 하는 이유'입니다.

이제 "무릇 상(相)이 있는 것은 다 허망한 것이다. 만약 모든 상이 상 아님을 본다면 곧 여래를 보리라.[凡所有相, 皆是虛妄. 若見諸相非相, 卽見如來.]"에 이어 두 번째 사구게(四句偈)가 나옵니다. "내가 설한 법이 뗏목의 비유와 같음을 알아야 한다. 법조차 오히려 버려야 하거늘, 하물며 법 아닌 것이야 더 말해 무엇 하겠는가.[知我說法, 如筏喻者. 法尙應捨, 何況非法.]" 여기서 뗏목은 물을 건널 때 쓰는 도구입니다.

연세가 좀 되는 분들은 아실 것입니다. 큰 하천이나 강을 건널 때 주로 이용하거나, 물자(物資)를 실어 나를 때 쓰는 도구였습니다. 즉 이쪽에서 저쪽으로 건너가는 데 쓰는 일종의 수단인 것입니다. 부처님 말씀도 이와 다르지 않습니다. 차안(此岸 : 고통의 세계)에서 피안(彼岸 : 열반의 세계)으로 건너가기 위한 말씀[도구]인 것입니다. 여기서 피안에 도달한 이는 뗏목이 필요 없듯 부처님 말씀이 더는 필요가 없습니다.

하지만 뗏목과 같은 부처님 말씀은 이른바 팔만사천법문(八萬四千法
門)[52]이라 하여 규모가 방대합니다. 이는 세속에서의 삶이 이와 같이 복
잡다단함을 일러주는 것이라 하겠습니다. 이제 세상은 동방과 서방이 따
로 없을 만큼 하나의 생활터전이 되었습니다. 모든 것이 빠르게 움직입
니다. 빠르게 움직이는 수단이 많아진 것처럼, 부처님의 가르침 방식, 즉
뗏목도 다양하게 활용해야 하는 이유가 여기에 있다 하겠습니다.

잠시 뗏목과도 같은 부처님의 가르침을 엿봅니다. 캄캄한 방이 밝아지
는 것은 순간입니다. 물리적으로 백일이 되었든 천일이 되었든 만일이
되었든 불빛 하나만 밝히면 어둠은 순식간에 사라집니다. 이것이 깨달음
의 원리입니다. 또 아무리 두터운 업장(業障)[53]이라도 부처님 가르침의 이
치에선 작은 차별조차 없습니다. 깨달음에 이르는 길에선 업의 가볍고
무거움, 수행한 시간의 길고 짧음은 전혀 문제가 되지 않습니다.

또한 불법(佛法)은 '내 삶의 주인 되기'를 목표로 합니다. 이를 관철하기
위해선 제자로 머물러선 곤란합니다. 빠르게 깨쳐야 하는 이유입니다.
부처님의 스승관은 추종자를 허용치 않습니다. 즉 스승과 제자의 관계를
거부합니다.[54] 스승은 제자들이 하루 빨리 스스로 주인이 되길 바라면서

---

52) 부처님의 가르침을 논할 때, 일반적으로 팔만사천법문(八萬四千法門)이라 한다. 한마디로
방대하다는 뜻이다. 팔만대장경(八萬大藏經)이란 통칭도 마찬가지다. 부처님께서 설하신 무량(無
量)한 가르침을 모두 담았다는 의미에서 팔만대장경이라 하는 것이다.
53) 삼장(三障)의 하나로, '말이나 동작 또는 마음으로 지은 악업(惡業)에 의한 장애'를 가리킨다.
54) 두 번째 사구게(四句偈)에서 "법조차 오히려 버려야 하거늘, 하물며 법 아닌 것이야 더 말해
무엇 하겠는가.(法尙應捨, 何況非法.)"라는 언급에서 '부처님의 스승관'을 엿볼 수 있다.

격려와 채찍을 아끼지 않습니다. 스승을 뛰어넘어 미련 없이 떠나는 제자를 보며 누구보다 기뻐하는 이가 바로 참스승인 것입니다.

제7분 얻은 것도 설한 것도 없다[無得無說分]

| 우리말 |

"수보리여. 그대 생각은 어떤가. 여래가 아뇩다라삼먁삼보리를 얻었는가. 여래가 설법(說法)한 적이 있는가." 수보리가 답합니다. "제가 부처님의 말씀을 이해하기론 아뇩다라삼먁삼보리라 이를 만한 유정법(有定法)이 없으며, 또 여래께서 말씀하실 만한 유정법도 없습니다. 이유가 무엇인가. 여래께서 설한 법은 모두 취할 수 없고, 말할 수도 없으며, 법(法)도 아니고, 비법(非法)도 아니기 때문입니다. 까닭이 무엇인가. 일체의 현성(一切賢聖)⁵⁵⁾은 모두 무위법(無爲法)⁵⁶⁾으로 차별이 있기 때문입니다."

---

55) '일체현성(一切賢聖)'은, 모든 현인(賢人)과 성인(聖人)을 뜻한다. 즉 현인과 성인은 이른바 무위법(無爲法)으로 다양한 근기(根機)의 중생에 호응하여 제도(濟度)함을 가리킨다.

56) 유위(有爲)의 법은 요약하여 3가지 모양으로 설명된다. 이른바 나고[生], 머무르며[住], 사라지는[滅] 삼계(三界)에 매인[界繫] 것이다. 그리고 사념처(四念處)와 십팔불공법(十八不共法)은 비록 무위(無爲)의 법이 된다 하더라도 조작하는 법[作法]이기 때문에 이는 유위의 법이다. 이 유위와 반대되는 것이 바로 무위의 법이다. 또한 삼독(三毒) 등 모든 번뇌가 사라지고, 오중(五衆) 등이 차례로 상속(相續)되지 않는 여(如)와 법상(法相), 법성(法性), 법주(法住), 실제(實際) 등을 바로 무위의 법이라 한다.(有爲法略說三相. 所謂生住滅, 三界繫. 乃至四念處, 乃至十八不共法, 雖爲無爲法, 以作法故, 是爲有爲法. 與有爲相違, 是爲無爲法. 復次, 滅三毒等諸煩惱, 五衆等不次第相續, 如, 法相, 法性, 法住, 實際等, 是名無爲法.)

| 구마라집 |

須菩提. 於意云何. 如來, 得阿耨多羅三藐三菩提耶. 如來有所說法耶. 須菩
提言. 如我解佛所說義, 無有定法, 名阿耨多羅三藐三菩提, 亦無有定法, 如來
可說. 何以故. 如來所說法, 皆不可取, 不可說, 非法, 非非法. 所以者何. 一切
賢聖, 皆以無爲法, 而有差別.

| 자해 |

어의운하(於意云何): 의역하면, '지니고 있는 생각[意]이 있다면, 어떻게
말할 수 있겠는가.'로 해석할 수 있는데, 이를 줄여, '그대 생각은 어떤가.'
로 해석했다. 여래(如來): 직역하면 올 것 같다. 아녹다라삼먁삼보리(阿耨
多羅三藐三菩提): 보살승[57]으로 함께 나아가는, 헤아릴 수 없는 최상의 진
리로 영원히 행복한, 즉 피안의 세계[58]를 뜻한다. 무유정법(無有定法): '유
정법(有定法)이 없다'는 말이다. 여기서 유정법(有定法)이란, '이것이다'라고
정해진 법이 없다는 것으로, 즉 '상대의 주장이 다를 수 있음'을 인정하는
것, 정해진 법이 없는 만큼 다름을 인정하는 것이다. 하이고(何以故): '연고
가 무엇인가.' 혹은 '왜 그런가.'로 해석할 수도 있으나, 여기선 '이유가 무

---

57) 보살승(菩薩僧)은 오승(五乘), 즉 인승(人乘 : 계몽수준), 천승(天乘 : 인승보다 한 단계 높은 차원의 계
몽수준), 성문승(聲聞僧 : 초등수준), 연각승(緣覺僧 : 중등수준), 보살승(菩薩僧 : 고등수준) 가운데 최고
수준을 가리킨다. 여기서 인승과 천승은 세간의 단계로, 보통사람을 성인(聖人)에 이르게 하는
초급 불법(佛法)을 말하고, 성문승과 연각승, 보살승은 출세간의 단계로, 삼계(三界)를 초월하고
생사(生死)를 벗어나는 가르침을 말한다.
58) 여기는 절대 평등의 세계로, 성현(聖賢)도 없고, 중생(衆生)도 없으며, 크고 작음도 고(苦)도
없는 영원히 즐거움만 가득한 곳이다.

엇인가.'로 해석했다.

| 해동 |

부처님은 수보리에게 묻습니다. 즉 수보리는 부처님이 '아뇩다라삼먁
삼보리', 즉 무상정등정각(無上正等正覺)을 얻은 사람으로 생각하느냐고 물
은 것입니다. 또 부처님은 설법(說法)한 적이 있는가에 대해서도 물었습
니다. 이에 수보리는 자신이 이해한 부처님의 가르침은, '아뇩다라삼먁삼
보리'라 이를 만한 유정법이 없다고 답합니다. 즉 정해진 법[定法]이 없기
때문에 머무는 바 없이 마음이 생기도록[59] 할 따름인 것입니다.

다시 말해 부처님의 설법은 정해진 법이 없습니다. 즉 천편일률(千篇一
律)이 아닌 것입니다. 가령 『금강경』에선 이렇게 말씀하시고, 『원각경(圓
覺經)』에선 저렇게 말씀하시며, 『법화경(法華經)』에선 또 다르게 말씀을 하
시고, 『능엄경(楞嚴經)』에선 전혀 다르게 말씀을 하십니다. 이 때문에 불교
를 제대로 모르는 이들은 불교를 비판하기도 합니다. 그들은 말합니다.
어떻게 부처님은 상황에 따라 말씀이 다르냐는 것입니다.

그렇습니다. 부처님의 가르침은 설법의 대상에 따라 말씀이 달라집니
다. 백인백색이요, 천인천색이기 때문에 그들의 눈높이, 즉 근기에 따라
가르침을 행하기 때문입니다. 여기서 중요한 것은 역시 '어떻게 하면 영

---

[59] 이른바 '응무소주이생기심(應無所住而生其心)'이란 말이다.

원히 행복한, 즉 피안의 세계[60]에서 살 수 있는지'입니다. 이를 위해선 앞에서도 계속되는 말이지만, '상(相)으로부터 자유로워야' 합니다. 자유가 없는 삶은 불행한 삶이요, 고통(苦痛)의 세계이기 때문입니다.

그리고 부처님의 법(法)과 비법(非法)을 모두 넘어서야 한다는 말씀도 결국은 상(相)에서 자유로워야 한다는 말씀입니다. 즉 부처님 법은 그 어디에도 걸리지 않기 때문입니다. 다시 말해 법에도 걸리지 않지만, 법이 아닌 법에도 걸리지 않는 것입니다. 이처럼 불법(佛法)은 획일적이지 않기 때문에 대상에 따라 다를 수밖에 없습니다. 세상의 모든 성현(聖賢)들이 무위법(無爲法) 하나로 '차별하는 것도 같은 현상'입니다.

여기서 무위법은 현상을 초월한 '상주불변(常住不變)의 존재'로, 이른바 '생멸(生滅)의 변화가 없는 법'을 말합니다. 상주불변하여 생멸의 변화가 없는 존재란, 삼라만상(森羅萬象)의 모든 존재는 '자신들만의 독특한 본질(本質)이 존재'한다는 것으로, 이는 영원히 변하지 않는다는 것입니다. 가령 상(相)이란 것은, 인연(因緣)에 따라 변하기도 하지만, 상(相)이 지니고 있는 순수한 본질은 영원히 변하지 않는다는 것입니다.

다시 말해 상(相)이란 것은, 인연(因緣)에 따라 변하지만, 상(相)이 지니고 있는 본질은 영원히 변하지 않는 것입니다. 때문에 '나'란 존재가 있는 것이고, '너'란 존재도 있는 것이며, 세상의 모든 것들은 이처럼 '스스로 존

---

60) 여기는 절대 평등의 세계로, 성현(聖賢)도 없고, 중생(衆生)도 없으며, 크고 작음도 고(苦)도 없는 영원히 즐거움만 가득한 곳이다.

재하는 것'입니다. 이를 '상주불변(常住不變)하는 존재'라 하고, 이를 이른 바 불성(佛性)이라 하는 것입니다. 이는 취할 수도, 말할 수도 없는 것이 며, 법(法)도 아니고, 그렇다고 비법(非法)도 아닌 것입니다.

　따라서 불법(佛法)은 아귀(餓鬼)나 축생(畜生), 수라(修羅), 인간(人間) 등 모두 다른 존재인 만큼 대상에 맞게 설해야 하는 것입니다. 즉 아귀는 아귀에 맞게, 축생은 축생에, 수라는 수라에, 인간은 인간에 맞게 하는 것입니다. 다시 말해 아귀는 아귀의 근기, 즉 교법을 받을 수 있는 아귀들의 능력에 맞게, 축생은 축생들의 근기에 맞게, 수라는 수라들의 근기에 맞게, 인간은 인간들의 근기에 맞게 '차별하는 것'입니다.

　이와 관련해 좀 더 부연합니다. 중생(衆生)들은 각각 다른 본질을 지니고 있는 만큼, 현실의 삶도 각기 다릅니다. 즉 종(種)이 다른 만큼, 생긴 모습도 삶의 양태도 완전히 다릅니다. 때문에 동일한 잣대로 가르침을 전할 순 없는 일입니다. 가령 인간의 경우, 정치인을 만나면 정치적인 법을 전하고, 농부를 만나면 농업에 맞는 법을 전하며, 시장에서 장사하는 사람을 만나면 상업에 어울리는 말씀[說法]을 해야 합니다.

　참고로 세속에서 많은 혼란을 겪는 부분, 즉 '부처님의 화신(化身)'에 대해 논합니다. 이른바 석가모니 부처님을 '천백억(千百億) 화신'이라 합니다. 사전적 의미론 '헤아릴 수 없이 많이 변화하는 부처의 화신'이라 합니다. 가령 사찰(寺刹)에 가면 대웅전(大雄殿) 가운데에 모셔진 부처님은 석가모니 부처님입니다. 여기서 양쪽에 협시불(脇侍佛)을 모시는데, 왼쪽엔 문수보살(文殊菩薩), 오른쪽엔 보현보살(普賢菩薩)입니다.

석가모니 부처님의 권능(權能)을 상징하는 양쪽의 협시보살 중 문수보살은 지혜(智慧)를, 보현보살은 실천(實踐)을 의미합니다. 석가모니 부처님은 청정한 법신(法身)인 비로자나불이 사바세계에 하현(下現)하여 중생을 제도함에 있어 천백 억의 모습으로 나타나, 알지 못하는 것이 없고[無所不知], 할 수 없는 일이 없는[無所不能], 화신(化身)의 부처님이므로 가장 수승한 힘을 가졌다는 의미에서 '대웅(大雄)'이라 합니다.

근본불교에선 석가모니 부처님 외에, 다른 부처님은 없었으며, 현재도 태국이나 미얀마, 스리랑카 등 남방불교에선 석가모니 부처님 외에 어떤 부처님도 인정하지 않고 있습니다. 하지만 북방불교권인 중국과 한국, 일본 등에선 중생을 제도하는 방편으로 제불(諸佛), 제보살(諸菩薩)을 권화(權化)로 화현(化現)하여 수행방편으로 삼아 일체중생이 성불(成佛)[61]할 수 있다는 무한 가능성을 제시하고 있는 것이 현실입니다.

---

61) '중생(衆生)이 성불(成佛)할 수 있는 단계'는 6종류로 이루어져 있다. 첫째, 이즉불(理卽佛)이다. 이는 이론적인 의미에 있어 불성을 갖추고는 있으나, 올바른 도를 구하고 선행을 닦을 줄 모르는 것으로, 주로 삼악도(三惡道)의 중생을 가리킨다. 둘째, 명자즉불(名字卽佛)이다. 이는 삼선도(三善道)의 중생은 부처님과 불법(佛法)이 있음을 알아, 마음은 앞으로 나아가나 수행은 하지 않아 여전히 범부(凡夫)를 가리킨다. 셋째, 관행즉불(觀行卽佛)이다. 이는 앞으로 나아가 수행하는 사람으로, 이런 수행자는 언행이 일치하여 이론에서 실천까지 모두 부처님의 방향으로 발전한다. 넷째, 상사즉불(相似卽佛)이다. 이는 점차 번뇌를 끊는 십신(十信)의 계위는 비록 진리를 깨달아 얻지는 못했으나, 알고 보는 것이 이미 진리와 대체로 유사하다. 다섯째, 분증즉불(分證卽佛)이다. 이는 십주(十住), 십행(十行), 십회향(十廻向), 십지(十地), 등각(等覺) 등 5단계의 각 보살(菩薩) 계위는 무명(無明)의 번뇌를 분별해 끊고 진리를 깨달아 얻는다. 여섯째, 구경즉불(究竟卽佛)이다. 이는 마지막 한 가닥의 번뇌를 깨뜨려 없애고, 자유롭고 즐거운 궁극의 경지에 도달하면 여래불이 되는 것이다.

한편 전각(殿閣)의 이름을 통해서도 석가모니 부처님의 '천백억(千百億) 화신'을 엿볼 수 있습니다. 우선 금당(金堂)과 법당(法堂)은, 부처님을 모신 전각(殿閣)을 통칭해서 쓰고 있습니다. 오행(五行)으로 중앙을 상징하는 황색 혹은 금부처님을 상징해 고려 초까지는 불전을 금당(金堂)이라 했습니다. 이후, 법당(法堂)[62]이란 명칭으로 쓰였는데, 법당은 '영원한 자유와 진리로 충만한 법(法)의 집'이란 의미를 담고 있습니다.[63]

대체로 화엄종(華嚴宗) 계열 사찰의 금당은 대적광전(大寂光殿)으로, 천태종(天台宗) 계열은 대웅전(大雄殿), 법상종(法相宗) 계열은 미륵전(彌勒殿), 정토종(淨土宗) 계열은 극락전(極樂殿)으로 사찰의 성격을 나타내고 있습니다. 일본과 중국에서의 법당(法堂)은 불전(佛殿)이 아닌 강당(講堂)으로, 우리와 개념상 차이가 있습니다. 여하튼 사찰(寺刹)하면 가장 먼저 떠오르는 이미지는 역시 대웅전(大雄殿)을 빼놓을 수 없습니다.

다음으로 대웅전(大雄殿)과 대웅보전(大雄寶殿)입니다. 주지하듯 석가모니불을 모시는 곳입니다. 한국에서 가장 많이 모시는 부처입니다. 석가모니불 양쪽에는 협시불(脇侍佛)이 놓이는데 대체로 세 종류입니다. 첫째, 문수보살(文殊菩薩)과 보현보살(普賢菩薩)을 모시는 경우입니다. 둘째, 가섭(迦葉)과 아난(阿難)이 입불(入佛)로 모셔지는 경우입니다. 셋째, 갈라보살(羯羅菩薩)과 미륵보살(彌勒菩薩)이 모셔지는 경우입니다.

---

62) 법당이란 말은 선종(禪宗)에서 처음으로 사용했다.
63) 고려 이후부턴 전각에 모신 부처님의 성격에 따라 전각의 명칭도 다르게 불리기 시작했다.

대웅전의 격을 높여 대웅보전(大雄寶殿)이라 할 때는 석가모니불 좌우에 아미타불과 약사여래를 모시고 다시 좌우에 협시불을 봉안합니다. 건물도 정면 5칸 건물이 원칙입니다. 때론 3칸이면서도 이름만 대웅보전으로 높여 부르기도 합니다. 이밖에 대적광전·대광명전·광명전·비로전·극락전·무량수전·미타전·약사전·미륵전·용화전·자씨전·팔상전·영산전·관음전·원통전·대비전·명부전·지장전·시왕전·응진전·나한전 등을 씁니다.

다음으로 대적광전(大寂光殿)입니다. 연화장 세계의 교주인 비로자나불(毘盧遮那佛)을 본존불로 모신 법당입니다. 주로 화엄종파(華嚴宗派)의 본전입니다. 비로자나불의 협시불(脇侍佛)은 노사나불(盧舍那佛)과 석가모니불(釋迦牟尼佛)[64]입니다. 여기서 비로자나불을 모시기 때문에 비로전(毘盧殿)이라고도 하고, 비로자나불의 광명(光明)이 모든 곳을 두루 비춘다는 의미로 대광명전(大光明殿) 혹은 '광명전'이라고도 합니다.

그리고 극락전은 극락세계를 관장하는 아미타불(阿彌陀佛)을 모신 전각입니다. 한국의 법당 가운데 대웅전 다음으로 많습니다. 아미타불을 모셨기 때문에 미타전(彌陀殿)이라 하며, 아미타불은 무량(無量)한 수명과 무량한 빛 자체이므로, 다른 말로 무량수전(無量壽殿)이라고도 합니다. 아미타불의 협시불(脇侍佛)로는 관세음보살(觀世音菩薩)과 대세지보살(大勢至菩薩) 혹은 관세음보살과 지장보살(地藏菩薩)이 모셔집니다.

---

64) 이른바 '비로자나불(毘盧遮那佛)'은, 법신불(法身佛)이라 하고, '노사나불(盧舍那佛)'은, 보신불(報身佛)이라 하며, '석가모니불(釋迦牟尼佛)'은, 화신불(化身佛)이라 한다.

약사전(藥師殿)은 약사여래를 모신 전각입니다. 우리가 선호하는 5대 부처님 중 한 분입니다. 중생들 심신(心身)의 고통을 치료해주는 역할을 합니다. 미륵전(彌勒殿)은 용화세계에서 중생교화의 상징인 미래의 부처님인 미륵불을 모신 곳입니다. 미륵불에 의해 정화되고 새로운 불국토를 상징하여 용화전(龍華殿)으로, 미륵의 한자 표기법인 자씨(慈氏)를 취해 자씨전(慈氏殿)으로도 씁니다. 금산사 미륵전이 대표적입니다.

아울러 석가모니불의 일생을 8단계로 구분해 표현한 모습을 팔상(八相 : 捌相)이라 하고, 팔상도를 모시고 있는 전각을 팔상전(捌相殿)[65]이라 합니다. 대개 팔상전엔 중앙에 석가모니불을 모시고 외곽에 팔상탱화(八相幀畵)를 봉안합니다. 5층 목탑인 법주사 팔상전이 대표적입니다. 한편 부처님께서 묘법연화경[法華經]을 설한 영산회상의 장면을 그린 영산회상도(靈山會上圖)[66]를 모신 전각은 영산전(靈山殿)이라 합니다.

관음전(觀音殿)은 관세음보살을 모신 전각입니다. 중생의 고뇌(苦惱)를

---

65) 팔상전(八相殿 : 捌相殿)은 석가모니 부처님의 일생을 8가지로 구분해 보이기에 팔상(八相 : 捌相)이라 하고, 팔상을 모셨다고 하여 팔상전(捌相殿)이라 한다. 그리고 석가모니 부처님을 중앙에 모시고 좌우로 부처님의 일생을 그린 팔상도를 모신다. 팔상도는 첫째, 도솔천에서 내려오는 상[兜率來儀相], 둘째, 룸비니 동산에 내려와서 탄생하는 상[毘藍降生相], 셋째, 사문에 나가 세상을 관찰하는 상[四門遊觀相], 넷째, 성을 넘어가서 출가하는 상[踰城出家相], 다섯째, 설산에서 수도하는 상[雪山修道相], 여섯째, 보리수 아래에서 마귀의 항복을 받는 상[樹下降魔相], 일곱째, 녹야원에서 처음으로 포교하는 상[鹿苑轉法相], 여덟째, 사라쌍수 아래에서 열반에 드는 상[雙林涅槃相] 등으로 구성되어 있다. 우리나라에선 보통 8폭을 각각 그려 봉안하거나 2개씩 한 폭에 묶어 4폭으로 구성하기도 한다.

66) 여기서 영산회(靈山會)란 영취산에서 제자들을 모아놓고 가르침을 베풀던 모임을 말한다.

씻어주는 권능이 모든 곳에 두루 통한다고 하여 원통전(圓通殿)이라 합니다. 중국에선 관세음보살의 대자대비를 강조하여 대비전(大悲殿)이라 합니다. 관세음보살은 현세에서 고통받는 인간이 해탈할 수 있도록 도와주는 보살입니다. 명부전(冥府殿)은 지옥의 중생들을 구제하는 '지장보살을 모신 전각'으로, 다른 말로는 '지장전(地藏殿)[67]'이라 합니다.

석가모니 부처님의 '천백억(千百億) 화신'을 정리하면, 앞에서도 이미 언급했지만, 정치인을 만나면 정치적인 법을 전하고, 농부를 만나면 농업에 맞는 법을 전하며, 시장에서 장사하는 사람을 만나면 상업에 어울리는 말씀을 해야 합니다. 또한 동물을 만나면 그 동물에 어울리는 법을 전하고, 식물을 만나면 그 식물에 어울리는 법을 전하며, 심지어 무생물을 만나면 그 무생물에 어울리는 법을 전해야 한다는 것입니다.

---

[67] 지장전(地藏殿)엔 유명계(幽冥界)의 시왕을 봉안하고 있기 때문에 시왕전(十王殿)이라고도 한다. 한편 응진전(應眞殿)이나 나한전(羅漢殿)은 모두 부처님의 제자를 모신 전각으로, 중생들 가까이서 중생들의 소원을 이뤄주는 역할을 한다. 부처님의 16제자를 모신 전각을 '응진전'이라 하고, 500제자를 모신 전각은 '나한전'이라 한다.

제8분 법에 의지해 나오다[依法出生分]

| 우리말 |

"수보리여. 그대 생각은 어떤가. 만약 어떤 사람이 삼천대천세계(三千大千世界)[68]를 가득 채운 칠보(七寶)[69]로 보시를 하면, 이 사람이 얻는 복덕(福德)[70]은 많지 않겠는가." 수보리가 답합니다. "매우 많습니다, 세존이시여. 이유가 무엇인가. 이 복덕은 곧 복덕의 자성[본질]이 아니기에, 이 때문에 여래께선 복덕이 많다고 말씀하신 것입니다." "만약 다시 어떤 사람이 이 경(經) 가운데 내용을 수지(受持)하거나 사구게(四句偈) 등을 다른 사람을 위해 말해준다면, 그 복덕은 앞의 칠보로 보시한 것보다 클 것이다. 이유가 무엇인가, 수보리여. 일체 모든 부처와 모든 부처의 아뇩다라삼먁삼보리 법이 모두 이 경(經)으로부터 나오기 때문이다. 수보리여. 이른바 불

---

68) '삼천대천세계(三千大千世界)'는, 수미산(須彌山)을 중심으로 사방에 4개의 큰 대륙이 있고, 그 주위를 큰 철위산(鐵圍山)이 둘러싸고 있는데, 이를 일세계(一世界) 혹은 일사천하(一四天下)라 한다. 이 사천하(四天下)를 1천 개 합한 것이 소천세계(小千世界 : 小千界)이고, 이 소천세계를 다시 1천 개 합한 것이 중천세계(中千世界 : 中千界)이며, 이 중천세계를 다시 1천 개 합한 것을 대천세계(大千世界 : 大千界)라 한다. 따라서 일대천세계(一大千世界)에는 소천(小千)과 중천(中千), 대천(大千) 등 3종의 천(千)이 있으므로 삼천대천세계(三千大千世界)라 하는 것이다.

69) 법화경(法華經)에선 금(金), 은(銀), 자거(硨磲), 마노(瑪瑙), 유리(瑠璃), 매괴(玫瑰), 붉은 진주[赤珠]를 말하고, 무량수경(無量壽經)에선 금(金), 은(銀), 자거(硨磲), 마노(瑪瑙), 유리(瑠璃), 파리(玻璃), 산호(珊瑚)를 말하며, 아미타경(阿彌陀經)에선 금(金), 은(銀), 자거(硨磲), 마노(瑪瑙), 유리(瑠璃), 파리(玻璃), 붉은 진주[赤珠]를 말한다.

70) 여기서 말하는 '복덕(福德)'은, 이른바 상(相)이 있는 복덕을 가리킨다.

법(佛法)이란 곧 불법(佛法)이 아닌 것이니라."

| 구마라집 |

須菩提. 於意云何. 若人滿三千大千世界七寶, 以用布施, 是人所得福德, 寧
爲多不. 須菩提言. 甚多, 世尊. 何以故. 是福德, 卽非福德性, 是故, 如來說福
德多. 若復有人, 於此經中, 受持乃至四句偈等, 爲他人說, 其福勝彼. 何以故,
須菩提. 一切諸佛, 及諸佛阿耨多羅三藐三菩提法, 皆從此經出. 須菩提. 所謂
佛法者, 卽非佛法.

| 자해 |

어의운하(於意云何): 의역하면, '지니고 있는 생각[意]이 있다면, 어떻게
말할 수 있겠는가.'로 해석할 수 있는데, 이를 줄여, '그대 생각은 어떤가.'
로 해석했다. 이용보시(以用布施): 보시에 쓰다, 보시에 사용하다. 영(寧):
차라리, 오히려. 복덕성(福德性): 여기서 말하는 복덕(福德)의 자성(自性)이
나 본질은 없다는 의미다. 시고(是故): 이 때문에, 이런 까닭으로, 그러므
로. 부(復): 다시. 수지(受持): 깨우쳐 지니다. 내지(乃至): '얼마에서 얼마까
지'의 뜻을 나타내는 말. 사구게(四句偈): 부처를 찬미하는 시가(詩歌), 주로
사구(四句)로 형성되어 있다. 승(勝): 본래 '이기다', '뛰어나다'란 뜻이지만
여기선 의역해 '크다'로 해석했다. 급(及): 미치다, 이르다.

| 해동 |

앞의 주석에서도 확인할 수 있듯, '삼천대천세계(三千大千世界)'는 형언할 수 없는 크기입니다. 이런 방대한 양의 칠보(七寶)로 보시한다는 것은 정말 대단한 일입니다. 하지만 이런 복덕은 영원하지 않다고 말합니다. 즉 물질 보시는 상(相)이 있기 때문에 한계가 있기 마련입니다. 이보다 더 중요한 것은 역시 마음[心]입니다. 일체유심조(一切唯心造)71)라 했듯 모든 것은 이 마음에 따라 생겨나기도 하고, 사라지기도 합니다.

그렇다면 이 '마음'을 움직이는 데 영향을 미치는 분들은 대체 누굴까요. 아마도 성현(聖賢)들일 것입니다. 성현들의 삶은 곧 본보기가 되기 때문입니다. 여기서 사람들이 성현(聖賢)들을 좋아하고 존경하는 이유에 대해 잠시 살펴봅니다. 여러 이유가 있겠습니다만, 대체로 성현들은 도덕성에서 결점이 없고, 지혜와 통찰력을 지니고 있으며, 영속적인 가치를 지니고 있을 뿐만 아니라 인간의 본성을 이해하고 있습니다.

구체적으로 살펴보면, 성현들은 고결한 도덕적 기준을 세우고, 그에 따라 행동한 인물들입니다. 그들은 인간 사회에서 추구해야 할 도덕적 원

---

71) '일체유심조(一切唯心造)'는, 『화엄경』의 핵심사상을 이루는 말로, '모든 것은 오직 마음이 지어낸다'는 의미다. 유식(唯識)에선 일수사견(一水四見)의 비유를 든다. 즉 하나의 물을 4개의 모습으로 본다는 뜻이다. 가령 우리는 행복과 불행이 상황에 따라 혹은 환경에 따라온다고 생각하는데, 이는 착각이란 것이다. 행복과 불행은 오직 자신의 마음에서 지어내기 때문이다. 따라서 그 어떤 사람도, 어떠한 상황도 나를 행복하게 할 수 없고, 불행하게 할 수도 없는 것이다. 한편 달을 보고 슬픈 감정을 느꼈다고 하자. 그럼 달이 내게 슬픔을 준 것인가. 아니면 내 스스로 슬픔을 만든 것인가. 모든 것은 내 스스로 만들어낸 것이다. 참고로 '플라시보(Placebo)와 노시보(Nocebo)'는 심리적 기대가 신체에 영향을 미치는 현상을 말한다. 이 둘의 개념은 상반되지만, 의학과 심리학에서 중요한 연구 주제로 다룬다. 『화엄경』의 일체유심조와 상통하는 개념이라 할 수 있다.

칙, 예를 들어 공정성이나 정직, 겸손 등이 몸에 체득되어 있습니다. 사람들이 성현을 좋아하는 이유도 이런 도덕적 가치들이 빛을 발하기 때문일 것입니다. 또 성현들은 단순히 말로만 가르치지 않고, 실제로 그 가르침을 삶에서 구현하기 때문에 많은 이들에게 모범이 됩니다.

그리고 성현들은 지혜와 통찰력이 매우 뛰어납니다. 즉 복잡한 문제를 간단히 해결하거나 삶의 본질에 대해 깊이 이해한 분들로 평가합니다. 그래서 성현들의 말과 행동은 많은 사람들에게 삶의 지침서가 됩니다. 가령 여기서 논하는 '부처님의 가르침'이 대표적이라 할 수 있습니다. 물론 공자(孔子)나 소크라테스(Socrates)와 같은 인물들도 철학적 사고(思考)로 수많은 사람들에게 영향을 미쳤음은 말할 것도 없습니다.

다시 말해 성현들은 삶의 모습을 통해 수많은 이들에게 영향력을 미쳤습니다. 공동체나 사회발전을 위해 철학을 기초로 종교, 정치, 교육 등 다양한 분야에 걸쳐 있습니다. 때문에 성현들은 영적(靈的) 성취를 이룬 존재로 여겨지기도 합니다. 이들은 세속적인 집착을 버리고, 높은 차원의 삶을 추구하며, 인간 존재의 깊은 의미를 탐구합니다. 이런 성취는 사람들에게 감동을 주기 때문에 본받고자 하는 욕구를 일으킵니다.

아울러 성현들의 가르침은 시간이 지나도 불변의 가치가 담겨 있음을 볼 수 있습니다. 때문에 사람들은 '성현들의 지혜와 가르침'을 현명한 결정을 내리는 데 기제로 삼기도 합니다. 연배가 있으신 분들은 공감하시겠지만, 세상사 갈등의 주된 원인은 이해관계의 누적입니다. 하지만 성현들의 삶은 인간의 본성을 간단히 이해하기 때문에 풀어가는 방법도 간단합니다. 사람들이 성현들을 '좋아하고 존경하는 이유'일 것입니다.

그럼 성현(聖賢)들의 삶과는 다른 '악(惡)한 사람들의 특징'에 대해서도 살펴볼까요. 이들은 성현들과는 다른 반도덕적이고 반사회적으로, 부정적인 행동과 태도를 나타내는 경향이 강합니다. 이들의 특징도 다양하지만 몇 가지 특성을 보면, 우선 자기중심적이고 이기적인 태도가 앞섭니다. 즉 타인의 감정을 고려하기보단 자신을 최우선으로 생각하고, 자신의 이익을 위해 타인들을 해치거나 이용하는 성향이 높습니다.

게다가 도덕적 기준이 아예 없는 경우입니다. 즉 악(惡)한 사람들은 대체로 정직하지 않습니다. 사람들에게 거짓말을 밥 먹듯 합니다. 부당한 방법으로 결과를 조작하기도 합니다. 정당한 방법보다는 자신의 욕구를 충족시키기 위해 부도덕한 방식도 불사(不辭)합니다. 때문에 사람들이 상처를 받거나 고통이 가중되어도 눈 하나 깜짝하지 않을 뿐 아니라 때로는 악의적으로 행동하거나 타인의 어려움을 악용하기도 합니다.

이 뿐만이 아닙니다. 이들은 때로 감정적으로 때론 물리적으로 사람들을 괴롭히며, 그들의 고통에서 만족감을 느끼기도 합니다. 즉 '공감능력 결여'라 할 수 있습니다. 이들은 타인들의 입장에서 생각하거나 이해하려는 노력이 부족할 뿐만 아니라, 타인의 감정을 무시하거나 경시하는 경향도 매우 높습니다. 타인이 고통을 겪고 있거나 불행할 때, 그것에 대해 관심을 가지지 않거나 심지어는 그 상황을 이용하기도 합니다.

또한 이들은 불안정한 감정을 드러내거나 분노(憤怒)하기도 합니다. 즉 감정을 제어하기보단 충동적으로 행동하거나 상황을 극단적으로 몰아가는 경향도 있습니다. 경우에 따라 분노나 복수심이 지나치면, 이를 실현하려는 강한 의지로 타인을 괴롭히거나 해(害)를 동반하게 되는데, 이를 아무렇지 않게 생각하기도 합니다. 물론 뜻을 관철하기 위해선 때로 권력(權力)을 이용함으로써 권력 남용(濫用)으로 이어지기도 합니다.

이밖에도 무수히 많은 문제를 지니고 있지만, 역시 가장 큰 문제는 '사회적 책임감 결여'라 할 수 있을 것입니다. 이들은 사회적 책임감이나 공동체 의식을 전혀 지니고 있지 않습니다. 때문에 이들은 사람들의 행복이나 복지(福祉)에 대해 전혀 관심이 없을 뿐 아니라, 공동체나 사회발전을 위해 기여하려는 태도 또한 매우 부족합니다. 결국 이들의 행위는 인간관계를 파괴하고, '공동체의 조화를 해치는 원인'이 됩니다.

옛말에 '버드나무'는 눕혀 심어도 잘 자라고, 거꾸로 심어도 잘 자라며, 심지어는 잘라서 심어도 잘 자란다고 합니다. 쉽게 말해 버들은 아무렇게나 심어도 잘 자라는 나무라 할 수 있습니다. 여기에 10명의 사람이 모여 버들을 심는다면 양은 엄청날 것입니다. 하지만 한 사람의 악한(惡漢)이 나쁜 마음으로 심어진 버들을 훼손한다면, 순식간에 망칠 수 있다고 합니다. 악한의 파괴력은 이처럼 공포(恐怖), 그 자체입니다.

논의를 사회적으로 확대합니다. 수없이 많은 경찰(警察)[72]이 치안을 위

---

72) '경찰(警察)'의 경(警)은 동적인 것을 살피는 것이고, 찰(察)은 정적인 것을 살피는 것이다. 즉 경(警)은 낮에 살펴주는 것을 가리키고, 찰(察)은 밤에 살펴주는 것을 가리킨다.

해 주야장천(晝夜長川) 활동을 했더라도 도적 한 명을 제대로 제어하지 못한다는 사실입니다. 역으로 말하면 한 명의 도적이 수없이 많은 경찰력을 무력화시킬 수 있다는 말입니다. 논의를 국가로 확대합니다. 나라의 안녕을 위해 무량할 만큼 사법제도에 투자합니다만, 악한(惡漢) 한 명이면 족히 국가도 혼란의 도가니로 몰아넣을 수 있다는 사실입니다.

멀리 갈 것도 없습니다. 달도 가고, 화성도 가는 21세기 대명천지(大明天地)에도 이런 일이 실제로 벌어지고 있습니다. 나라를 좌지우지하는 지위에 있으면서 주권자의 여론에 응하기보단 오로지 자신의 이익을 위해서만 움직입니다. 분노조절 장애와 공감능력 결여에 따른 사회적 피로도는 하늘 높은 줄 모릅니다. 이런 이가 국가의 지도자로 있다면 어떻겠습니까. 주권자들이 '눈을 바르게 떠야 하는 이유'라 하겠습니다.

마음[心]을 논의하다 길게 이어졌습니다. 정리하면, 부처님이 말씀하신 것은 모두가 경(經)에서 나오는 것입니다. 따라서 영원한 복덕과 안식을 위해선 역시 성현의 삶을 모범으로 삼는 일입니다. 삼천대천세계(三千大千世界) 만큼의 물질로도 영원한 복덕과 안식을 취할 순 없기 때문입니다. 그렇다면 차라리 '사구게'를 통해 깨달음을 얻어 이를 공동체의 구성원들과 함께하는 것이 복덕과 안식이자, 공덕(功德)인 것입니다.

참 부처님께서 "불법(佛法)이란 곧 불법(佛法)이 아닌 것이다."라고 언급한 것은, 부처님 말씀에 집착하지 말라는 것입니다. 가령 '이것이 마음이다.'라고 규정하면 곤란해지듯, '이것이 불법(佛法)이다.'라고 규정[73]하면 더 이상 부처님의 가르침이 될 수 없는 것과 같은 경우입니다. 다시 말해 체용(體用)[74]관계로 설명한다면, '본체와 작용'이라 할 수 있습니다. 즉 부처님 말씀은 본체(本體)로 다가가게 하는 수단인 것입니다.

---

73) 이는 마치 『노자(老子)』에서 "도(道)가 말해질 수 있다면 항상 된 도[常道]가 아니고, 명(名)이 이름지어질 수 있다면 항상 된 이름[常名]이 아니다."란 의미와 다르지 않은 것이다.

74) '체용(體用)'은, 사물의 본체와 작용을 가리킨다. 본래 불교(佛敎)에서 쓰는 용어지만, 유교(儒敎)에선 송대(宋代)로부터 사용된 철학개념이다. 여기서 '체(體)'는 본체적 존재로, 형이상적(形而上的) 세계에 속하고, '용(用)'은 그것의 작용 및 현상으로, 형이하적(形而下的) 세계에 속한다. 하지만 양자는 표리일체(表裏一體), 불가분(不可分)의 관계로, 체(體)를 떠나 용(用)이 있을 수 없고, 용(用)이 없는 체(體) 또한 존재할 수 없다고 본다.

제9분 어떤 깨달음의 상도 없다[一相無相分]

| 우리말 |

"수보리여. 그대 생각은 어떤가. 수다원(須陀洹)이 능히 내가 수다원과를 얻었다고 생각하겠는가." 수보리가 답합니다. "아닙니다, 세존이시여. 이유가 무엇인가. 수다원을 일러 입류(入流)라 하나, 들어간 곳이 없기 때문입니다. 색성향미촉법(色聲香味觸法)에 들지 않은 것을 일러 수다원이라 합니다." "수보리여. 그대 생각은 어떤가. 사다함(斯陀含)이 능히 내가 사다함과를 얻었다고 생각하겠는가." 수보리가 답합니다. "아닙니다, 세존이시여. 이유가 무엇인가. 사다함을 일러 일왕래(一往來)라 하나, 실로 왕래가 없기 때문에, 이를 일러 사다함이라 합니다." "수보리여. 그대 생각은 어떤가. 아나함(阿那含)이 능히 내가 아나함과를 얻었다고 생각하겠는가." 수보리가 답합니다. "아닙니다, 세존이시여. 이유가 무엇인가. 아나함을 일러 불래(不來)라 하나, 실로 오지 않음이 없기 때문에, 아나함이라합니다." "수보리여. 그대 생각은 어떤가. 아라한(阿羅漢)이 능히 내가 아라한 도를 얻었다고 생각하겠는가." 수보리가 답합니다. "아닙니다, 세존이시여. 이유가 무엇인가. 실로 법이 있지 않은 것을 아라한이라 합니다. 세존이시여. 만약 아라한이 스스로 아라한 도를 얻었다고 생각한다면, 아상, 인상, 중생상, 수자상에 집착한 것입니다. 세존이시여. 부처께선 제가 다툼 없는 삼매를 얻었고, 사람 가운데 가장 뛰어나며, 욕구를 떠난 제일의 아라한이라 하셨습니다. 세존이시여. 저는 스스로 욕구를 떠난 아라한이라 생각지 않습니다. 세존이시여. 제가 만약 아라한 도를 얻었다 생각했다면, 세존께선 수보리가 아란나(阿蘭那)행을 즐기는 이라 말씀하시지 않았을 것입니다. 수보리가 실로 행하는 바가 없기에, 수보리가 아란나행을 즐기는 이라 하신 것입니다."

| 구마라집 |

須菩提. 於意云何. 須陀洹, 能作是念, 我得須陀洹果不. 須菩提言. 不也, 世尊. 何以故. 須陀洹名爲入流, 而無所入. 不入色聲香味觸法, 是名須陀洹. 須菩提. 於意云何. 斯陀含, 能作是念, 我得斯陀含果不. 須菩提言. 不也, 世尊. 何以故. 斯陀含名一往來, 而實無往來, 是名斯陀含. 須菩提. 於意云何. 阿那含, 能作是念, 我得阿那含果不. 須菩提言. 不也, 世尊. 何以故. 阿那含 名爲不來, 而實無不來, 是故名阿那含. 須菩提. 於意云何. 阿羅漢, 能作是念, 我得阿羅漢道不. 須菩提言. 不也, 世尊. 何以故. 實無有法, 名阿羅漢. 世尊. 若阿羅漢作是念, 我得阿羅漢道, 卽爲着我人衆生壽者. 世尊. 佛說我得無諍三昧, 人中最爲第一, 是第一離欲阿羅漢. 世尊. 我不作是念, 我是離欲阿羅漢. 世尊. 我若作是念, 我得阿羅漢道, 世尊則不說須菩提, 是樂阿蘭那行者. 以須菩提, 實無所行, 而名須菩提, 是樂阿蘭那行.

| 자해 |

작시념(作是念): 이런 생각을 하다, 이런 생각을 갖다. 능작시념(能作是念): 능히 이런 생각을 하다. 과(果): 과위(果位)를 뜻한다. 입류(入流): 성류(聖流), 즉 성현(聖賢)의 반열에 든다는 뜻이다. 색성향미촉법(色聲香味觸法):

이 6가지는 우리가 외부 세계와 상호작용하는 모든 방식의 감각적 경험을 뜻한다. 즉 색성향미촉법을 통해 경험하는 것은 무상하고 변화하는 것들이기 때문에, 그것에 집착하거나 고정된 실체로 해석하면 그것으로 인해 고통을 초래하는 것으로 본다. 어의운하(於意云何): 의역하면, '지니고 있는 생각[意]이 있다면, 어떻게 말할 수 있겠는가.'로 해석할 수 있는데, 이를 줄여, '그대 생각은 어떤가.'로 해석했다.

| 해동 |

주지하듯 유교(儒敎)는 치세지학(治世之學), 즉 정치철학이 주류입니다. 따라서 선생님이 계신 곳에 들어가 학문을 한 이후, 국정에 참여하는 것을 기본으로 삼습니다. 그러나 선생님의 가르침을 제대로 받기 위해선 일정한 단계, 즉 공부의 순서를 거치게 됩니다. 첫 단계는 '입문(入門)'이라 합니다. 두 번째 단계는 승당(升堂)이라 합니다. 세 번째 단계는 입실(入室)이라 합니다. 네 번째 단계는 여언(與言)이라 합니다.

불교에선 여기서 논하는 성문사과(聲聞四果)가 있습니다. 말하자면 성문들이 깨달은 자리[果], 즉 4개의 계급(階級)을 가리킵니다. 첫째, 수다원과(須陀洹果)입니다. 처음 성인(聖人)의 축에 들어간 지위를 말합니다. 둘째, 사다함과(斯多含果)입니다. 욕계(欲界) 9지(地)의 사혹(思惑) 9품 중에서 앞의 6품을 끊고, 아직 3품이 남았기 때문에 인간과 천상(天上)에 한번 왕래(往來)하면서 생(生)을 받아야 하는 지위를 말합니다.

셋째, 아나함과(阿那含果)입니다. 사다함과(斯多含果)에서 남은 3품 혹(惑)

을 완전히 끊고 욕계에 다시 나지 않는 지위를 말합니다. 넷째, 아라한과(阿羅漢果)입니다. 3계의 견혹(見惑)과 사혹(思惑)을 끊고 공부가 완성되어 존경과 공양을 받을 수 있는 성인(聖人)의 지위를 말합니다. 여기서 잠시 견혹(見惑)과 사혹(思惑)에 관해 살펴봅니다. 우선 불자는 불교가 대승과 소승으로 나눠져 있다는 것을 모르는 분은 없습니다.

그런데 소승(小乘)도 좀 더 세밀하게 보면 두 개로 나눠집니다. 하나는 그야말로 소승(小乘)이고, 다른 하나는 소승보다 약간 높은 단계의 중승(中乘)이 있습니다. 여기서 소승은 성문(聲聞)이라 하고, 성문보다 조금 높은 단계인 중승은 독각(獨覺) 혹은 연각(緣覺)이라 합니다. 가령 수보리(須菩提)나 아난(阿難) 등 부처님 제자들은 성문(聲聞)에 해당하고, 이보다 좀 더 높은 단계는 이른바 '독각승(獨覺乘)'[75]이라 합니다.

독각(獨覺)은 부처가 없거나 불교문화 자체가 없는 시대에도 깨달음을 얻을 수 있는 것[佛]을 이릅니다. 비록 확철대오(廓徹大悟)[76]엔 이르지 못하더라도 현실을 초탈할 수 있는 성인(聖人)이 될 수 있는 것입니다. 이런 사람을 이른바 독각 혹은 연각으로, 소승(小乘)을 가리킵니다. 여기서 소승은 먼저 자기 자신을 구제(救濟)하는 데 목적이 강합니다. 이 때문에 '세속을 피하거나 세상을 벗어나려는 특징'이 있다 하겠습니다.

---

75) '독각승(獨覺乘)'은, 다른 말로 벽지불(辟支佛)이라고도 하는데, 여기서 벽지(辟支)는 산스크리트어의 음역(音譯)이다.
76) '확철대오(廓徹大悟)'는, 확연히 꿰뚫어 크게 깨우침을 뜻하지만, 이는 지식의 수준이 아닌 진리의 본질을 직접 깨닫는 것을 가리킨다.

그리고 소승은 다시 사과나한(四果羅漢)으로 나누는데, 초과나한(初果羅漢)을 수다원(須陀洹)이라 하고, 이과나한(二果羅漢)을 사다함(斯陀含)이라 하며, 삼과나한(三果羅漢)을 아나함(阿那含)이라 하고, 사과나한(四果羅漢)을 아라한(阿羅漢)[77]이라 합니다. 여기서 중요한 것이 있습니다. 즉 '어떻게 수행하면 사과(四果)에 이를 수 있는가'입니다. 이를 위해선 반드시 견혹(見惑)과 사혹(思惑)을 끊어 없애야 하는 것입니다.

우선 견혹(見惑)은 5가지가 있는데, '견해와 학문, 관념'과 관련된 문제입니다. 말하자면 신견(身見)과 변견(邊見), 견취견(見取見), 사견(邪見), 계금취견(戒禁取見)을 말합니다. 여기서 철학자들이나 종교인들은 견혹(見惑)에서 벗어나지 못하는 것으로 이해합니다. 어떤 이는 신견(身見)에 떨어지고, 어떤 이는 변견(邊見)에 떨어지기도 합니다. 즉 견해와 학문이 깊어질수록 이 오견(五見)은 더욱 심해진다고 알려져 있습니다.

사견(邪見)과 계금취견(戒禁取見)은 주로 종교나 신앙 측면과 관련이 많습니다. 가령 초하루와 보름엔 반드시 예배(禮拜)를 해야 한다는 식입니다. 또 어떤 종교는 때가 되면 먹지 말아야 한다는 식도 존재합니다. 이런 것들이 모두 계금취견에 속하는 것입니다. 그리고 견취견(見取見)은 마음으로 얻은 수행을 뜻합니다. 가령 좌선(坐禪) 수행할 때 경계가 나타나거나 빛이 보이기도 하는데, 이를 도(道)라 이해하는 것입니다.

---

77) 수다원(須陀洹)과 사다함(斯陀含), 아나함(阿那含), 아라한(阿羅漢) 등은 모두 산스크리트어의 음역(音譯)이다. 참고로 아라한(阿羅漢)의 아(阿)는 무(無)와 같은 뜻이다. 즉 아라한은 태어나지 않고, 영원히 번뇌가 없으며, 마(魔)의 장애가 없고, 마음속의 적(賊)이 사라져 영원히 청정하고 빛이 난다는 의미이다.

그런데 도(道)라 이해하고 수행했는데 이것이 나타나지 않으면 도(道)를 얻지 못한 것으로 여깁니다. 이런 경우를 견취견(見取見)에 빠졌다고 합니다. 이들은 모두 견해와 관념상의 문제라 하겠습니다.[78] 그리고 사혹(思惑)에도 5가지가 있습니다. 바로 탐(貪), 진(瞋), 치(癡), 만(慢), 의(疑)입니다. 이 또한 인간의 본성으로, 태어날 때부터 지닙니다. 여기서 탐(貪)은 무엇일까요. 명예를 탐하거나 이익을 탐하는 것을 말합니다.

즉 세상의 모든 것을 탐내는 것이 여기에 속합니다. 탐심에 대한 불교의 고사를 하나 소개합니다. 어떤 법사(法師)가 평생 공덕을 쌓았습니다. 좌선 수행은 하지 않았지만, 사찰을 짓고 설법 등을 했습니다. 나이가 들자, 저승사자 두 명이 찾아왔습니다. 법사가 말했습니다. "저는 출가해 평생 공덕을 쌓았으나, 수지(修持)는 못 했습니다. 저에게 이레의 말미를 주신다면 그동안 좌선해서 수행에 성공할 수 있을 것입니다."

"그러면 두 분을 먼저 제도하고, 후일 염라대왕도 제도해 드리겠습니

---

78) '신견(身見)'은, 아견(我見)이라고도 하는데, 곧 '나'와 '나의 것'이 있다고 집착하는 견해이다. 오온(五蘊)이 인연화합해서 이루어진 '나'를 영원한 존재로 고집하는 그릇된 견해를 가리킨다. '변견(邊見)'은, 곧 편견으로, 편벽된 마음이 극단에 자리하는 견해이다. 상견(常見)과 단견(斷見) 어느 한쪽에 얽매여 중심을 잡지 못하는 극단적인 견해로, 이분법적 견해라 한다. '견취견(見取見)'은, 그릇된 견해를 바른 것으로 간주해 거기에 집착하는 것을 말한다. 즉 졸렬한 지견(知見)을 잘못 믿고, 스스로 훌륭한 견해라 고집하는 그릇된 견해를 가리킨다. '사견(邪見)'은, 말 그대로 삿된 견해로, 인과(因果)의 이치를 부정하는 그릇된 견해이다. 이른바 정견(正見)의 반대이다. '계금취견(戒禁取見)'은, 계금(戒禁)에 대해 생기는 그릇된 소견을 말한다. 즉 잘못된 계율이나 금지조항을 '열반으로 인도하는 올바른 길'이라 생각하고 그것을 받드는 것이다. 인(因)이 아닌 것을 인이라 하고, 도(道)가 아닌 것을 도라 하는 그릇된 견해를 가리킨다.

다."라고 했습니다. 이에 저승사자 둘은 허락했습니다. 법사는 평소 쌓아 온 덕행 덕분에 금방 상념을 놓아버렸습니다. 사찰 관리는 물론 어떤 것에도 신경을 쓰지 않았습니다. 3일이 지나자, 사상(四相), 즉 아상, 인상, 중생상, 수자상 등 모든 것이 사라지고, 한 덩어리의 빛만 남았습니다. 4일이 되자, 약속대로 두 명의 저승사자가 다시 나타났습니다.

그런데 법사는 사라지고, 한 덩어리의 빛만 있는 것이 아니겠습니까. 이에 저승사자들은 법사에게 속았다고 생각하고 애원하기 시작했습니다. "법사님. 부디 자비를 베푸소서. 말씀을 했으면 지켜야 하지 않겠사옵니까. 저희를 제도해 주옵소서. 그렇지 않으면 저희는 직무를 소홀히 했다는 이유로 지옥에 갇히게 됩니다." 하지만 이미 입정(入定)에 들어간 법사는 듣지도 못하고 또한 그들의 말에 개의치도 않았습니다.

이에 두 저승사자는 어떻게 해야 할지 대책을 강구했습니다. 그러다 빛 속에서 한 줄기 검은 그림자를 발견했습니다. 그들은 직감했습니다. 법사가 완전한 도(道)를 깨치지 못한 것이라 생각한 것입니다. 바로 한 줄기 검은 그림자가 깨치지 못한 부분임을 인지한 것입니다. 한편 법사는 공덕이 컸기 때문에 황제가 그를 국사(國師)로 초빙해 자마금(紫磨金)으로 만든 바리때와 금실로 짠 가사(袈裟)를 하사한 적이 있습니다.

법사는 자마금으로 만든 바리때만은 너무 좋아해 좌선 수행을 할 때에도 손에서 떨어뜨리지 않았습니다. 온갖 인연을 놓아버렸지만, 그 바리때만은 끝내 놓지 않은 것입니다. 이런 사실을 저승사자들이 알아챈 것입니다. 즉 모든 것이 사라졌으나, 아직 한 점의 탐심(貪心)이 자리를 차지하고 있었던 것입니다. 이에 두 저승사자는 곧 쥐로 변신하여 바리때를 사각사각 갉기 시작하자, 법사의 마음이 움직이기 시작했습니다.

법사의 마음이 움직이자, 빛은 사라지고 법사의 몸이 드러났습니다. 이에 저승사자들은 지체 없이 법사의 손목에 수갑을 채웠습니다. 법사는 완전한 득도(得道)를 하지 못한 것을 이상하게 여겼으나, 저승사자들의 이야기를 듣자, 바리때를 내던져 버렸습니다. 그리고는 염라대왕을 만나 뵙겠다고 하는 순간, 두 저승사자는 크게 깨달음을 얻었습니다. 이처럼 탐심을 제거하기란 참으로 어려운 것임을 알 수 있는 고사입니다.[79]

이제 진(瞋)에 대해 살펴봅니다. 주지하듯 진(瞋)은 분노(憤怒)나 성내는 것을 뜻하는 개념으로, 부정적인 감정 중 하나로 간주됩니다. 진에 대한 고사도 많으나, 하나를 소개합니다. 한 법사(法師)가 제자들과 수행하고 있었습니다. 법사는 온화한 성품으로 제자들에게 사랑과 자비를 가르칩니다. 어느 날, 한 제자가 법사의 성품을 시험해 보고자 했습니다. 그 제자는 법사가 어떤 상황에서도 분노하지 않기를 바랐습니다.

그러면서 그는 고의로 법사의 발을 밟거나, 법사가 독서하고 있을 땐 제대로 읽지 못하도록 방해를 하는 등 소란을 피웠습니다. 그럼에도 법사는 아무런 반응을 보이지 않았습니다. 이에 제자는 장난기가 더욱 커져 심한 장난으로 이어졌습니다. 발을 밟는 것은 다반사고, 법사 앞에서

---

79) 이 고사의 내용은 『능엄경(楞嚴經)』이나 『반야경(般若經)』 등 주요 경전에서 다루고 있지만, 핵심은 탐심(貪心)을 완전히 제거하지 못하면, 진정한 깨달음을 얻지 못한다는 교훈을 준다.

물건을 떨어뜨리는 등 그가 분노하는지 시험한 것입니다. 법사가 여전히 분노하지 않자, 제자는 더 이상 시험을 지속할 수 없었습니다.

법사가 제자에게 말합니다. "진정한 수행자는 외부의 자극에 의해 마음이 흔들리지 않는다. 분노(憤怒)는 내 마음속에서 일어나는 것이지, 다른 사람에게서 찾을 수 있는 것이 아니다. 따라서 난 그것을 다스릴 수 있다." 법사는 제자에게 진(瞋) 다스리는 법을 일러주었고, 제자는 그 가르침을 깊이 새기게 되었습니다. 여기서 진(瞋)은 외부의 자극이나 상황에 의함이 아닌, 내면에서 다스려야 할 감정임을 일러줍니다.

불자(佛子)라면 모두가 알고 있듯, 분노(憤怒)는 자칫 큰 고통을 초래합니다. 때문에 수행에서 이를 통제하고 평정심(平靜心) 유지하는 것을 크게 중시하는 이유입니다. 한편 불교에선 분노를 집착(執着)과 무지(無知)에서 비롯된 감정으로 보기도 합니다. 그러므로 분노를 다스리기 위한 여러 방편을 제시합니다. 그 가운데 '마음의 고요와 자비를 실천하는 것'이 진(瞋)을 제거하는 데 '중요한 요소 중 하나'로 꼽습니다.

이제 치(癡)에 대해 살펴봅니다. 주지하듯 치(癡)는 무지나 어리석음을 뜻하는 개념으로, 깨달음을 방해하는 중요한 장애물 가운데 하나입니다. 치는 사실 불교의 삼독(三毒) 중 하나로, 고통을 초래하는 근본적인 마음의 번뇌를 의미합니다. 치에 대한 고사도 많으나, 하나를 소개합니다. 치(癡)를 깨친 어리석은 왕의 이야깁니다. 옛날 어떤 왕이 있었습니다. 그 왕은 매우 강력한 통치자로, 나라를 잘 다스리며 살았습니다.

하지만 자신의 어리석음을 인식하지 못하는 그런 왕이었습니다. 왕은 늘 자신의 지혜가 가장 뛰어나기 때문에, 다른 사람들의 조언 따위는 듣지 않으려 했습니다. 때문에 왕은 결국 자기중심적이고 편협한 시각을 갖게 되었습니다. 하루는 왕이 궁궐의 정원을 산책하다 큰 연못을 발견했습니다. 그 연못엔 수많은 물고기들이 살고 있었고, 왕은 그 물고기들의 행태를 관찰하면서 아주 흥미롭다는 생각을 하기에 이릅니다.

그렇게 물고기들의 행태를 한참이나 지켜보던 왕은 신하에게 물었습니다. "이 물고기들은 왜 이리 헤엄을 치는가. 혹 고통을 겪고 있는 것인가." 신하가 답했습니다. "왕이시여, 물고기들은 자연스럽게 헤엄칩니다. 그들의 본성은 물속에서 헤엄치는 것입니다. 고통이 아닌, 그들만의 삶의 방식입니다." 신하의 이와 같은 대답에 왕은 믿지 않았습니다. 아니 믿으려 하지 않았습니다. 왕은 '자신의 생각에 갇힌 것'입니다.

여하튼 왕은 물고기들에게 먹이를 던져주면서 그들의 행태를 관찰하다 급기야는 물고기들이 더 이상 헤엄치지 못하게 만들었습니다. 시간이 지나자, 물고기들은 모두 죽어버렸습니다. 왕은 그 모습을 보고서야 자신이 큰 실수를 했다는 걸 깨달았습니다. 왕은 자신의 잘못된 생각을 고치기 위해 수행을 시작했습니다. 스스로의 무지[癡]를 인정하고, 다양한 스승에게 배우며 진정한 지혜를 찾기 위한 노력을 한 것입니다.

이제 만(慢)에 대해 살펴봅니다. 주지하듯 만(慢)은 자만이나 교만, 거만을 뜻하는 개념으로, 자신에 대한 과도한 자부심과 우월감을 말합니다. 만은 종종 자신의 능력이나 성취에 비해 지나치게 자만하거나, 자기보다 못한 사람을 무시하는 태도에서 드러납니다. 이런 자만은 사람들과의 관계를 어렵게 하고, 내면의 평화와 진정한 깨달음을 얻는 데 큰 장애가 됩니다. '만(慢)'에 대한 고사도 많으나, 하나를 소개합니다.

만(慢)을 버린 왕의 이야깁니다. 옛날에 한 왕이 있었습니다. 그 왕은 매우 젊은 데다 뛰어난 전투 능력까지 지니고 있었습니다. 덕분에 왕국의 경계에서 여러 차례 승리를 거두었습니다. 왕은 군사들에게 자주, "나는 나라에서 가장 강한 사람이다. 나보다 더 출중한 인물은 없을 것이다."라며 자랑을 늘어놓기 일쑤였습니다. 시간이 지나자, 더 자신의 능력과 성취에 자만하면서, 다른 사람들의 의견은 아예 무시했습니다.

어느 날, 왕은 국토의 경계를 넘어가기로 결심합니다. 하지만 신하들이 충고를 합니다. "전하, 적군이 강할 뿐만 아니라 그 지역은 낯선 땅입니다. 우리는 준비가 아직 충분하지 않습니다. 조금 더 신중하게 고려하셔야 합니다." 하지만 왕은 고집을 부리며, "내가 직접 나서면 그 누구도 나를 이길 수 없다. 내가 가면 반드시 이길 것이다."라며 신하들의 충고를 무시했습니다. 이렇게 왕의 군대는 결국 원정길에 올랐습니다.

초기엔 왕의 예상대로 승리를 거두었습니다. 하지만 점점 전투는 어려워지고 예상치 못한 어려움이 닥치고 말았습니다. 결국 왕의 군대는 적군에게 크게 밀리면서 궁지에 몰리게 되었습니다. 패배를 직감한 왕은 깊은 반성을 하게 되었습니다. 그는 자신의 교만과 자만이 불러온 결과를 깨닫고는 돌아와 신하들에게 말했습니다. "내가 얼마나 강한 왕인지 자만하여, 내 능력을 과신하고, 신하들의 충고를 듣지 않았다."

"이제 나의 자만을 버리고, 모든 사람들의 의견을 소중히 여길 것이다."라고 한 것입니다. 이후, 왕은 더 이상 자만하지 않고 자신을 낮추며 다른 사람들의 지혜와 충고를 받아들이기 시작했습니다. 그는 더욱 지혜롭고 겸손한 통치자가 되었고 왕국도 번영하게 되었습니다. 이 고사는 만(慢), 즉 자만과 교만이 결국 큰 실패와 고통을 초래한다는 교훈을 줍니다. 항상 자만보다는 겸손한 마음을 지녀야 함을 일러줍니다.

이제 의(疑)에 대해 살펴봅니다. 주지하듯 의(疑)는 의심을 뜻하는 개념으로, 깨달음을 향한 여정에서 장애가 될 수 있습니다. 의(疑)는 때로 중요한 질문을 던지고 깊은 사고를 유도할 수 있지만, 과도한 의심은 고통으로 이어질 수 있습니다. 의심에서, 법에 대한 의심이나 스승의 가르침에 대한 의심은 걸림돌이 될 수도 있습니다. 수행에 대한 의욕을 상실하게 되고, 깨달음에 이르는 길이 멀어질 수 있기 때문입니다.

의(疑)에 대한 고사도 많으나, 하나를 소개합니다. 의심을 버린 제자의 이야깁니다. 옛날 한 스님이 있었습니다. 스님은 깊은 깨달음을 얻어 많은 제자들이 있었습니다. 그 가운데 한 제자는 스님의 가르침에 대해 늘 의심을 품었습니다. 그의 가르침을 따르면서도 "정말 맞는 것인가."란 의문을 가졌습니다. 다른 제자들이 스님의 가르침을 깊이 받아들이고 수행에 정진하는 동안 그는 늘 의심에 사로잡혀 있었습니다.

어느 날, 스님이 제자들에게 물었습니다. "여러분, 진리는 눈앞에 있습니다. 하지만 그 진리를 보기 위해선 마음속의 불신을 버려야 합니다. 불신하고 있다면, 진리를 볼 수 없습니다." 이에 그 제자는 손을 들고 말했습니다. "저는 스님의 가르침을 따르려고 애쓰고 있습니다. 하지만 제 마음속에 자리하고 있는 의심이 사라지지 않고 있습니다. 제가 정말 깨달음을 얻을 수 있을까요. 진리가 무엇인지 정말 알 수 있을까요."

스님은 잠시 침묵하다 제자에게 다가가 이렇게 말했습니다. "그대가 의심하는 이유는, 그대가 아직 '진리'를 찾지 못했기 때문이네. 진리는 그대의 마음속에 있네. 하지만 그 진리를 찾고자 하는 마음이 의심이란 녀석에 가려져 있기 때문에 그대는 진리를 보지 못하고 있는 것이네." 제자는 스님의 말씀을 듣자, 그동안 자신이 품었던 의심들을 하나씩 끄집어내 살펴봤습니다. 그리고 결국 '의심을 내려놓기로 결심'했습니다.

제자는 더 이상 '내가 이것을 믿을 수 있을까.'라는 의문을 품지 않고, 스님의 가르침을 그대로 받아들이기로 했습니다. 이후 제자는 마음의 평화를 얻어 수행에 몰두할 수 있었습니다. 이 고사는 의심을 지나치게 품으면 진리나 깨달음의 본질을 보지 못한다는 교훈을 줍니다. 즉 자신에 대한 믿음과 스승의 가르침에 대한 신뢰가 중요하며, 무엇보다 진리에 대한 확신을 지니는 것이 '깨달음을 얻는 기제'라 하겠습니다.

제9분을 간단히 재정리합니다. 수다원(須陀洹)은 성문의 제1과로, 성인(聖人)의 단계에 들어선 것을 뜻하고, 사다함(斯多含)은 성문의 제2과로, 두 번의 깨달음을 얻은 단계에 들었다는 뜻이며, 아나함(阿那含)은 성문의 제3과로, 세 번의 깨달음을 얻은 단계로 내외가 모두 고요하고 깨끗하여 번뇌의 세계인 욕계에 다시 오지 않는다는 뜻입니다. 그리고 아라한(阿羅漢)

은 성문의 제4과로, 완전한 깨달음을 얻은 단계입니다.

즉 아라한과(阿羅漢果)를 얻은 사람은 망상(妄想)을 없앨 이유도, 진리(眞理)를 구할 필요도 없습니다. 더는 구할 것이 없는 단계입니다. 모든 것에서 초월해 이른바 대자유를 이룬 사람이기 때문입니다. 만일 이런 사람이 아라한의 도(道)를 얻었다고 한다면 어찌되겠습니까. 바로 무엇인가 얻었다고 하는 그 의식 자체가 사상(四相)에 걸리게 됩니다. 이런 생각 자체를 하지 않아도 되는 지점이 아라한 단계라 하겠습니다.

제10분 장엄한 정토[莊嚴淨土分]

| 우리말 |

부처께서 수보리에게 말씀하셨다. "그대 생각은 어떤가. 여래가 옛적 연등불(然燈佛)[80] 처소에 계실 때 법(法)에 대해 얻은 바가 있었겠는가." "아닙니다, 세존이시여. 여래께선 연등불 처소에 계실 때 법에 대해 실로 얻은 바가 없습니다." "수보리여. 그대 생각은 어떤가. 보살이 불국토를 장엄(莊嚴)할 수 있겠는가." "아닙니다, 세존이시여. 이유가 무엇인가. 불국토를 장엄한다는 것은 곧 장엄이 아니며, 이는 이름만 장엄할 뿐입니다." "이 때문에 수보리여. 모든 보살마하살(菩薩摩訶薩)은 응당 이와 같이 청정한 마음을 내야 하고, 응당 색(色)에 머물러 마음을 내지 말아야 하며, 응당 성향미촉법(聲香味觸法)에 머물러 마음을 내지 말아야 하며, 응당 머무는 바 없이 그 마음을 내야 한다. 수보리여. 비유컨대 어떤 사람의 신체가 수미산(須彌山)[81] 같다면 그대 생각은 어떤가. 이 몸이 크지 않겠는가." 수

---

80) '연등불(然燈佛)'은, 불교에서 중요한 위치를 차지하는 부처님으로, 과거의 부처님 중 한 분을 가리킨다. 즉 연등불은 주로 미래의 부처님인 '석가모니 부처님 스승' 혹은 '선구자로서 역할을 강조'한다. 참고로 연등불(然燈佛)은 연등불(燃燈佛)과 통용되기 때문에 어떤 것으로 써도 무방하다.

81) '수미산(須彌山)'은, 상상(想像)의 산으로, 불교 우주관에서 세상의 중심에 있는 산을 의미한다. 꼭대기엔 제석천이, 중턱엔 사천왕이 살고 있으며, 그 높이는 물 위로 팔만 유순이고, 물속으로 팔만 유순이며, 가로의 길이도 이와 같다고 한다. 북쪽은 황금, 동쪽은 은, 남쪽은 유리, 서쪽은 파리(玻璃)로 되어 있고, 해와 달이 그 주위를 돌며 보광(寶光)을 반영하여 사방의 허공을 비추고 있다. 산 주위에 칠금산이 둘러섰고, 수미산과 칠금산 사이에 칠해(七海)가 있으며, 칠금

보리가 답합니다. "매우 큽니다, 세존이시여. 이유가 무엇인가. 부처께선 몸이 아닌 것을 일러 큰 몸이라 했기 때문입니다."[82]

| 구마라집 |

佛告須菩提. 於意云何. 如來昔在然燈佛所, 於法有所得不. 不也, 世尊. 如來在然燈佛所, 於法實無所得. 須菩提. 於意云何. 菩薩莊嚴佛土不. 不也, 世尊. 何以故. 莊嚴佛土者, 卽非莊嚴, 是名莊嚴. 是故須菩提. 諸菩薩摩訶薩應如是生淸淨心, 不應住色生心, 不應住聲香味觸法生心, 應無所住而生其心. 須菩提. 譬如有人, 身如須彌山王, 於意云何. 是身爲大不. 須菩提言. 甚大, 世尊. 何以故. 佛說非身, 是名大身.

| 자해 |

어의운하(於意云何): 의역하면, '지니고 있는 생각[意]이 있다면, 어떻게 말할 수 있겠는가.'로 해석할 수 있는데, 이를 줄여, '그대 생각은 어떤가.'로 해석했다. 장엄(莊嚴): 좋고 아름다운 것으로 국토를 꾸미고, 훌륭한 공

산 밖에는 함해(鹹海)가 있고, 함해 속에 사대주가 있으며, 함해 건너엔 철위산이 둘러 있다. 한편 '수미산'은, 깨달음의 세계와 부처님의 가르침을 상징하는 존재이기도 하다. 즉 '크고 작은 것', '실체와 비실체'를 설명할 때 사용되는 것이다. 가령 부처님께서 수미산을 언급하며 '몸'이나 '자아'와 같은 물리적 존재도 실제론 '고정된 실체가 아닌, 비어 있다'는 가르침을 전달하는 경우가 이것이다.

82) 수보리는 부처님의 가르침에 따라 '몸'이란 개념은 실체가 없다는 점을 강조한다. 즉 몸이 크다고 말할 수 있는 것이 아니라, '몸' 자체는 개념적으로 존재하는 것일 뿐, 실체가 없다는 가르침을 따르는 것이다. 말하자면 물질적이고 감각적인 것에 대한 집착을 넘어서야 한다는 뜻이다.

덕을 쌓아 몸을 장식하며, 향이나 꽃 따위를 부처에게 올려 장식하다. 불토(佛土): 불국토를 가리킨다. 보살마하살(菩薩摩訶薩): 대보살(大菩薩)이란 뜻으로, 대승보살(大乘菩薩)의 이름이다. 일체중생을 고난에서 구제하여 모두 잘 살게 하고자 대원(大願)을 세워 행하는, 즉 큰 깨달음을 얻은 이를 가리킨다. 주(住): 머물다, 집착하다.

| 해동 |

제10분에선 부처님께서 수보리에게 중요한 교리(教理)를 일러주십니다. 첫째, 깨달음에 대한 것입니다. 즉 법(法)에 대해 얻은 것이 없다고 말씀하심으로써, 모든 법은 고정된 실체가 없고, 변화하고 공(空)하다는 것을 일러주십니다. 둘째, 불국토의 장엄(莊嚴)에 대해선 실제로 존재하는 장엄이 아닌, 단지 장엄이라 이름 붙여진 것일 뿐임을 일러줍니다. 셋째, 대보살(大菩薩)은 청정한 마음[心]을 내야 함을 일러줍니다.

즉 색(色)은 물론 성향미촉법(聲香味觸法)과 같은 감각적 존재에 집착하지 말고, 무집착의 마음을 지녀야 한다고 일러줍니다. 넷째, 수미산(須彌山)과 같은 물질적 크기나 존재에 대한 집착을 넘어서야 함을 일러줍니다. 이와 같은 가르침은 공(空)사상에 입각, 집착하지 말아야 한다는 교훈이 중심에 깔려 있습니다. 말하자면 불교를 이해하고 수행하는 데 있어 핵심이라 할 수 있는, '굉장히 중요한 부분'이라 하겠습니다.

하나씩 살펴봅니다. 우선 수보리와 대화에서 '여래가 옛적 연등불(然燈佛)처소에 계실 때에 법(法)에 대해 얻은 바가 있었는지'에 대해 살펴봅니다. 연등불은 바로 전생의 일이 아닌 아주 오래전의 일로, 부처의 깨달음을 처음으로 인정해 준 스승을 말합니다. 부처님은 말씀합니다. 자신이 연등불 아래서 수행할 때 연등불로부터 전수받아 깨달음에 이르렀는데, 과연 그때 법(法)에 대해 '얻은 바가 있었냐고 한 것'입니다.

이에 수보리는 말합니다. 당시 연등불 아래서 부처님께서 얻은 것은 없다고 단호히 답합니다. 이는 '일체(一切)가 공(空)하기 때문에 얻거나 얻지 못하는 것을 논할 수 없다'는 뜻입니다. 즉 진정한 법은 부처님 도량에 있는 것이 아닌, 그 도리(道理)를 깨치는 데 있는 것임을 논하는 것입니다. 말하자면 어떤 글이나 말씀을 통해 깨침을 줄 수 있는 것이 아닌, 오로지 부처님 스스로 그 도리를 깨쳤음을 일러주는 대목입니다.

수보리의 답이 이런 수준에 이르자, 부처님은 바로 '불국토의 장엄(莊嚴)'으로 화제를 돌립니다. 사실 불국토를 장엄한다는 것은, 부처님 법계(法界)를 아름답게 꾸미고, 훌륭한 공덕을 쌓아 몸을 장식하며, 꽃이나 향 따위로 단장하는 것을 말합니다. 그리고 오탁악세(五濁惡世)[83]에 물든 중생의 마음을 깨끗이 정화한다는 의미도 있습니다. 하지만 아무리 장엄하게 했다 하더라도 그 의식이 동반되면 곤란하다는 것입니다.

---

83) '오탁악세(五濁惡世)'는, 오탁(五濁)과 악세(惡世)를 합친 말이다. 즉 '다섯 가지 탁함과 악한 세상'을 가리킨다. 여기서 '오탁'은, 업탁(業濁 : 업이 탁함), 생탁(生濁 : 생명이 탁함), 국탁(國濁 : 국가가 탁함), 인탁(人濁 : 사람이 탁함), 법탁(法濁 : 법이 탁함) 등이고, '악세'는, 오탁에 의해 세상이 타락하고 혼탁해져 결국 악한 세상이 된다는 개념이다. 이는 인간 사회가 불교의 가르침을 따르지 않고, 자비와 지혜의 실천이 부족한 상태에서, 도덕과 윤리가 무너진 세상을 의미한다. 이를 극복하기 위해선 불법(佛法)을 올바르게 공부하고, 수행을 통해 깨달음을 얻어야 하며, 자비를 실천함으로써 세상의 고통을 덜어주는 일에 참여해야 한다.

즉 장엄(莊嚴)하게 했다는 의식이 개입되면, 상(相)이 있는 장엄이 되기 때문입니다. 다시 말해 '장엄하게 했다는 의식'이 조금이라도 그 속에 개입되면, 장엄의 공덕(功德)은 곧 사라지기 때문입니다. 따라서 장엄이란 의식이 전혀 없이 행하는 것이라야 장엄함이 될 수 있는 것이고, 다른 말로 '마음 없이 마음을 내는 것'이 장엄인 것입니다. 그러므로 보살이 불국토를 장엄하게 했다는 것은, 그저 이름에 불과한 것입니다.

부연해서 '보살에게 장엄함이 있는가'라고 물으면 이를 부인할 수밖에 없는 것입니다. 그것을 인정하는 순간 상(相)에 고스란히 갇히기 때문입니다. 많이 알려진 달마대사(達磨大師)와 양무제(梁武帝)의 일화를 하나 소개합니다. 멀리 서역(西域)에서 덕망이 높은 스님이 오셨다는 소식을 들은 양무제가 어느 날, 달마대사를 황궁(皇宮)으로 정중히 초대했습니다. 그간 불교에 많은 공을 들인 양무제가 대사께 묻습니다.

"황제가 된 이래, 그동안 많은 사찰(寺刹)을 지었고, 숱한 경전(經典)을 펴냈으며, 헤아릴 수 없이 많은 승려들께 공양(供養)을 하도록 했습니다. 이 모든 일과 사업들이 얼마나 큰 공덕이겠습니까." 대사가 답합니다. "전혀 공덕이라 할 수 없습니다." 놀란 무제가, "어찌하여 공덕이 될 수 없다는 것입니까." 이에 대사는, "그런 것은 모두 속세의 인과응보(因果應報)에 불과할 뿐, 진정한 공덕이라 할 수 없는 것입니다."

"황제께서 그간 쌓았다는 공덕(功德)은, 마치 물건의 그림자와 같은 것으로, 있는 것처럼 보이지만 실제론 존재하지 않는 것들입니다." 이에 양무제는 성토하듯 묻습니다. "그렇다면 무엇이 진정한 공덕이란 말입니까." 대사는, "진정한 공덕이란, 맑고 밝은 지혜를 통해 아는 것입니다. 그리고 이런 지혜는 침묵 속에 있는 것으로, 말로 전할 수 없을 뿐만 아니라 특히 세상의 계산으론 더더욱 구할 수 없는 것입니다."

한풀 꺾인 양무제는, "그렇다면 불교의 성스러운 교리 가운데 으뜸가는 것은 무엇입니까." 이에 대사는, "전혀 성스러운 게 없습니다." 양무제가, "제 앞에 있는 대사는 누구십니까."라고 묻자, 대사는, "모릅니다."라고 답합니다. 양무제는 달마대사와의 대화 이후, 그가 궁전에서 행한 불교의 수행들이 진정한 의미를 지닌 것인지, 진정한 깨달음을 얻기 위해 무엇을 해야 하는지에 대한 '깊은 성찰'을 하게 되었습니다.

그렇습니다. 이 일화는 단순히 불교의 공덕이나 외적인 행위보다 내적인 깨달음과 수행의 중요성을 강조하고 있습니다. 즉 양무제가 그간의 공덕을 들어낸 것은, 자신이 상(相)에 사로잡혀 있음을 알아야 했지만, 아직 수준이 낮아 깨달음을 얻지 못한 것입니다. 물론 달마대사의 구체적 언급도 있어선 곤란한 일입니다. 선불교의 핵심 가르침 중 하나인, 말로 설명할 수 없는 진리를 보여준 '하나의 사례'라 하겠습니다.

이제 수행방법에 관해 일러줍니다. 선종의 육조(六祖), 혜능(惠能)[84] 선사가 듣고 깨달았다는 사구게(四句偈)가 나옵니다. "응당 이와 같이 청정한 마음을 내야 하고, 응당 색(色)에 머물러 마음을 내지 말아야 하며, 응당 성향미촉법(聲香味觸法)에 머물러 마음을 내지 말아야 하며, 응당 머무는 바 없이 그 마음을 내야 한다."는 구절입니다. 특히 '응당 머무는 바 없이 그 마음을 내야 한다'[85]는 곳에서 '대각했다'고 합니다.

'마음[心]'이란 사실 한곳에 머물 수 없는 것입니다. 때문에 항상 청정(淸靜)한 마음을 유지해야 합니다. 그렇지 않으면, 색(色)은 물론 성향미촉법(聲香味觸法)에 끊임없이 끌려 다닐 수밖에 없습니다. 따라서 본래 그대로의 청정한 마음을 지니고 있어야, 언제나 어느 때나 어느 곳에서나 '걸림 없이 또 머무는 바 없이 마음을 낼 수 있는 것'입니다. 즉 사물이 다가오면 응하고, 지나가면 미련 없이 놓아버리는 것입니다.

---

84) '혜능(惠能 : 638~713)'은, 선종(禪宗)의 제6조로, 육조대사(六祖大師)로 불린다. 속성(俗姓)은 노(盧)씨고, 시호는 대감선사(大鑑禪師)다. 집이 가난해 나무를 팔아 어머니를 봉양했는데, 어느 날 장터에서 어떤 사람이 『금강경(金剛經)』 읽는 것을 듣고 불도(佛道)에 뜻을 두었다. 이어 무진장(無盡藏) 비구니가 『열반경』 읽는 것을 듣고, 곧 그 뜻을 이해한 뒤 황매(黃梅)로 제5조 홍인(弘忍)을 찾아 노역에 종사하기를 8개월, 그런 다음에야 의법(衣法)을 받았다. 여기서 눈여겨볼 점이 있다. 일반 사람들은 불문(佛門)에 들어와 불도를 깨닫는 것이 일반적인데, 혜능은 불도를 먼저 깨달은 후, 불문에 들었다는 것이 특이하다. 여하튼 신수(神秀)와 더불어 홍인 문하의 2대 선사로, 신수의 계통을 북종선(北宗禪), 혜능의 계통을 남종선(南宗禪)이라 했다. 당시 신수와 깨달음의 깊이를 겨루면서 지었다는 게송(偈頌), 즉 "보리는 원래 나무가 아니고, 명경도 또한 대가 아니라네. 본래 한 물건도 없는데, 어디서 먼지가 일겠는가.(菩提本無樹, 明鏡亦非臺. 本來無一物, 何處惹塵埃.)"가 유명하다. 후일 조계산(曹溪山) 보림사(寶林寺)에 있으면서 견성성불(見性成佛)의 돈오법문(頓悟法門)을 널리 펼쳤다. 제자는 하택신회(荷澤神會)와 남양혜충(南陽慧忠), 영가현각(永嘉玄覺), 청원행사(靑原行思), 남악회양(南岳懷讓) 등 40여 명이 있고, 저서는 그의 설법을 기록한 『육조단경(六祖壇經)』이 있다.

85) 응무소주이생기심(應無所住而生其心).

이제 수미산(須彌山)까지 왔습니다. 수미산은 다름 아닌 법신(法身)을 가리킵니다. 법신은 생겨나거나 사라지는 것이 아니고, 깨끗하거나 더러운 것도 아니며, 늘어나거나 줄어드는 것도 아닙니다. 법신은 상상조차 할 수 없을 만큼 큰 몸[大身]이자, 한량이 없는 몸[無邊身]이라 하겠습니다. 부처님은 "그대가 머무는 바 없이 마음을 내는 경지에 도달하려면, 부처의 법신과 장엄정토에 대해 알아야 한다."고 말씀하십니다.

그러면서 부처의 세계와 부처의 정토(淨土)는 이런 것이라 일러줍니다. 만일 어떤 사람의 몸이 히말라야처럼 크거나 수미산처럼 크다면, 그 사람의 몸이 얼마나 큰 것인지 고개를 끄덕일 것입니다. 이는 비유입니다. 수미산은 상상이고, 법신 또한 상상입니다. 즉 상상할 수 없을 만큼 인식의 틀을 확장한 것입니다. 그렇다면 '몸이 아닌 것을 일러 큰 몸이라 한다[佛說非身, 是名大身]'는 말씀으로 귀결(歸結)될 수 있겠습니다.

좀 더 이해를 구한다면, 상상함에 있어 아무리 큰 몸이라도 상(相)이 형성되면, 제한된 것에 불과합니다. 따라서 상이 없는 몸, 즉 몸이 아닌 몸이라야 큰 몸인 것입니다. 여기서 말하는 큰 몸은 다름 아닌 마음이 큰 것을 의미합니다. 경구(警句)로 마무리합니다. '수미산이 아무리 크다 한들 하늘 아래 있고, 하늘이 아무리 높다 한들 우주 안에 있으며, 우주가 아무리 크고 넓다 한들 마음 안에 있다. 마음은 어디 있는가.'

제11분 무위의 복이 낫다[無爲福勝分]

| 우리말 |

"수보리여. 만일 항하[갠지스강] 속의 모래 수(數)만큼 많은 항하[갠지스강]가 있다면, 그대 생각은 어떤가. 이 모든 항하[갠지스강]의 모래는 많지 않겠는가." 수보리가 답합니다. "매우 많습니다, 세존이시여. 단지 저 항하[갠지스강]만 해도 무수히 많은데, 하물며 그 모래이겠습니까." "수보리여. 내 이제 그대에게 진실하게 말하지만, 만약 선남자 선여인이 항하[갠지스강]의 모래 수만큼 많은 삼천대천세계(三千大千世界)[86]를 가득 채운 칠보(七寶)[87]로 보시에 쓴다면, 그 얻은 복덕이 많지 않겠는가." 수보리가 답합니다. "매우 많습니다, 세존이시여." 부처께서 수보리에게 말씀

---

86) '삼천대천세계(三千大千世界)'는, 수미산(須彌山)을 중심으로 사방에 4개의 큰 대륙이 있고, 그 주위를 큰 철위산(鐵圍山)이 둘러싸고 있는데, 이를 일세계(一世界) 혹은 일사천하(一四天下)라 한다. 이 사천하(四天下)를 1천 개 합한 것이 소천세계(小千世界 : 小千界)이고, 이 소천세계를 다시 1천 개 합한 것이 중천세계(中千世界 : 中千界)이며, 이 중천세계를 다시 1천 개 합한 것을 대천세계(大千世界 : 大千界)라 한다. 따라서 일대천세계(一大千世界)에는 소천(小千)과 중천(中千), 대천(大千) 등 3종의 천(千)이 있으므로 삼천대천세계(三千大千世界)라 하는 것이다.

87) 법화경(法華經)에선 금(金), 은(銀), 자거(硨磲), 마노(瑪瑙), 유리(瑠璃), 매괴(玫瑰), 붉은 진주[赤珠]를 말하고, 무량수경(無量壽經)에선 금(金), 은(銀), 자거(硨磲), 마노(瑪瑙), 유리(瑠璃), 파리(玻璃), 산호(珊瑚)를 말하며, 아미타경(阿彌陀經)에선 금(金), 은(銀), 자거(硨磲), 마노(瑪瑙), 유리(瑠璃), 파리(玻璃), 붉은 진주[赤珠]를 말한다.

하셨다. "만약 선남자 선여인이 이 경전 가운데 사구게(四句偈)⁸⁸⁾ 등을 수지(受持)하여 다른 사람을 위해 말해준다면, 이 복덕은 앞의 복덕보다 클 것이다."

| 구마라집 |

須菩提. 如恒河中所有沙數, 如是沙等恒河, 於意云何. 是諸恒河沙, 寧爲多不. 須菩提言. 甚多, 世尊. 但諸恒河, 尙多無數, 何況其沙. 須菩提. 我今實言告汝, 若有善男子善女人, 以七寶滿爾所恒河沙數三千大千世界, 以用布施, 得福多不. 須菩提言. 甚多, 世尊. 佛告須菩提. 若善男子善女人, 於此經中, 乃至受持四句偈等, 爲他人說, 而此福德, 勝前福德.

| 자해 |

여(如): 만일, 만약. 항하(恒河): 갠지스강. 여시(如是): 이와 같이. 어의운하(於意云何): 의역하면, '지니고 있는 생각[意]이 있다면, 어떻게 말할 수 있겠는가.'로 해석할 수 있는데, 이를 줄여, '그대 생각은 어떤가.'로 해석했다. 단(但): 다만, 단지. 상(尙): 오히려. 여(汝): 너, 그대. 이(以): '~로써'라는 뜻의 조사. 이용보시(以用布施): 보시에 쓰다, 보시에 사용하다. 복(福): 복(福)은 짓는 것으로, 이것이 쌓이면 덕(德)이 된다는 차원에서 복덕(福德)

---

88) '사구게(四句偈)'의 사구(四句)'는, 4개의 글귀를 뜻하고, 게(偈)는 시(詩)와 노래를 뜻한다. 즉 '사구게(四句偈)'는, 4개의 글귀로 되어 있는 게송(偈頌)을 가리킨다. 말하자면 부처님 말씀의 핵심을 4개의 구절로 함축해 놓은 것이다.

으로 해석했다. 수지(受持): 깨우쳐 지니다. 승(勝): 본래 '이기다', '뛰어나다'란 뜻이지만 여기선 의역해 '크다'로 해석했다.

| 해동 |

앞의 제10분에서 큰 몸, 즉 대신(大身)에 대한 언급이 있었습니다. 여기서 큰 몸이란 일체중생의 생명이나 육체 뒤에 존재하는 형이상학적(形而上學的) 육체로, 이른바 법신(法身)이라 합니다. 법신은 생겨나거나 사라지는 것이 아니고, 깨끗하거나 더러운 것도 아니며, 늘어나거나 줄어드는 것도 아닙니다.[89] 법신은 상상조차 힘들 만큼 큰 몸[大身]이자, 한량이 없는 몸입니다. 이런 법신이 되기 위해선 복이 있어야 합니다.

여기서 말하는 복(福)은 주제에도 들어간 무위(無爲)의 복을 말합니다. 제11분에선 바로 이것을 논합니다. 부처님은 먼저 항하(恒河), 즉 '갠지스강(Ganges River)'[90]의 모래 수만큼 갠지스강이 존재한다면, 이 갠지스강의 모래 수는 얼마나 많을까를 상상하게 합니다. 이는 부처님의 우주관으로, 우리가 사는 우주공간엔 갠지스강의 모래 수만큼이나 세계가 크고 넓다는 것이고, 중생의 마음도 이처럼 많다는 뜻입니다.

그리고 직접적으로 수보리에게 묻습니다. "지금 세상엔 선남자 선여인

---

89) 『반야심경』: 불생불멸(不生不滅), 불구부정(不垢不淨), 부증불감(不增不減).
90) '갠지스강(Ganges River)'은, 인도(印度)의 주요 강 가운데 하나로, 중국의 황하(黃河)와도 같은 강이다.

이 많다. 이들이 갠지스강의 모래 수(數)만큼 많은 삼천대천세계(三千大千世界)를 가득 채운 칠보(七寶)로써 보시에 쓴다면, 그 얻은 복덕이 많지 않겠냐."고 물은 것입니다. 쉽게 말해 이렇게 귀한 보배들을 써서 중생들을 구제한다면, 수보리 생각에 그들이 얻는 복덕이 많지 않겠냐고 물은 것입니다. 마땅히 수보리는 공감할 수밖에 없는 일입니다.

앞의 제8분에서도 일부 유사한 말씀이 있었습니다만, 여기서도 부처님 말씀의 중요성, 즉 '부처님 말씀을 전하는 것과 공덕(功德)의 크기'를 논하고 있습니다. 말하자면 칠보(七寶)로 삼천대천세계(三千大千世界)를 가득 채운 보시보다 이 『금강경』의 내용을 더 확실히 수지(受持)[91]하여 사람들을 위해 시간을 쓴다면, 이는 삼천대천세계(三千大千世界)를 가득 채운 칠보(七寶)로 보시한 것보다 훨씬 더 값짐을 논한 것입니다.

이렇게 형성된 복덕(福德)[92]을 이른바 무위(無爲)의 복이라 하고, 청정(清淨)한 복이라고도 합니다. 이를 세속에선 홍복(鴻福)이라 합니다. 그리고 여기 나온 사구게(四句偈)는 다양한 해석이 나올 수 있습니다. 그렇다면 가능한 이 경(經)에서 비유한 '삼천대천세계(三千大千世界)'와 같은 세계관

---

91) '수지(受持)'란, 간단히 '깨우쳐 지닌다'는 의미를 넘어선다. 즉 경(經)에서 주는 가르침을 받아들여 끊임없이 수행하는 데 활용해야 한다. 더 나아가선 『금강경』의 이치를 명확하게 숙지하고, 이것을 증험할 수 있는 단계까지 이르러야 수지라 할 수 있는 것이다. 물론 『금강경』의 핵심 이치[본체]를 완벽하게 통찰했다면 이 경(經)에서 벗어나도 문제될 게 없다. 불법(佛法)은 강을 건너는 배처럼 수단에 불과하기 때문이다.

92) '복덕(福德)'은, 공덕(功德)과 다르다. 공덕은 공을 쌓고, 덕을 누적시키는 것을 말한다. 즉 공부를 통해 조금씩 쌓아가는 것이 공(功)이라면, 이 공력이 어떤 결과물로 나타난 것을 덕(德)이라 한다. 그리고 복덕(福德)은 홍복(鴻福)과 청복(清福)으로 나눈다. 홍복은 세속의 복덕을 말하고, 청복은 세속을 초월한 복덕을 가리킨다.

과 우주관을 음미할 필요가 있습니다. 잠시 의상조사(義湘祖師)의 법성게(法性偈) 일부를 통해 부처님의 복덕관을 이어가겠습니다.

'일중일체다중일(一中一切多中一), 일즉일체다즉일(一卽一切多卽一). 일미진중함시방(一微塵中含十方), 일체진중역여시(一切塵中亦如是).' 풀어보면 이렇습니다. '하나 속에 일체가 있고, 일체 속에 하나가 있으니, 하나가 곧 일체요, 일체가 곧 하나이다. 한 티끌 속에 온 우주가 들어 있고, 온 우주의 티끌마다 또한 이와 같네.' 이 게송의 함의는, 모든 사물은 작은 입자들의 집합체이고, 입자들은 각기 다른 성질을 지닙니다.

우리 몸을 한번 보겠습니다. 주지하듯 우리 몸은 헤아릴 수 없을 만큼 많은 수의 세포들로 이루어져 있습니다. 또 이 세포 하나하나는 각기 다른 생명체라 할 수 있습니다. 따라서 몸을 볼 때는 그냥 하나의 몸으로 보이나, 실제론 수없이 많은 생명들이 하나의 몸에 집합되어 있는 것임을 알 수 있습니다. 우주(宇宙)도 다르지 않습니다. 수많은 유정(有情)과 무정(無情)의 생명들이 집합체에 모인 것에 불과한 것입니다.

물론 우주도 의식을 좀 더 확장해서 보면, 그저 하나의 '몸'에 지나지 않습니다. 부처님께선 이런 의미를 함축하여 수보리에게 물으니, 그는 당연히 많다고 답한 것입니다. 즉 삼천대천세계(三千大千世界)를 가득 채운 칠보(七寶)로 보시를 했다면, 이는 형언할 수 없는 복덕(福德)일 것입니다. 그래서 부처님께선 이와 같이 물질적인 것을 먼저 들어 보이고, 이를 넘어서야 하는 것, 즉 사구게 등을 후에 말씀하신 것입니다.

주지하듯 육안으로 볼 수 있는 물질은 바람과 같은 것입니다. 아무리 많다 하더라도 때가 되면 모두 사라지고 맙니다. 물질보시도 마찬가지입니다. 그것이 아무리 귀한 것이라도 유한(有限)할 수밖에 없습니다. 즉 물질적 보시는 유한하기 때문에 복덕 또한 한계가 있을 수밖에 없습니다. 하지만 불법(佛法)을 익히고 깨달아 사람들에게 행하는 법(法)보시는 완전히 다릅니다. 그것이 아무리 작다 하더라도 무한(無限)합니다.

즉 칠보(七寶)는 물질이고, 사구게(四句偈)는 법(法)입니다. 물질은 상(相)이 있는 것이고, 법은 상(相)이 없는 것입니다. 상(相)은 때가 되면 무너지고 부서지고 사라지면서 결국 무상(無相)으로 됩니다. 하지만 법은 불멸입니다. 상(相) 자체가 없기 때문에 무너지고 부서지고 사라지고 할 그 무엇도 없습니다. 이처럼 마음이 만들어내는 것은 무엇이든 가능합니다. 유한의 삶이냐, 무한의 삶이냐를 일러주는 대목이기도 합니다.

이제 제11분의 핵심, 「무위(無爲)의 복이 낫다」는 어느 정도 정리된 듯합니다. 한마디로 불법(佛法)을 부지런히 배우고 갈고 닦아 사람들과 나눈다면 이것이 '무위의 열매'가 되는 것입니다. 여기서 무위(無爲)는 다른 말로 열반(涅槃)으로 해석됩니다. 그렇다면 '열반이 무위요, 무위가 열반'인 셈입니다. 부지런히 불법을 전하는 일이야말로 천하의 칠보로 가득한 삼천대천세계(三千大千世界)를 넘어설 수 있는 것입니다.

참, '바람과 같은 물질'에 대한 게송(偈頌)을 하나 소개합니다. '만곡주량두부호(萬斛珠量斗富豪), 강산무주월륜고(江山無主月輪高). 사바루해삼천계(娑婆淚海三千界), 쟁입공왕안첩모(爭入空王眼睫毛).' 풀어보면 이렇습니다. '만곡(萬斛)의 보석을 지닌 대부호라 하나, 강산엔 주인 없고, 달만 높이 떴더라. 사바 삼천 세계는 눈물의 바다이니, 부처의 깜빡거림 속으로 다투어 들어가도다.' 대강만 읽어봐도 눈에 들어옵니다.

오래전, 위진남북조 시대에 석숭(石崇)이란 큰 부자가 살았습니다. 그는 자신의 재산이 얼마나 되는지 모를 정도였습니다. 금은보화를 말[斗]로 달아서 셈할 정도였다니, 재산이 어느 정도였는지 상상하기조차 어렵습니다. '만곡의 보석을 지닌 대부호[萬斛珠量斗富豪]'란 말이 그냥 생긴 말이 아닙니다. 하지만 이런 큰 부자도 황제에 비하면 조족지혈입니다. 언제든 비상을 걸어 석숭의 재산을 몰수할 수 있기 때문입니다.

그러나 그렇게 위세가 대단한 황제도 때가 되면 사라지고 맙니다. '강산엔 주인 없고, 달만 높이 떴더라[江山無主月輪高]'는 말도 절로 형성된 말이 아님을 알 수 있습니다. 또 옛말에 천년지(千年地) 팔백주(八百主)란 말도 있습니다. 천 년 된 땅의 주인이 팔백 명에 달한다는 말입니다. 세상은 이런 것입니다. 황제도 큰 부자도 때가 되면 모두 사라집니다. 삶 자체가 일장춘몽에 불과한 것임에도 매달리다 삶을 마감합니다.

그럼에도 이를 인식하지 못하고 재물로 인한 복덕을 위해 안간힘을 씁니다. '사바 삼천 세계는 눈물의 바다이니[娑婆淚海三千界]'란 말 또한 절로 생긴 말이 아닙니다. 이 때문에 상제보살(常啼菩薩)[93]은 중생들의 이와

---

93) '상제보살(常啼菩薩)'은, 중생을 근심하고 염려하여 늘 울고 있는 보살이다. 산스크리트어로 사다프라루디타(Sadaprarudita)를 음역하여 살타파륜(薩陀波倫)이라 하고, 의역하여 상제보살(常

같은 어리석음 때문에 영원히 눈물이 마를 날이 없다고 하는 것입니다. 이 세상은 사바세계(娑婆世界)입니다. 곧 눈물의 바다입니다. 어느 누구 하나 불쌍하지 않은 사람이 없는 고통의 세계인 것입니다.

시간은 흐르고 또 흐릅니다. 때가 되면 모두가 '부처의 깜빡거림 속으로 다투어 들어갑니다[爭入空王眼睫毛]'. 여기서 '공왕(空王)'은, 성불한 사람으로, 즉 석가모니 부처님을 가리킵니다. 공왕은 눈을 한번 깜빡이는 순간에도 일체를 공(空)으로 여깁니다. 따라서 만년의 시간도 순식간에 지나가는 것으로 봅니다. 사정이 이러니 부귀 따위는 눈에 들어올 리 없습니다. 이 또한 때가 되면 '순식간에 재로 변하기 때문'입니다.

이쯤 되면 세속의 삶이란 별 거 아닌 것이 됩니다. 따라서 구도의 삶을 빠르게 증득해야 합니다. 이를 위해선 '세간의 복덕을 초월'해야 합니다. 세간의 복덕을 초월한 복덕은 '지혜의 복덕'을 뜻합니다. 지혜의 복덕은 돈 주고도 살 수 없습니다. 지혜의 복덕을 통해야만 이 『금강경』을 바르게 이해할 수 있고, 바르게 실천함으로써 성불(成佛)할 수 있는 것입니다. 제11분에서 부처님이 우리에게 일러주는 메시지입니다.

啼菩薩)이라 한다. 부처가 없는 세계, 즉 말법(末法) 세상에 태어나 중생에 이익을 주기 위해 불도를 추구하고 텅 빈 숲속에서 안타까운 마음으로 운다. 『대지도론』엔 '살타'는 '상(常)', '파륜'은 '제(啼)'를 뜻한다고 되어 있다. 어려서 울기를 좋아해 '상제'란 이름이 붙었다고 한다. 중생이 나쁜 길로 빠지거나, 가난하여 굶주리고, 늙고 병들거나, 근심하고 염려하는 모습을 보면 슬퍼 우는 것이다.

제12분 바른 가르침을 존중하다[尊重正敎分]

| 우리말 |

"다음으로, 수보리여. 이 경(經) 내지는 사구게(四句偈) 등을 따라 설하더라도, 마땅히 알아야 한다. 이곳 일체 세간의 천(天), 인(人), 아수라(阿修羅)에겐 모두 응당 부처의 탑묘(塔廟)처럼 공양해야 한다. 하물며 어떤 사람이 모두 다 수지(受持)[94]하고 독송할 수 있는 경우이겠는가. 수보리여. 마땅히 알아야 한다. 이 사람은 가장 높은, 제일가는 희유(希有)한 법을 성취한 사람이다. 만약 이 경전(經典)이 있는 곳이라면 곧 부처가 있는 곳이 되고, 존경받는 부처의 제자가 있는 것과 같다."

| 구마라집 |

復次, 須菩提. 隨說是經, 乃至四句偈等, 當知. 此處, 一切世間天人阿修羅, 皆應供養, 如佛塔廟. 何況有人, 盡能受持讀誦. 須菩提. 當知. 是人成就最上第一希有之法. 若是經典所在之處, 則爲有佛, 若尊重弟子.

---

94) '수지(受持)'란, 간단히 '깨우쳐 지닌다'는 의미를 넘어선다. 즉 경(經)에서 주는 가르침을 받아들여 끊임없이 수행하는 데 활용해야 한다. 더 나아가선 『금강경』의 이치를 명확하게 숙지하고, 이것을 증험할 수 있는 단계까지 이르러야 수지라 할 수 있다. 물론 『금강경』의 핵심 이치[본체]를 완벽하게 통찰했다면 이 경(經)에서 벗어나도 문제될 게 없다. 불법(佛法)은 강을 건너는 배처럼 수단에 불과하기 때문이다.

부차(復次): 다시, 거듭해서, 다음 차수. 수설(隨說): 따르는 말. 시경(是經): 이 경전, 즉 『금강경』을 말한다. 내지(乃至): '얼마에서 얼마까지'의 뜻을 나타내는 말. 탑묘(塔廟): 부처님의 사리를 모신 곳. 진(盡): 모두, 다. 수지(受持): 깨우쳐 지니다. 독송(讀誦): 소리 내 읽거나 외우는 것. 희(希): 희(稀)와 통용. 희유(希有): 놀라운 일, 드문 일, 불가사의한 일. 존중(尊重): '존중하다'지만, 여기선 부처님의 제자란 점에서 '존경받는'으로 해석했다.

| 해동 |

제12분은 주제에서도 알 수 있듯 '바른 가르침을 존중'하라 강조합니다. 즉 부처님이 명한 것입니다. '수보리여. 그대에게 명하노니, 이 『금강경』 내지 『금강경』 속의 사구게(四句偈)는 사람들을 감화시킬 수 있는 힘을 지니고 있느니라. 따라서 이 경전 혹은 사구게가 있는 곳에선 천(天), 인(人), 아수라(阿修羅)를 불문하고 엎드려 절하고 공양해야 하느니라.'라고 한 것입니다. 이것이 '불탑을 대신하고 있기 때문'입니다.

사실 사구게를 수지(受持)하여 사람들에게 전하는 공덕(功德)도 대단한 일입니다. 그렇다면 이 경전 전체를 수지하고 독송할 정도라면 더 말할 필요가 없을 것입니다. 따라서 부처님은 이 경전이 있는 곳이라면 곧 부처가 있는, 즉 불법승(佛法僧) 삼보(三寶)가 있는 곳이 되고, 존경받는 부처의 제자가 있는 것과 같다고 하는 것입니다. 여기서 부처님의 법을 설하고, 이를 따르는 제자들이 존경하는 것은 당연한 일입니다.

그런데 『금강경』을 처음 접하는 분들은 약간 혼선을 일으킬 수 있는 부분이 있습니다. 앞에선 부처님의 법, 즉 '아뇩다라삼먁삼보리'는 사상(四相)이 없어, 제도할 사람도, 제도 받을 사람도 없으며, 또 없다는 상(相)도 없다고 말씀하셨고, 불법(佛法)과 비법(非法) 등, 상(相)에 사로잡히면 안 된다는 말씀이 있었는데, 여기선 경전이 있는 곳엔 부처가 계시고 또 존경받는 부처의 제자가 있는 것과 같다고 말씀한 것입니다.

사실 이런 혼선이 빚어질 만한 말씀은 불교 경전에 수도 없이 나옵니다. 하지만 부처님께서 말씀한 곳마다 잘 새긴다면 큰 문제가 없을 것으로 믿습니다. 가령 "응당 머무는 바 없이 그 마음을 내야 한다[應無所住而生其心]."고 한 말씀을 새기는 것도 도움이 될 듯합니다. 말하자면 지금처럼 근기(根機)가 낮은 경우엔 한 소절씩 강조하지만, 성불(成佛)할 정도의 수준이 되면, 모든 상(相)이 단박에 사라지기 때문입니다.

여기서 게송(偈頌)을 하나 소개합니다. '불재영산막원구(佛在靈山莫遠求), 영산지재여심두(靈山只在汝心頭). 인인유개영산탑(人人有箇靈山塔), 호향영산탑하수(好向靈山塔下修).' 풀어보면 이렇습니다. '부처는 영취산(靈鷲山)에 있으니 멀리서 구하지 말라. 영취산은 다만 그대의 마음속에 있느니라. 사람들에겐 모두 영취산의 불탑이 있으니, 영취산의 탑을 향해 수행하면 좋으리.' 이처럼 부처님은 따로 존재하지 않습니다.

바로 우리 마음속에 있는 것입니다. 때문에 지금 여기서 경전(經典)을 본다면 부처님을 만나는 것과 다르지 않습니다. 우리가 경전을 통해 부처님과 만날 때 상상해 보십시오. 특히 진정성을 가지고 보십시오. 부처님과 하나의 마음이 됩니다. 그 마음이 확장되면 사람들과 하나가 되고, 불탑과도 하나가 됩니다. 그리고 수많은 사람들 또한 각자 경전을 지니게 된다면, 어떻겠습니까. '부처님이 지금 전하는 메시지'입니다.

지금과는 약간 결이 다른 이야길 하나 소개합니다. 많이 알고 계시는 이심전심(以心傳心)에 관한 이야깁니다. 이심전심하면 떠오르는 인물이 있죠. 바로 마하가섭(摩訶迦葉)입니다. 가섭은 부처님의 십대제자(十大弟子)[95] 중의 한 명입니다. 그는 부모가 나무의 신에게 기도까지 해가며 어렵게 얻은 그야말로 귀한 아이였습니다. 부모는 가섭이 성장해 당연히 대(代)를 이어주길 바랐으나, 가섭은 반대로 출가를 원했습니다.

그럼에도 가섭은 혼인을 했습니다. 하지만 순결을 지켜가며 살았기 때문에 대를 잇진 못했습니다. 그렇게 혼인생활을 하다 부모님이 세상을 떠나자, 가섭은 기다렸다는 듯 머리를 깎고 출가를 합니다. 훗날 그의 배우자도 계를 받고 비구니가 됩니다. 아무튼 가섭이 출가하여 만난 스승이 바로 석가모니 부처님입니다. 가섭은 정말 남다른 인물이었습니다.

---

95) 부처님은 45년간 교화를 했다. 여기서 수많은 제자가 탄생했다. 이 가운데 뛰어난 제자 10명은 이른바 십대제자(十大弟子)로 불린다. 이들은 각기 다른 수행으로 두각을 나타냈다. 지혜(智慧) 제일의 사리푸트라(Sariputra : 舍利佛), 신통력(神通力) 제일의 마하 목갈라나(Moggallana : 目建連), 수행이 으뜸인 두타(頭陀) 제일의 마하 캇사파(Mahakasyapa : 大迦葉), 공(空)을 가장 잘 이해하는 혜공(慧空) 제일의 수부티(Subhuti : 須菩提), 부처님의 가르침을 가장 잘 설하는 설법(說法) 제일의 부루나(Purna : 富樓那), 교리(敎理)의 이치(理致)를 헤아려 논쟁을 잘하는 논의(論議) 제일의 마하 캇차나(Mahakaccana : 迦旃延), 천상의 눈을 가진 천안(天眼) 제일의 아누룻다(Anuruddha : 阿那律), 계율을 잘 지키는 지계(持戒) 제일의 우팔리(Upali : 優婆離), 남몰래 수행하는 것이 으뜸인 밀행(密行) 제일의 라훌라(Rahula : 羅睺羅), 부처님의 가르침을 가장 많이 듣고 암송하는 다문(多聞) 제일의 아난다(Ananda : 阿難陀) 등이다.

부처님의 제자가 된 지 불과 '8일 만에 불도를 깨친 것'입니다.

그는 자신이 입고 있던 옷을 벗어 부처님께 바치며 가르침에 대한 예를 표합니다. 그리고 부처님이 입고 계시던 분소의(糞掃衣)를 물려받습니다. 분소의는 그대로 풀이하면 똥을 닦아낸 옷가지를 모아 만든 누더기를 말합니다. 즉 분소의는 웬만한 사람들은 거들떠보지도 않는 하찮은 옷입니다. 당시는 수행자가 가질 수 있는 유일한 것이 의발(衣鉢)입니다. 겨우 걸치고 빌어먹을 때 사용하는 옷(衣)과 발우(鉢盂)입니다.

선가(禪家)에서 '스승이 후계자를 정한다'는 뜻으로 쓰이는, '의발(衣鉢)을 물려준다'는 말이 여기서 유래된 것입니다. 가섭은 번뇌의 티끌을 없애고 의식주에 탐착하지 않으며 청정하게 불도를 수행했다고 하여 두타(頭陀)제일로 불립니다. 그는 부처님의 애제자였습니다. 그래서 부처님은 그에게 마음을 세 번이나 전했는데, 그중에 한 번은 열반하고 전했습니다. 처음 마음을 전한 곳이 마가다국의 영취산(靈鷲山)입니다.

주지하듯 '영산회상(靈山會上)'은 영취산에서 부처님이 설법(說法)을 통해 '깨달음의 본질을 전한 특별한 순간'을 말합니다. 그런데 가섭은 한곳에 오래 머무르지 않고, 이곳저곳을 돌아다니며 수행을 한 사람이었습니다. 그래서 가섭은 이날 법회에 약간 늦었습니다. 도착했을 땐 이미 부처님은 아무 말 없이 한 송이 꽃을 들고 계셨습니다. 가섭은 그 뜻을 이해한 듯 미소를 지었습니다. 이것이 염화미소(拈華微笑)[96]입니다.

---

96) 이것을 이른바 '영산회상거염화(靈山會上擧拈花)'라 한다.

이것이 첫 번째 이심전심(以心傳心)입니다. 두 번째 마음을 전한 곳은 다자탑 앞입니다. 다자탑은 비사리성의 서북쪽에 있습니다. 가섭도 법회가 다자탑 앞에서 열린다는 전갈을 받았으나, 역시 시간을 지키지 못해 늦고 말았습니다. 도착해 서성이고 있을 때 부처님은 가섭을 부르더니 부처님이 앉으신 자리의 절반을 내어주며 앉게 했습니다. 사람들은 그 뜻을 몰라 어리둥절했지만 가섭은 홀로 뜻을 알아차렸습니다.[97]

가섭은 부처님이 열반(涅槃)하실 때, 칠엽굴(七葉窟)에 머물고 있었습니다. 부처님이 열반하신 쿠시나가라(Kusinagara)와는 거리가 좀 되었습니다. 소식을 듣고 부랴부랴 달려갔지만 또 늦었습니다. 이번엔 늦은 정도가 아닌 며칠이나 늦었습니다. 입관(入棺)을 마치고 사실상 다비식(茶毘式)만 남겨 놓은 상황이었습니다. 이에 가섭은 또 다른 제자인 아난(阿難)에게 부처님의 마지막 모습을 뵙게 해달라고 애원을 했습니다.

부처님의 제자들 눈에는 아마도 '두타제일 가섭은 지각대장 가섭'으로 인식되었을 것입니다. 가섭은 부처님의 관[郭] 앞에서 슬퍼했습니다. 스승의 마지막 모습을 지켜보지 못한 애제자는 늦게 도착한 송구함을 담아 애통하게 울었습니다. 마음이 통했을까요. 부처님은 가섭에게 마지막으로 마음을 또 전하십니다. 부처님이 두 발을 관[郭] 밖으로 내놓으며 광명을 주신 것입니다. 이것이 이른바 곽시쌍부(郭示雙趺)[98]입니다.

---

97) 이것을 이른바 '다자탑전분반좌(多子塔前分半坐)'라 한다.
98) 이를 정확히는 '사라쌍수하곽시쌍부(沙羅雙樹下郭示雙趺)'라 한다.

제13분 법대로 수지하다[如法受持分]

| 우리말 |

그때 수보리가 부처께 여쭈었다. "세존이시여. 이 경(經)의 이름을 무엇이라 하고, 저희가 어떻게 받들어 지녀야 할까요." 부처께서 수보리에게 말씀하셨다. "이 경(經)의 이름은 금강반야바라밀(金剛般若波羅蜜)이니, 이이름으로 그대들은 받들어 지녀야 한다. 까닭이 무엇인가, 수보리여. 부처가 반야바라밀이라 한 것은 곧 반야바라밀이 아닌 이름이 반야바라밀이기 때문이다. 수보리여. 그대 생각은 어떤가. 여래가 법을 말한 바가 있는가." 수보리가 부처께 답하였다. "세존이시여, 여래께선 말씀하신 바가 없습니다." "수보리여. 그대 생각은 어떤가. 삼천대천세계(三千大千世界)에있는 티끌들은 많다고 하지 않겠는가." 수보리가 답하였다. "매우 많습니다, 세존이시여." "수보리여. 모든 티끌은 여래가 티끌이 아니라 말하니, 이것의 이름은 티끌이다. 여래는 세계를 세계가 아니라 말하니, 이것의이름은 세계이다. 수보리여. 그대 생각은 어떤가. 삼십이상(三十二相)[99]으

---

[99] '삼십이상(三十二相)'은, 여래의 응화신상(應化身相)으로, 법신의 덕이 원만한 인천(人天)의 존자이고, 득도한 성현(聖賢) 가운데 왕을 가리킨다. 하나씩 살펴보면 다음과 같다. 1. 눈은 맑은 하늘과 같다. 2. 눈썹은 우왕(牛王)처럼 길고 아름답다. 3. 눈썹 가운데 백호가 있는데, 오른쪽으로 돌며 빛난다. 4. 머리 위에 살이 올라 상투와 같다. 5. 피부가 얇고 세밀하여 먼지 등이 묻지 않는다. 6. 사자 같은 얼굴이다. 7. 목소리가 크고 맑으며 아름답다. 8. 손가락이 길고 우아하다. 9. 손과 발의 피부가 섬세하고 부드럽다. 10. 손가락과 발가락 사이에 갈퀴와 같은 막이 있다. 11. 신체 주위에 항상 일장(一丈) 높이의 광채가 난다. 12. 온몸이 금색이다. 13. 상체가 단정하

로 여래를 볼 수 있겠는가." "아닙니다, 세존이시여. 삼십이상으로 여래를 볼 순 없습니다. 이유가 무엇인가. 여래께서 말씀하신 삼십이상은 곧 상(相)이 아니라 이것의 이름이 삼십이상이기 때문입니다." "수보리여. 만약 선남자 선여인이 항하[갠지스강]의 모래 수만큼이나 많은 목숨을 바쳐 보시(布施)하더라도, 만약 어떤 사람이 이 경(經) 가운데 내용을 수지(受持)하거나 사구게(四句偈) 등을 다른 사람을 위해 말해준다면, [이 복이] 그 복보다 훨씬 많다."

| 구마라집 |

爾時, 須菩提, 白佛言. 世尊. 當何名此經, 我等云何奉持. 佛告須菩提. 是經, 名爲金剛般若波羅蜜, 以是名字, 汝當奉持. 所以者何, 須菩提. 佛說般若波羅蜜, 卽非般若波羅蜜, 是名般若波羅蜜. 須菩提. 於意云何. 如來有所說法不. 須菩提, 白佛言. 世尊, 如來無所說. 須菩提. 於意云何. 三千大天世界, 所有微塵, 是爲多不. 須菩提言. 甚多, 世尊. 須菩提. 諸微塵, 如來說非微塵, 是名微塵. 如來說世界, 非世界, 是名世界. 須菩提, 於意云何. 可以三十二相, 見如來不. 不也, 世尊. 不可以三十二相, 得見如來. 何以故. 如來說三十二相, 卽

고 위엄이 있어 사자왕(獅子王)과 같다. 14. 몸이 꼿꼿하고 단정하다. 15. 발등이 복스러운 모습이다. 16. 발꿈치가 넓고 풍만하다. 17. 발바닥에 두 개의 천복륜(千福輪)이 나타난다. 18. 발바닥이 풍만하고 편평하다. 19. 성기가 감추어진 모습이다. 20. 허벅지의 살은 녹왕(鹿王)과 같이 부드럽다. 21. 손이 무릎까지 내려간 모습이다. 22. 체모가 위로 향한 모습이다. 23. 모든 구멍에 터럭이 있는 모습이다. 24. 겨드랑이가 보기 좋은 모습이다. 25. 두 손, 두 발, 두 어깨, 정수리가 둥글고 단정한 모습이다. 26. 양어깨가 둥근 모습이다. 27. 양손을 나란히 들 때 그 넓이는 신장과 같다. 28. 혀가 얇고 부드러우며, 내밀면 얼굴을 가린다. 29. 입에 특별한 타액이 있고, 미각이 아주 뛰어나다. 30. 위아래의 어금니가 하얗다. 31. 이가 하얗고 깔끔하며 세밀하고 틈이 없다. 32. 마흔 개의 이가 깔끔하고 아름답다.

是非相, 是名三十二相. 須菩提. 若有善男子善女人, 以恒河沙等身命, 布施, 若復有人, 於此經中, 乃至受持四句偈等, 爲他人說, 其福甚多.

| 자해 |

이시(爾時): 그때. 백불언(白佛言): 여기서 '백(白)'은 '말하다' 혹은 '말씀하다'라는 뜻으로, '언(言)'과 함께 쓰며, 즉 부처님의 말씀을 강조할 때 쓰는 일종의 관형어다. 아등(我等): 우리, 저희. 운하(云何): 어떻게, 무엇. 봉지(奉持): 받들어 지니다. 명자(名字): 이름으로, 중국인들은 이름에 자(字)를 관행적으로 붙여 쓰곤 한다. 여(汝): 너, 너희들, 그대들. 소이자하(所以者何): 까닭이 무엇인가. 어의운하(於意云何): 의역하면, '지니고 있는 생각[意]이 있다면, 어떻게 말할 수 있겠는가.'로 해석할 수 있는데, 이를 줄여, '그대 생각은 어떤가.'로 해석했다. 미진(微塵): 티끌, 작은 입자. 하이고(何以故): '연고가 무엇인가.' 혹은 '왜 그런가.'로 해석할 수도 있으나, 여기선 '이유가 무엇인가.'로 해석했다. 항하(恒河): 갠지스강. 신명(身命): 목숨을 바치다.

| 해동 |

불경(佛經)이 마음에 드는 점들 가운데 하나가 이런 장면입니다. 즉 스승과 제자의 대화 속에서 '불경의 이름이 지어지는 과정'을 보면, 요즘 말로 민주적이라 할 수 있습니다. 이런 과정이 불경, 특히 『금강경』의 매력이 아닌가 싶습니다. 여하튼 제자가 경(經)의 이름을 무엇이라 하고, 제자들이 어떻게 받들어 지녀야 할지를 여쭈니, 단박에 금강반야바라밀(金剛

般若波羅蜜)이니, 이것으로 받들고, 지닐 것을 일러주십니다.

그런데 불교의 특이한 점, 역설이 드러납니다. 불교를 깊이 공부하지 않은 사람들은 이런 현상을 잘 이해하지 못합니다. 특히 유교철학을 전문적으로 연구하는 사람들은 고개를 많이 갸우뚱합니다. 이거면 이것이고, 저거면 저것이지, 왜 이랬다저랬다 하느냐는 것입니다. 말하자면 이런 경우입니다. 방금 말씀하신 반야바라밀(般若波羅蜜)은 곧 반야바라밀이 아니다. 그저 이름이 반야바라밀일 뿐이란 말씀 등등입니다.[100]

'이름'이 나왔으니 말이지만, 이름은 그저 필요에 의해 붙이는 것이지, 그것이 본체가 될 순 없는 일입니다. 가령 김해영, 김동숙이란 이름은 그저 소통하기 위한 이름이지, 이것이 본체가 될 수 없는 것과 같은 것입니다. 마음도 그렇습니다. 달마대사의 제자 혜가(慧可)가, "마음이 편치 않습니다. 편안케 해 주소서." 이에 달마대사가 뭐라 했습니까. "그 마음을 갖고 오너라. 바로 편안케 해 주리라."라고 하지 않았습니까.

'마음'은 '이것'이라 규정할 수 없습니다. 그러면 얼굴도 눈도 코도 귀도 입도 모두 필요에 의해 이름 붙여진 것이지, 본체가 될 수 없습니다. 부처님이 말씀하신 것도 같은 이치입니다. 부처님이, "여래가 법을 말한 바가 있는가." "삼천대천세계에 있는 티끌들은 많다고 하지 않겠는가." "삼십

---

100) 이는 마치 『노자(老子)』에서 "도(道)가 말해질 수 있다면 항상 된 도[常道]가 아니고, 명(名)이 이름지어질 수 있다면 항상 된 이름[常名]이 아니다."란 의미와 '크게 지혜로운 사람은 마치 어리석은 사람 같다[大智若愚].'는 말과 다르지 않은 것이다.

이상(三十二相)[101]으로 여래를 볼 수 있겠는가."라는 물음 또한 역설이 숨어 있습니다. 드러난 현상이 아닌 본체를 알아야 합니다.

이렇게 좀 더 진보하다 보면, '있지도 않고 없지도 않다'는 말씀 또한 어떤 의미인지 이해할 수 있을 것입니다. 물론 이 또한 설명인 것이지, 말이나 글로 전하는 것은 한계에 봉착할 수밖에 없습니다. 이른바 참 진리는 오직 깨달은[了知] 사람만이 그것을 느낄 수 있습니다. 여기서 깨달았다는 것은, 사물을 바로 볼 수 있는 정견(正見)을 뜻하는 말이지만, 더욱 본질적으론 부처님의 마음과 하나가 되는 것을 가리킵니다.

좀 더 부연할까요. 가령 '아뇩다라삼먁삼보리'의 법을 깨달아 피안(彼岸)에 이른 사람에겐 설(說)했는지, 안 했는지, 존재하는지, 존재하지 않는지 여부를 논하는 것 자체가 어불성설인 것과 같습니다. 선지식들은 이를 무정설법(無情說法)이라 하고, 유교에선 이를 이른바 호연지기(浩然之氣)라 합니다. 여하튼 누가 세상을 어떻게 표현하든 그것의 진리를 잡아내기 위해선 먼저 귀가 열려야 하고, 눈을 바로 떠야 합니다.

그래야 삼천대천세계(三千大千世界)가 어떻게 생겨먹었는지도 알 수 있습니다. 삼천대천세계의 크기에 대해선 앞에서 몇 번 언급했지만 말로

---

101) 불교의 일각에선 성불(成佛)한 사람은 '삼십이상(三十二相)'이 나타난다고 주장한다. 즉 성불하면 일반 사람들과 다른 32가지의 모습을 띤다고 한다. 하지만 아무리 차별화 된 모습을 띤다 하더라도 이는 상(相)에 집착한다는 증거. 결과적으로 깨달음의 전후가 같다는 점에서 여전히 문제가 되는 것이다. 차라리 『금강경』이나 사구게(四句偈)의 내용을 수지해 사람들과 공감하는 것이 낫다는 것이다.

표현할 수 없을 만큼 큽니다. 하지만 이렇게 큰 산도 작은 것들이 모여서 만들어졌다는 사실입니다. 그 작은 것들은 더 작은 것들로 이루어져 있고, 작아지고 작아지면 결국 입자로 형성된 것을 알 수 있습니다. 마치 『화엄경』의 이법계와 사법계로 나눠 설명하는 것과 같습니다.

가령 이법계(理法界)가 우주라 한다면, 사법계(事法界)는 우리가 사는 지구 같은 행성을 가리킵니다. 또 지구가 이법계라 한다면 한국은 사법계가 되는 것이고, 한국이 이법계라 한다면 서울은 사법계가 되는 것입니다. 이처럼 계속 축소되면 입자가 될 것입니다. 그렇다면 부처님이 말씀하신 것을 역으로 보면 티끌의 모임이 삼천대천세계가 되고, 삼천대천세계도 때가 되어 흩어지면 본래세계로 다 돌아갈 따름입니다.

이제 13분을 정리할까요. 부처님의 '참뜻을 어떻게 사람들과 공유할까'가 중요하다 하겠습니다. 즉 『금강경』이나 사구게(四句偈)의 내용을 올바로 수지해 사람들에게 전하는 것이 중요한 것입니다. 요즘 말하는 '나비 효과'와 같은 것을 들 수 있겠습니다. 주지하듯 나비 효과는 나비의 작은 날갯짓처럼 미세한 변화, 작은 차이, 사소한 사건이 추후 예상하지 못한 엄청난 결과나 파장으로 이어지게 되는 현상을 말합니다.

카오스 이론[혼돈 이론]에선 초깃값의 미세한 차이에 의해 결과가 완전히 달라지는 현상을 뜻합니다. 과학에서 논하는 이론이지만 사회현상을 설명하는 광범위한 용어로도 사용됩니다. 다시 말해 무시해도 될 만큼 작은 차이나, 그야말로 미약하고 사소한 행위로 시작되었으나 연쇄적이고 점진적으로 조금씩 큰 파장을 일으키면서 종국엔 전혀 예상하지 못한 큰 변화를 몰고 오는 경우에 이 용어를 사용하는 것입니다.

부처님의 말씀이 바로 이것입니다. 어느 한 사람이 『금강경』이나 사구게(四句偈)의 내용을 올바로 수지(受持)하여 사람들에게 전한다면 엄청난 결과를 불러올 수 있는 것입니다. 특히 오늘날과 같은 세계화 시대에선 '나비 효과'가 더욱 강한 파급력을 지닐 수 있기 때문입니다. 교통과 통신이 급속도로 발달해 있고, 인터넷이 지구촌의 구석구석까지 망라되어 미세한 변화의 바람이 '순식간에 확산될 수 있기 때문'입니다.

이렇게 제13분까지 살펴봤습니다. 부처님께선 대 반야[큰 지혜]를 닦아 이를 지킬 것[修持]을 말씀하시지만, 사실 이 반야는 순수한 것이 아닙니다. 부처님께서 가리키는 반야는 '본체', 곧 '도체(道體)를 드러내기 위한 수행방법'을 일러주고 계십니다. 처음엔 계율[戒]을 논하는데, 이는 '생각을 잘 지키는[善護念] 것'을 가리킵니다. 즉 마음을 내어 수행을 시작하는 단계부터 성불에 이르기까지 생각을 잘 지키는 것입니다.

이어 '어떤 생각을 잘 지켜야 하는지'를 논합니다. 바로 '머무름이 없는[無住] 것'입니다. 여기서 '반야'는 혜(慧)를 가리키고, '생각을 잘 지키는 것'은 계(戒)를 가리키며, '머무름이 없는 것'은 정(定)을 가리킵니다. 바로 계정혜(戒定慧)의 이치로 『금강경』을 설명하는 것입니다. 한편 육도(六度)로 볼까요. 머무름이 없는[無住] 것은 일체중생을 하나도 남김없이 열반에 들게 하여 생사의 바다에서 벗어나게 하는 것입니다.

이것이 보시(布施)입니다. 보시로부터 시작해 반야의 성취에 이르면,

'아뇩다라삼먁삼보리'를 증득(證得)하게 되는데, 이를 이른바 성불(成佛)이라 합니다. 보시 다음은 역시 지계(持戒)입니다. 그렇다면 어떤 계율을 지키는 것일까요. 즉 아상(我相)과 인상(人相), 중생상(衆生相), 수자상(壽者相)을 없애는 것을 가리킵니다. 이것을 지키는 것이 지계바라밀이며, 이로부터 반야바라밀에 이르러야 '지혜가 완성'될 수 있습니다.

이것이 수지(修持)의 기본 단계입니다. 이렇게 차례로 불법(佛法)을 배우고, 이렇게 수행해야 하는 것이며, 이렇게 해야 이른바 '성불(成佛)할 수 있다는 것'입니다. 이것이 제13분까지 살펴본 것으로, 어느 정도 정리된 듯합니다. 이제 제14분부턴 인욕바라밀(忍辱波羅蜜)에서 반야바라밀(般若波羅蜜)에 이르는 것을 말씀합니다. 수보리가 부처님의 말씀을 듣고 깊이 깨달음을 얻어 감격하는 장면이 나옵니다. 기대됩니다.

제14분 상을 떠난 적멸[離相寂滅分]

| 우리말 |

　그때 수보리가 이 경(經)을 듣고, 그 뜻을 깊이 깨달고는[深解義趣][102] 눈물을 흘리고 슬피 울며 부처께 여쭈었다. "희유(希有)하신 세존이시여. 부처께서 이와 같이 깊고도 깊은 경전을 말씀해 주셨습니다. 제가 예로부터 얻은 혜안으로도 이와 같은 경(經)을 일찍이 얻어 듣진 못했습니다. 세존이시여. 만약 어떤 사람이 이 경(經)을 듣고 신심(信心)이 청정(淸淨)하여 실상(實相)[103]이 생긴다면, 마땅히 이 사람은 제일(第一) 희유한 공덕을 성취한 것으로 알겠습니다. 세존이시여. 이 실상(實相)은 상(相)이 아닙니다. 그러므로 여래께서 실상이라 말씀하신 것입니다. 세존이시여. 저는 이제 이 경전을 얻어 들어, 믿고 이해하고 수지하는 데 어려움이 없습

---

102)　심해의취(深解義趣)에서 '해(解)'는 선종(禪宗)에서 두 가지 깨달음의 하나인 해오(解悟)를 가리킨다. '해오'는 지견(知見)으로, 즉 아는 것[知]과 보는 것[見]이 거기에 도달했음을 의미한다. 그리고 '의(義)'는 불법(佛法)을 해오(解悟)하여 수증(修證)하는 지고무상의 이치를 말하는 동시에 '의(義)'는 의리(義理)로, 최고의 이치로 표현하며, '취(趣)'는 흥취(興趣)의 '취'가 아닌, 어디로 '향한다'는 뜻의 추(趣)를 가리킨다. 불경(佛經)에서 자주 볼 수 있는 이 취(趣)는 추향(趣向)의 뜻으로, '이미 그 경계에 이른', '이미 그 상황에 진입한 것'을 가리킨다. 따라서 '심해의취(深解義趣)'는 깊고도 깊은 해오(解悟)에 이르렀다는 뜻으로, 실제적인 상황을 의미한다.

103)　'실상(實相)'은, 상(相)과 상(相) 아닌데 치우침이 없고, 있고 없음에도 치우침이 없으며, 머무름과 머무르지 않는 것에도 치우침이 없고, 공덕(功德)과 공덕 아님에도 치우침이 없으며, 그 무엇에도 걸림이 없는 대자유를 뜻한다. 즉 이 경전을 통해 신심(信心)이 청정(淸淨)하게 된 사람은 제일 희유(希有)한 사람으로, 이른바 무애자재(無碍自在)한 사람이란 의미이다.

니다. 만약 이후 오백 년 뒤에 중생이 있어 이 경(經)을 듣고 믿고 이해하고 수지한다면, 이 사람은 제일 희유한 사람일 것입니다. 이유가 무엇인가. 이 사람은 아상도 인상도 중생상도 수자상도 없기 때문입니다. 까닭이 무엇인가. 아상은 곧 상이 아니며, 인상, 중생상, 수자상도 상이 아니기 때문입니다. 이유가 무엇인가. 일체의 모든 상(相)이 떠난 것을 부처라하기 때문입니다." 부처께서 수보리에게 말씀하셨다. "그렇다. 바로 그렇다. 다시 어떤 사람이 이 경(經)을 얻어 듣고도 놀라지 않고, 겁내지 않고, 두려워하지도 않는다면, 이 사람은 매우 희유한 사람이란 것을 알아야 한다. 이유가 무엇인가, 수보리여. 여래가 제일바라밀이라 말한 것도곧 제일바라밀이 아닌 이것의 이름이 제일바라밀이기 때문이다. 수보리여. 인욕바라밀을 여래는 인욕바라밀이 아닌 이것의 이름이 인욕바라밀이라 했다. 이유가 무엇인가, 수보리여. 내가 옛적에 가리왕(歌利王)에게신체를 베이고 잘릴 때 나에겐 아상도 인상도 중생상도 수자상도 없었다. 이유가 무엇인가. 내가 옛적에 사지가 잘리고 찢길 때 만약 아상과 인상, 중생상, 수자상이 있었다면 응당 성내고 원망하는 마음이 생겼을 것이다. 수보리여. 또 과거 오백생애 동안 인욕선인(忍辱仙人)이 되었던 그때도 아상, 인상, 중생상, 수자상은 없었다. 그러므로 수보리여. 보살은 응당 일체의 상(相)을 떠나 아뇩다라삼먁삼보리의 마음을 일으키고, 색(色)에 머물러 마음이 생겨선 안 되며, 성향미촉법(聲香味觸法)에 머물러 마음이 생겨서도 안 되며, 응당 머무름이 없는 마음이 생겨야 한다. 만약 마음에 머무름이 있다면, 그것은 곧 머무름이 아니다. 이 때문에 부처는 보살심을 색[형체]에 머물지 않고 보시하는 것이라 말한다. 수보리여. 보살은 일체중생의 이익을 위해 응당 이와 같이 보시해야 한다. 여래는 일체의 상(相)은 곧 상이 아니며, 또 일체의 중생은 곧 중생이 아니라 말한다.

수보리여. 여래는 참된 말을 하는 사람이고, 실다운 말을 하는 사람이며, 여어(如語)[104]를 말하는 사람이고, 허황된 말을 하지 않는 사람이며, 다른 말을 하지 않는 사람이다. 수보리여. 여래가 얻은 법, 이 법은 진실한 것도 없지만, 공허한 것도 없다. 수보리여. 만약 보살의 마음이 법에 머물러 보시를 행한다면, 마치 사람이 어두운 곳으로 들어가 아무것도 볼 수 없는 것과 같다. 만약 보살의 마음이 법에 머물지 않고 보시를 행한다면, 마치 사람이 눈이 있어 햇빛이 밝게 비추어 온갖 색[형체]을 보는 것과 같을 것이다. 수보리여. 미래 세상에 만약 선남자 선여인이 있어 능히 이 경(經)을 수지(受持)[105] 독송할 수 있다면 곧 여래가 될 것이다. 부처의 지혜로 이 사람을 모두 알고 모두 보니, 모두 한없는 공덕을 성취할 것이다."

| 구마라집 |

爾時, 須菩提, 聞說是經, 深解義趣, 涕淚悲泣, 而白佛言. 希有世尊. 佛說如是甚深經典. 我從昔來, 所得慧眼, 未曾得聞如是之經. 世尊. 若復有人, 得聞是經, 信心淸淨, 則生實相, 當知是人, 成就第一希有功德. 世尊. 是實相者, 則是非相. 是故, 如來說名實相. 世尊. 我今得聞如是經典, 信解受持, 不足爲難. 若當來世, 後五百歲, 其有衆生, 得聞是經, 信解受持, 是人則爲第一希有. 何

---

104) '여어(如語)'는, "말할 수 없다, 말할 수 없다[不可說, 不可說]." "입 다물고 말하지 않다[開口不言]." 등으로 말할 때 쓰는 말이다.

105) '수지(受持)'란, 간단히 '깨우쳐 지닌다'는 의미를 넘어선다. 즉 경(經)에서 주는 가르침을 받아들여 끊임없이 수행하는 데 활용해야 한다. 더 나아가선 『금강경』의 이치를 명확하게 숙지하고, 이것을 증험할 수 있는 단계까지 이르러야 수지라 할 수 있다. 물론 『금강경』의 핵심 이치[본체]를 완벽하게 통찰했다면 이 경(經)에서 벗어나도 문제될 게 없다. 불법(佛法)은 강을 건너는 배처럼 수단에 불과하기 때문이다.

以故. 此人, 無我相人相衆生相壽者相. 所以者何. 我相卽是非相, 人相衆生相
壽者相卽是非相. 何以故. 離一切諸相, 則名諸佛. 佛告須菩提. 如是如是. 若
復有人, 得聞是經, 不驚, 不怖, 不畏, 當知是人, 甚爲希有. 何以故, 須菩提.
如來說第一波羅蜜, 非第一波羅蜜, 是名第一波羅蜜. 須菩提. 忍辱波羅蜜, 如
來說非忍辱波羅蜜, [是名忍辱波羅蜜]. 何以故, 須菩提. 如我昔爲歌利王, 割
截身體, 我於爾時, 無我相, 無人相, 無衆生相, 無壽者相. 何以故. 我於往昔節
節支解時, 若有我相, 人相, 衆生相, 壽者相, 應生瞋恨. 須菩提. 又念過去於
五百世, 作忍辱仙人, 於爾所世, 無我相, 無人相, 無衆生相, 無壽者相. 是故,
須菩提. 菩薩應離一切相, 發阿耨多羅三藐三菩提心, 不應住色生心, 不應住
聲香味觸法生心, 應生無所住心. 若心有住, 則爲非住. 是故, 佛說菩薩心, 不
應住色布施. 須菩提. 菩薩爲利益一切衆生, 應如是布施. 如來說一切諸相, 卽
是非相, 又說一切衆生, 則非衆生. 須菩提. 如來是眞語者, 實語者, 如語者, 不
誑語者, 不異語者. 須菩提. 如來所得法, 此法無實無虛. 須菩提. 若菩薩心住
於法, 而行布施, 如人入闇, 則無所見. 若菩薩心不住法, 而行布施, 如人有目,
日光明照, 見種種色. 須菩提. 當來之世, 若有善男子善女人, 能於此經, 受持
讀誦, 卽爲如來. 以佛智慧, 悉知是人, 悉見是人, 皆得成就無量無邊功德.

| 자해 |

체루(涕淚): 눈물을 흘리다. 비읍(悲泣): 슬피 울다. 백불언(白佛言): 여기
서 '백(白)'은 '말하다' 혹은 '말씀하다'라는 뜻으로, '언(言)'과 함께 쓰며, 즉
부처님의 말씀을 강조할 때 쓰는 일종의 관형어다. 희유(希有): 놀라운 일,
드문 일, 불가사의한 일. 경(驚): 놀라다, 깜짝 놀라다. 포(怖): 두려워하다,
즉 심리적인 두려움이 엄습하다. 외(畏): 앞의 경(驚)과 포(怖)의 두려움이

장시간 지속되는 두려움을 말한다. 하이고(何以故): '연고가 무엇인가.' 혹은 '왜 그런가.'로 해석할 수도 있으나, 여기선 '이유가 무엇인가.'로 해석했다. 소이자하(所以者何): 까닭이 무엇인가. 여시여시(如是如是): '이와 같이'보다 여기선 긍정의 뜻으로 '그렇다'로 해석하면 무리가 없다. 할절(割截): 베이고 잘리다. 절절지해(節節支解): 사지가 잘리고 찢기다. 진한(瞋恨): 성내고 원망하다, 성내고 한탄하다. 시고(是故): 그러므로. 발(發): 발하다, 일으키다. 광(誑): 속이다, 허황되다. 무실무허(無實無虛): 진실한 것도 없으나, 공허한 것도 없다. 일광명조(日光明照): 햇빛이 밝게 비추다. 종종(種種): 온갖, 갖가지. 실(悉): 다, 모두. 무량무변(無量無邊): 일반적으론 '헤아릴 수 없고, 끝도 없이 많다'는 뜻으로 쓰이나, '측량할 수 없고, 시·공간적으로 한계가 없다'는 뜻으로도 쓰인다.

| 해동 |

수보리는 부처님 제자 가운데 '공(空)'을 가장 잘 이해하는, 이른바 혜공(慧空) 제일'로 불리는 인물입니다. 즉 '깨달음에서 가장 뛰어난 인물'로 평가되는 분입니다. 이처럼 깨달음이 뛰어난 수보리가 부처님의 말씀을 듣고 감격한 나머지 눈물을 흘리고 슬피 울었다는 건, 이전에 모르고 있던 법(法)을 알게 되었다는 점도 있지만, 심오하고 깊은 뜻을 지닌 법을 중생들에게 설해주신 것에 대한 환희에 찬 눈물이기도 합니다.

수보리는 말합니다. '희유하신 세존이시여. 부처님께서 이와 같이 깊고도 깊은 말씀을 경전에서 하셨다[佛說如是甚深經典]고 합니다.' 여기서 경전은 '이치를 뜻'하니, 곧 지혜를 성취하는 이치에 대해 감복한 것을 알 수 있습니다. 그러면서 수보리는 누군가가 '어떻게 하면 지혜를 통해 스스로를 구제하여 성불할 수 있는지' 부처님의 법문을 듣고, '신심이 청정해져 실상이 생기기[信心淸淨卽生實相]에 이르렀다'고 합니다.

여기서 '신심(信心)이 청정(淸淨)해져 실상(實相)이 생겼다.'라는 곳에 눈을 잠시 멈출 필요가 있습니다. 제14분의 핵심일 뿐만 아니라 중생들이 성불(成佛)하기 위해선 반드시 거쳐야 할 길이기 때문입니다. 그리고 '신심(信心)의 청정(淸淨)'은 굉장한 의미가 담겨 있다고 할 수 있습니다. 이는 진정한 신앙을 뜻하는 것으로, 심해의취(深解義趣)[106]를 명확히 이해해야 비로소 부처님의 법을 배운다고 할 수 있기 때문입니다.

예컨대 부처님의 법을 배우는 사람이 이치에 밝지 않다면 어떨까요. 이는 맹목적인 믿음에 불과할 것입니다. 따라서 불법을 제대로 배우고, 궁극적으로 성불하기 위해선 심해의취(深解義趣) 수준에 도달해야 합니다. 그래야 진정한 믿음이 될 수 있습니다. 그렇다면 여기서 바른 믿음, 즉 정신(正信)은 무엇을 말하는 것일까요. 이는 지금 여기 지니고 있는 마음을 믿는 것이고, 일체중생이 모두 부처임을 믿는 것입니다.

주지하듯 주변에선 다들 말합니다. 부처[Buddha]와 중생(衆生)의 차이는 종이 한 장 차이라고요. 그렇습니다. 어느 누구든 자신의 본성(本性)을 볼 수 있다면, 곧 자신의 '청정(淸淨)한 마음이 거기에 있음'을 볼 수 있습

---

106) '심해의취(深解義趣)'는, 깊고도 깊은 해오(解悟)에 이르렀다는 뜻으로, 실제적인 상황을 의미한다. 더 자세한 것은 앞의 주석을 참조하기 바란다.

니다. 예컨대 부처의 모든 경전, 계정혜(戒定慧)의 일체 수행법, 현교(顯敎)의 지관(止觀) 참선, 밀교(密敎)의 관상(觀想) 주문 등등의 각종 수행법은 하나같이 이 '청정한 마음'에 도달하기 위한 것입니다.

 하지만 사람들은 대체로 본성을 보지 못합니다. 그래서 청정한 마음도 보지 못합니다. 마음에 늘 파도가 치기 때문입니다. 파도가 친다는 건 번뇌가 존재한다는 것이고, 번뇌가 존재한다는 건 곧 중생에 머물러 있다는 것입니다. 이와는 달리 번뇌가 없고, 망상(妄想)이 없는 것은 '신심의 청정'으로, 곧 형이상의 본성인 실상(實相)이 생긴 것으로 이해합니다. 이 실상반야[107]를 도(道)라 하고, 명심견성(明心見性)[108]이라 합니다.

 그러므로 이 명심견성을 얻기 위해선 반드시 신심(信心)의 청정(淸淨)에 이르러 실상(實相)을 드러낼 수 있어야 합니다. 이를 수보리가 증거하고 있습니다. "저는 이제 부처님의 말씀을 이해하고 수지하는 데 어려움이 없습니다. 만약 오백 년 뒤에 중생이 있어 이 경전을 듣고 믿고 이해하고 수지한다면, 이 사람은 제일 희유한 사람입니다. 이유는 이 사람이 아상, 인상, 중생상, 수자상 등 '사상(四相)이 없기 때문'입니다."

---

107) '실상반야(實相般若)'는, 중생이 본래부터 갖춘 '있는 그대로의 참모습'을 직관하는 반야의 지혜를 의미한다. 산스크리트어인 프라즈나(prajna)의 번역어인 '반야'는 실상반야, 관조반야, 문자반야 등 삼종반야로 묶어 이해한다. 실상반야에 대해 불경에 나타난 기존의 설을 원효는 유(有), 공(空), 역유역공(亦有亦空), 비진비속비유비공(非眞非俗非有非空) 등 4가지로 분류했다. 즉 원효는 중생이면 누구나 여래가 될 수 있는 씨앗인 '여래장(如來藏)'이 곧 '실상반야'라 주장했다.
108) 밝은 마음으로 타고난 천성, 즉 본성(本性)을 본다는 뜻으로, 마음을 밝혀 본연의 불성(佛性)을 보는 것을 가리킨다. 불교 수행의 핵심으로, 완전하게 깨달음을 이룬 것을 가리키기도 한다. 참고로 이 '명심견성(明心見性)'은, 식심견성(識心見性 : 마음을 알아 본성을 보다)에서 유래된 말이다.

이처럼 실상(實相)이 생기면, 수보리는 사상(四相), 즉 아상, 인상, 중생상, 수자상은 더 이상 상(相)이 아니라 합니다. 이유는 일체의 상을 떠난 것을 부처[Buddha]라 하기 때문입니다. 다시 말해 실상은 상(相)이 아니기 때문에, 제5분에서 본 것처럼 "만약 모든 상(相)이 상(相) 아님을 본다면 곧 여래를 보리라[若見諸相非相卽見如來]."고 한 것과 같다 하겠습니다. 이런 수준이면 어떤 상에도 집착하지 않는 사람입니다.

수보리는 이어갑니다. 자신은 부처님께서 세상에 계실 때 모실 수 있어 이 경전의 이치를 믿고 이해하고 수지[信解受持]¹⁰⁹할 수 있었으며, 결과적으로 해오(解悟)에 이를 수 있음으로써 늘 실상 경계를 받아들여 이 경계에서 수행할 수 있었다고 합니다. 즉 부처님과 함께함으로써 '신해수지'하는 데 어려움이 없었으나, 오백 년이 지난 후에도 '신해수지' 할 수 있는 사람은 제일 희유¹¹⁰한 사람이 될 것이란 말씀입니다.

이에 부처님께서 수보리에게 말씀합니다. 미래 세계의 중생 가운데 이 『금강경』의 반야 법문을 성취하고도 두려워하지 않는다면, 이런 사람은 정말 얻기 힘든, 한마디로 '희유[경이로운]한 사람'이라 일러줍니다. 부처님께서 이런 사람을 '희유한 사람'으로 지칭한 것은, 사실 이유가 있습니

---

109) '신해수지(信解受持)'에서 신(信)은, 불경(佛經)의 교리에 대한 믿음을 얻었다는 것이고, 해(解)는, 불법(佛法)의 각종 이치를 해오(解悟)했다는 것이며, 수지(受持)는, 도(道)를 깨친 후 다시 수행을 시작하고, 결국 수행을 통해 열매를 얻었다는 것이다.
110) 제일(第一) 희유(希有)하다는 것은, 세상에서 가장 드문, 즉 평범함을 넘어선, 이른바 성인(聖人)의 경지에 들어선 것을 가리킨다.

다. 일반적인 사람은 이런 경지에 도달할 수 없기 때문입니다. 즉 이런 사람이 실재한다면 성인의 경지에 들어섰다는 의미입니다.

그러면서 『금강경』의 특징을 하나씩 일러줍니다. 즉 무주(無住)와 무상(無相), 무원(無願)해야 함을 강조합니다. 말하자면 대승(大乘)의 심인(心印)으로, 마음은 항상 머물지 않아야 하고, 어떤 상(相)에도 집착하지 않아야 하며, 언제 어디서든 염원이 없어야 한다는 것입니다. 이는 곧 '실상반야'로, 제일바라밀로도 해석합니다. 여기서 실상반야는 도(道)의 본체가 드러난 것으로, 선종에선 '명심견성(明心見性)이라 지칭'합니다.

이제 인욕바라밀(忍辱波羅蜜)을 논합니다. 여기서 인욕(忍辱)의 인(忍)을 먼저 볼까요. 네. '참는다'는 뜻의 글자입니다. 가령 좌선(坐禪)을 통해 선정(禪定)에 이르고자 합니다만, 쉽지 않습니다. 두 다리가 아픔은 물론 온갖 잡(雜)생각이 마구 떠오르기 때문입니다. 하지만 참아내야만 합니다. 육도(六度)의 한 관문인 인욕을 거치지 못한다면, 불자(佛子)로서 진보하거나 더는 기대할 그 무엇도 존재할 수 없기 때문입니다.

그리고 인욕(忍辱)의 욕(辱)을 봅니다. 네. 욕(辱)은 '욕보이는 것'을 뜻합니다. 세속에선 이에 대한 여러 해석이 있지만 불교에선 '자신이 당하는 모든 고통'을 욕(辱)으로 해석합니다. 가령 자연스럽게 늙고 병(病)드는 것도 욕(辱)으로 봅니다. 이런 현상은 개미들 세계에서도 발견됩니다. 젊은 개미가 늙은 개미 곁을 지날 때면 거리를 두고 돌아간다고 합니다. 개미들도 이런 지경인데, 하물며 사람들의 삶은 어떻겠습니까.

이 결함투성이인 사바세계는 참아내기 힘든 일이 정말 많습니다. 그럼에도 중생들은 잘도 참아냅니다. 때문에 일각에선 이 세계를 '감내의 세계'라고도 합니다. 또 이런 감내의 세계에서 견뎌내는 중생들 사이에서 가장 많이 성불(成佛)할 수 있다고도 합니다. 천상이나 지옥에선 이미 평가가 끝나 그에 맞게 움직이지만, 이 사바세계에선 고락(苦樂)과 선악(善惡) 등이 공존함으로써 자극이 되어 성불할 수 있는 것입니다.

따라서 인욕(忍辱)은 곧 모욕(侮辱)이라 할 수 있습니다. 실제 부처님은 수보리에게 자신의 경우, 즉 잔혹하고 포악하기로 유명한 가리왕(歌利王)[111]으로부터 사지가 절단된 사건을 들려줍니다. 당시 석가모니는 수도자로 보살의 경지에 있었습니다. 즉 그는 연각(緣覺)의 몸으로, 부처가 세상에 오지 않아도 스스로 도(道)를 터득할 정도의 수준이었습니다. 어느 날, 가리왕이 질투심을 품고 석가모니를 살해하고자 했습니다.

가리왕이 말합니다. "내가 그대를 죽이려 한다. 그대가 수도자라곤 하나 내게 원한을 갖지 않을 수 있겠는가." 이에 석가모니가 답합니다. "이 마음은 절대 청정하다. 만일 내게 한순간이라도 노여워하는 마음이 일어난다면, 사지(四肢)가 절단된 뒤 나는 복원되지 못할 것이다." 이에 가리왕은 석가모니의 사지를 차례로 잘랐습니다. 그 사이 석가모니는 비명(悲鳴)은 물론 가리왕을 원망하는 어떤 마음도 일지 않았습니다.[112]

---

111) '가리왕(歌利王)'의 가리(歌利)'는, 산스크리트어 kaliṅga의 음역(音譯)으로, 투쟁(鬪爭) 혹은 악생(惡生)으로 번역된다.
112) 여기 부처님의 인욕(忍辱)에 관한 논의는, 과거의 생 가운데 하나이다. 즉 부처님이 선인(仙人)으로, 인욕계(忍辱戒)를 닦는 중에 이런 일이 있었다. 가리왕이 산중에서 사냥을 하다 피곤

가리왕이 석가모니의 사지를 잘라낸 뒤 증명하라고 요구하자, 석가모니는 "만일 보살의 자비심이 진짜라면 내 몸은 곧 복원될 것이다."라고 답했습니다. 결국 석가모니는 복원되었습니다. 이런 과거가 있던 부처님은 말씀하십니다. 가리왕이 자신의 신체를 절단할 때, 자신에겐 아상(我相)과 인상(人相), 중생상(衆生相), 수자상(壽者相) 등 사상이 없었다고 합니다. 이것이 인욕(忍辱)과 선정(禪定), 반야(般若)의 이치입니다.

이렇게 인욕바라밀(忍辱波羅蜜)을 살펴봤습니다. 하지만 진정한 인욕이란, '인간 세상의 모든 고통과 번뇌를 포괄하여 참는다'는 생각조차 없는, 즉 '아무것도 참을 것이 없는 단계'에 들어서야 비로소 인욕바라밀에 도달한 것이란 뜻입니다. 말하자면 부처님께선 아상, 인상, 중생상, 수자상 등 사상이 존재한다는 생각이 없었던 것이고, 자신에게 '나'란 생각은 물론 '생명'이라는 그 어떤 존재에 대한 상도 없었던 것입니다.

사실 신체를 논할 땐 일반적으로 자기 것으로 착각합니다. 하지만 잘 살펴보면 결코 자기 것이 될 수 없습니다. 잠시 인연에 의해 함께하고 있

해 잠시 잠이 들었다 깨어 보니, 시녀(侍女)들이 한 사람도 보이지 않았다. 이리저리 찾다 보니, 시녀들은 고요히 선정(禪定)에 들어 있는 선인을 둘러싸고 절을 하고 있는 것이 아닌가. 이에 가리왕은 노하면서, "그대는 어찌하여 남의 여인들을 탐내는가."라고 묻자, 선인은, "나는 인욕계(忍辱戒)를 갖는다."고 답했다. 이에 가리왕은, "그대가 비록 수도자라곤 하나 죽이고자 한다. 내게 원한을 갖지 않을 수 있겠는가." 선인은, "이 마음은 절대 청정하다. 만일 내게 한순간이라도 노여워하는 마음이 일어난다면, 사지(四肢)가 절단된 뒤 나는 복원되지 못할 것이다." 이에 가리왕은 선인의 사지를 차례로 잘랐다. 이후 선인에게 증명하라고 요구하자, 선인은, "만일 보살의 자비심이 진짜라면 내 몸은 곧 복원될 것이다."라고 답했다. 이후 선인의 사지는 복원되었다.

을 뿐입니다. 따라서 영원할 수 없음은 당연합니다. 이런 이치를 분명히 이해하는 데 그치지 않고, 실제로 증득하는 데까지 이르러야 비로소 신심이 청정해지며, 실상반야를 성취할 수 있다고 말합니다. 이것이 진정한 지혜입니다. 이를 통해 그림자를 걷어내야 함은 물론입니다.

부처님의 말씀을 이어갑니다. "과거 오백 생애 동안 인욕선인(忍辱仙人)이 되었던 그때도 아상, 인상, 중생상, 수자상은 없었다. 그러므로 수보리여. 보살은 응당 일체의 상(相)을 떠나 아뇩다라삼먁삼보리의 마음을 일으키고, 색(色)에 머물러 마음이 생겨선 안 되며, 성향미촉법(聲香味觸法)에 머물러 마음이 생겨서도 안 되며, 응당 머무름이 없는 마음이 생겨야 한다. 만약 마음에 머무름이 있다면, 그것은 머무름이 아니다."

이처럼 부처님은 오백 생애 동안 인욕(忍辱)을 수행하던 때를 회상하며, 무아상, 무인상, 무중생상, 무수자상 등 결코 상(相)에 집착하지 않은 경지를 일러준 것입니다. 그러면서 어떻게 불법(佛法)을 배워야 하는지를 일러주십니다. 즉 일체의 현상에 기만당하거나 미혹되어선 안 된다는 것입니다. 가령 사람은 물론 색성향미촉법(色聲香味觸法)과 관련된 모든 것은 상(相)인 만큼, 여기에 '현혹되어선 안 된다는 것'입니다.

그런데 우리의 삶은 어떻습니까. 역시 현실에선 이 색성향미촉법(色聲香味觸法)과 무관할 수 없습니다. 항상 육근(六根)과 육경(六境)[113] 속에서 왕

---

113) '육근(六根)'이란 감각기관과 '육경(六境)'이란 감각 대상이 서로 마주칠 때 육식(六識)이 일어난다. 육근(六根)은 안이비설신의(眼耳鼻舌身意), 육경(六境)은 색성향미촉법(色聲香味觸法)이다. 육

래하고 있기 때문입니다. 그래서 불법(佛法)을 공부하는 이유도 여기에 있을 것입니다. 여기서 '부처님께서 중요하다고 강조하는 점'은 역시 형체에 머물러 마음이 생겨선 안 되고, 소리나 향기, 맛, 촉감, 법에 머물러 마음이 생겨서도 안 된다[不應住聲香味觸法生心]는 것입니다.

이는 마치 맹자(孟子)의 적자지심(赤子之心)과도 같은 것이라 봅니다. 즉 갓난아이의 마음인 '적자지심'은 성인(聖人) 또는 대인(大人)의 마음을 은유적으로 표현한 말로, '자연 그대로의 깨끗한 마음'을 의미합니다. 이는 곧 불법(佛法)이란 생각[相] 자체가 없는 것입니다. 이렇게 되면 보살은 이제 색(色), 즉 형체에 머물지 않고 보시(布施)하게 됩니다. 이런 수준이 되면 일체의 인연은 물론 분별하는 것도 사라집니다.

따라서 여기서 논하는, "여래는 일체의 상(相)은 상이 아니며, 또 일체의 중생(衆生)은 중생이 아니라 말한다."는 것은 당연한 말씀이라 봅니다. 즉 일체를 상(相)으로 보지 않기 때문입니다. 그러면서 부처님은 5종류의 말씀을 합니다. "여래는 참된 말[眞語]을 하는 사람이고, 실다운 말[實語]을 하는 사람이며, 여어(如語)를 말하는 사람이고, 허황된 말[誑語]을 하지

근이 육경을 만나면 먼저 '좋다[好]', '나쁘다[惡]', '그저 그렇다[平等]'는 3가지 '인식작용[느낌]'을 일으킨다. 다시 좋은 것은 즐겁게 받아들이고[樂受], 나쁜 것은 괴롭게 받아들이며[苦受], 그저 그런 것은 즐겁지도 괴롭지도 않게 방치하는[捨受] 마음이 생긴다. 곧 육근과 육경의 하나하나가 부딪칠 때 좋고[好], 나쁘고[惡], 그저 그렇고[平等], 괴롭고[苦], 즐겁고[樂], 버리는[捨] 6가지 감정이 나타난다. 따라서 총 36가지의 번뇌가 생겨나는 것이다. 이런 36가지 번뇌는 과거에도 현재에도 미래에도 끊임없이 유전한다. 그러므로 36에 과거, 현재, 미래의 3을 곱하면 108번뇌가 되는 것이다. 불교에선 이 108번뇌에 특별한 의미를 둔다. 때문에 108개의 나무 알을 꿰어 108염주를 만들고, 이를 돌리면서 번뇌를 멸하고, 해탈을 꿈꾸는 것이다.

않는 사람이며, 다른 말[異語]을 하지 않는 사람이다."

주지하듯 부처님의 말씀은 진실합니다. 거짓이 없습니다. 전혀 꾸미지
도 않습니다. 여기서 '여어(如語)'는, "말할 수 없다, 말할 수 없다[不可說,
不可說]." "입 다물고 말하지 않다[開口不言]." 등으로 말할 때 쓰는 말입
니다. 그리고 '여(如)'는 '실상반야(實相般若)'를 가리키는데, 이는 생명의 본
래 모습으로 청정(淸淨)을 뜻하고, 이 '청정'은 어떤 언어로도 설명할 수 없
습니다. 바로 이것을 여어(如語)[114]라 하는 것입니다.

그리고 불광어(不誑語)는 '허황된 말이나 속이는 말'이 아니고, 불이어(不
異語)는 '서로 다른 말을 하지 않는다'는 의미입니다. 이는 우리들로 하여
금 신심(信心)을 청정(淸淨)하게 하여 진정한 불법을 닦을 수 있도록 일러
주는 것입니다. 이어서 부처님은, "여래가 얻은 법, 즉 이 법은 진실한 것
도 없지만, 공허한 것도 없다."라고 합니다. 그렇습니다. 누구든 대각해
성불(成佛)하면 허(虛)와 실(虛)을 논할 이유는 없습니다.

이렇게 보면 부처님의 말씀은 우리에게 깨달음, 즉 대각(大覺)할 수 있
도록 끊임없이 가교역할을 하는 것이라 볼 수 있습니다. 대각할 수 있도
록 온갖 방편을 동원하지만, 우리 혹은 내가 대각을 회피하거나 거부하
면 그만인 것입니다. 가령 부자가 되고 싶다면, 부자의 행태를 따라하면
부자가 되듯, 선각자의 말씀을 따라 행하면 대각하는 것은 너무도 쉽습

---

114) 어떻게 보면 부처님의 말씀은 모두 '여어(如語)'라 할 수 있다. 『금강경』은 물론 45년간 설
법(說法)을 하시고도 '한마디도 말씀하지 않았다'고 한 것 등이 여어(如語)이기 때문이다.

니다. 이후엔 그 과정을 따질 그 '무엇도 필요가 없는 것'입니다.

 사정이 이러함에도 '보살이 되어 마음이 법에 머물러 보시를 행하면 마치 어두운 곳에 들어가 아무것도 볼 수 없는 것'과 같습니다. 아무것도 볼 수 없는 어두운 곳에선 그 어떤 깨달음도 얻을 수 없습니다. 반면 '보살이 되어 마음이 법에 머물지 않고 보시를 행하면 밝은 햇빛 아래서 온갖 형체를 보는 것'과 같습니다. 다시 말해 진정으로 명심견성(明心見性)한 사람은, '삼라만상을 환하게 볼 수 있는 것'과 같습니다.

 한국 불교의 근본경전이자, 입문교재인 『능엄경(楞嚴經)』에 이런 구절이 나옵니다. "마음을 능히 사물로 전환시킬 수 있다면, 곧 여래와 같다[心能轉物, 卽同如來]." 이 또한 부처님이 말씀하신 것으로 후일 달마대사는, "한 생각을 돌이키는 순간, 곧 본래의 것을 얻은 것이나 같다[一念回機, 便同本得]."라고 했습니다. 이는 『금강경』의 이치를 모두 이해하고 이것으로 수행하는 사람은 부처와 다름이 없다는 말씀입니다.

 물론 생각을 너무 단순화하는 것은 곤란합니다. 『금강경』의 진수(眞髓)를 부처님께서 일러주시는 대로 수행하면 피안(彼岸)에 안착할 수 있다는 것입니다. 즉 부처님께서 내비게이션을 통하여 이끌어 주시는 만큼, 지혜로 도(道)를 터득하고, 마음으로 작용을 일으키며, 인욕(忍辱)행을 닦아 고통의 바다[苦海]에서 중생의 이익을 위해 헌신한다면, 이런 사람은 무량무변(無量無邊)의 '공덕(功德)'을 성취했다고 보는 것'입니다.

 자. 이렇게 제14분을 마무리할까 했습니다만, 아직 '실상(實相)과 사상

(四相)'에 대한 개념 정리가 좀 더 필요한 분들이 있을 듯해 부연합니다. 여기에 플라톤(Platon)[115]의 '이데아(Idea)와 그림자' 관계를 살펴보면 더욱 흥미로울 듯합니다. 우선 불교의 실상(實相)은 앞에서 언급이 있었습니다만, '세상에 존재하는 것의 진실한 모습' 등으로 쓰입니다. 즉 '부처님께서 깨달은 바가 곧 실상'으로, 살펴보면 다음과 같습니다.

첫째, 있는 그대로의 진실한 모습, 둘째, 언어나 마음으로 분별할 수 없는 진실 자체의 모습, 셋째, 존재의 본성(本性), 넷째, 평등의 실재(實在), 다섯째, 불변의 이치, 여섯째, 모든 존재의 이치가 되는 성질 등입니다. 다시 말해 실상(實相)의 본래 의미는 본체(本體), 실체(實體), 진상(眞相), 본성(本性) 등 다양한 뜻을 함축함으로, '일여(一如), 무상(無常), 진제(眞諦), 진성(眞性), 진공(眞空), 실성(實性) 등과도 상통'합니다.

그리고 모든 존재 자체의 성질을 법성(法性)이라 하고, 법성은 진실할 뿐만 아니라 상주(常住)하므로 진여(眞如)라고도 하며, 이렇게 진실하게 상주하는 것이 모든 존재의 진실한 모습이므로 실상(實相)이라 하는 것입니다. 이어 사상(四相)을 봅니다. 주지하듯 아상(我相)은 '나'와 '내 것'이란 아만심이고, 인상(人相)은 동물 가운데 사람이 제일이란 상이며, 중생상(衆生

---

115) '플라톤(Platon)'은, 그리스의 철학자이자 사상가로, 객관적 관념론[Objective Idealism] 창시자이다. 그는 소크라테스 제자, 아리스토텔레스 스승이다. 플라톤은 아카데미에서 폭넓은 주제로 강의했고, 특히 정치학, 윤리학, 형이상학, 인식론 등 많은 철학적 주제에 관해 저술했다. 그가 서양철학에 미친 영향은 대단히 크다. 영국 철학자인 화이트헤드는, "서양의 2000년 철학은 모두 플라톤의 각주에 불과하다."라고 했고, 시인 에머슨은, "철학은 플라톤이고, 플라톤은 철학이다."라고 평했다.

相)은 난 중생이니 성불(成佛)할 수 없다는 상입니다.

또 수자상(壽者相)은 연령이나 지위가 높은 것을 앞세우는 상입니다. 즉 '아상'을 없애기 위해선 육신이나 지위, 권세 등은 모두가 죽음에 이르러선 소용없다는 무상의 이치를 알아야 하고, '인상'을 없애기 위해선 육도에서 끊임없이 순환하는 이치를 알아야 하며, '중생상'을 없애기 위해선 중생과 부처가 둘이 아니란 이치를 알아야 하고, '수자상'을 없애기 위해선 성품에 '노소와 귀천이 없다'는 이치를 알아야 합니다.

이어 플라톤(Platon)의 이데아(Idea)를 봅니다. 이는 형이상학적 개념으로, 물질세계의 불완전한 복제에 해당하는, 완전하고 영원한 본질적 실체를 가리킵니다. 즉 이데아는 감각으론 직접 경험할 수 없는 진정한 관념이며, 우리는 오직 이 이데아의 그림자나 반영만을 물질세계에서 경험할 수 있을 뿐입니다. 다시 말해 물질세계는 항상 변하지만, 이데아는 결코 변하지 않습니다. 때문에 진정한 진리와 본질을 나타냅니다.

이어 플라톤(Platon)의 그림자[Shadow]를 봅니다. 이 플라톤의 그림자 개념을 이해하기 위해선 '동굴과 그림자' 개념을 함께 보면 좋습니다. 여기 '동굴 안에 갇힌 사람들'이 있습니다. 사람들은 뒤쪽 벽에 비친 그림자만을 보고 살아갑니다. 이 때문에 그림자들은 실제 존재한다고 믿습니다. 이는 벽에 비친 그림자는 실제 존재하는 물체들의 그림자임에도 그들은 동굴 밖의 '실제 세계를 볼 수 없어 믿게 된 현상'입니다.

여하튼 동굴 속 사람들은 그 그림자가 진짜 현실이라고 믿고 살아가기 때문에, 그 그림자들이 실제로 존재하는 것처럼 착각합니다. 여기서 동굴 밖으로 탈출한 사람은 실제 세계를 보게 되며, 이때 비로소 그림자가 현실이 아님을 깨닫고, 완전하고 불변하는 이데아의 세계를 알게 됩니다. 이제 동굴 안에 갇혀 있는 사람들에게 이데아의 세계를 알려주려 하지만, 그들은 여전히 그림자를 믿으며 그를 이해하지 못합니다.

'이데아와 그림자의 관계'를 봅니다. 여기서 동굴 속 사람들이 보는 그림자는 '이데아를 왜곡한 형태'입니다. 즉 그림자는 물질적이고, 변화하는 세계에 존재하는 모든 사물의 불완전한, 일시적인 표현입니다. 우리는 그림자처럼 불완전한 현실에서 살고 있으며, 이것이 진짜 현실이라고 믿는 것입니다. 하지만 이데아는 변하지 않으며, 우리가 물질세계에서 경험하는 모든 것은 이 이데아의 불완전한 반영에 불과합니다.

'이데아와 그림자에 대한 해석'을 봅니다. 여기서 그림자는 물질세계의 경험을 가리킵니다. 우리가 보고 듣고 느끼는 모든 것은 변화하고 덧없는 현상(現象)들에 불과합니다. 따라서 이는 이데아의 불완전한 복제일 뿐이며, 진정한 관념을 반영하지 못합니다. 즉 이데아가 본질을 상징하는 개념이라면, 물질세계는 이데아의 그림자를 상징하는 개념이라 하겠습니다. 자. 여기서 '이데아와 불교의 실상(實相)을 비교'해 봅니다.

플라톤의 이데아(Idea)와 불교의 실상(實相)은 유사성이 있습니다. 둘 다 변하지 않는 영원한 진리를 상징하지만, 개념에선 분명한 차이가 존재합니다. 즉 이데아는 고정된, 변하지 않는 본체적 형태이고, 물질세계의 현상들은 이데아의 불완전한 복제에 불과한 반면, '실상'은 변화하는 현실속의 본체를 가리키고, 모든 존재가 '서로 의존'하며, '본질적인 진리를 깨닫는다'는 점에서 공(空)과 연기(緣起) 개념을 포함합니다.

그리고 플라톤의 그림자[Shadow]와 불교의 사상(四相)은 왜곡된 현실을 나타내는 개념으로, 둘 다 진정한 실체[이데아나 실상]를 보지 못하고, 변화하고 덧없는 현상을 고정된 실체로 믿는 잘못된 인식을 설명하는 데 사용됩니다. 그림자처럼, 사상도 일시적이고 변화하는 현상에 불과하지만, 사람들은 이를 진리로 착각하며 고통을 겪습니다. 불교는 이 잘못된 인식을 벗어버리고, 실상을 깨닫는 길을 제시하고 있습니다.

한편 불교에서 실상(實相)과 피안(彼岸)은 관계가 깊습니다. 이 두 개념은 진리와 깨달음을 향한 여정을 나타내며, 현재의 고통과 집착에서 벗어나 궁극적인 해탈을 이루는 길을 설명합니다. 실상(實相)은 위에서도 언급했지만, '집착과 잘못된 인식에서 벗어난 깨달음'을 의미합니다. 우리가 일상에서 경험하는 세계는 고정된 실체나 본질이 아닌, 상호 의존적으로 변화하는 현상들에 불과하다는 것을 이해하는 것입니다.

여기서 피안(彼岸)은 일반적으로 '해탈(解脫)의 경지'를 나타냅니다. '피안'은 현재의 고통과 번뇌(煩惱)에서 벗어난 깨달음의 상태를 말하고, 욕망과 집착을 초월한 완전한 자유와 자비로운 평화를 의미합니다. 따라서 '실상'과 '피안'의 관계를 보면 상호 연결된 개념으로, 곧 '실상을 깨닫는 것'이 '피안에 도달하는 길'과 서로 맞닿아 있음을 봅니다. 말하자면 두 개념은 깨달음과 해탈의 과정에서 '서로 보완적인 것'[116)입니다.

즉 '실상'은 모든 존재의 본질적인 진리를 깨닫는 것이고, '피안'은 진리를 깨닫고 고통과 집착에서 벗어난 해탈의 경지를 뜻합니다. 두 개념은 서로 깊이 연결되어 있으며, 실상을 깨닫는 것이 곧 피안에 도달하는 과정입니다. 실상은 우리가 세상에서 진리를 깨닫고 연기법과 공(空)의 법칙을 이해하며 집착을 버리는 길을 가리킵니다. 피안은 바로 그 길을 걸어가면서 최종적으로 도달하는 자유롭고 평화로운 곳입니다.

---

116) 우리가 겪는 고통(苦痛)과 번뇌(煩惱)는 자기 본질에 대한 잘못된 이해와 고정된 자아에 대한 집착에서 비롯된다. 따라서 고정된 자아와 현상에 대한 집착을 내려놓고, 모든 것이 상호 의존적임을 이해하는 것이 중요하다.

제15분 경을 지닌 공덕[持經功德分]

| 우리말 |

"수보리여. 만약 선남자 선여인이 아침에 항하[갠지스강]의 모래만큼 많은 몸으로 보시하고, 낮에 다시 항하의 모래만큼 많은 몸으로 보시하며, 저녁에도 항하의 모래만큼 많은 몸으로 보시하고, 이와 같이 헤아릴 수 없는 백 천 만 억겁(百千萬億劫)을 몸으로 보시하더라도, 다시 어떤 사람이 이 경전을 듣고 신심(信心)을 거스르지 않는다면, 이 복덕은 더 클 것이다. 하물며 경전[書]을 베끼고 수지 독송하며 사람들을 위해 해설하는 것이겠는가. 수보리여. 요약해 말하면 이 경(經)은 불가사의하고, 헤아릴 수 없는 무한 공덕이 있어, 여래가 대승(大乘)의 마음을 일으킨 사람을 위해 말한 것이요, 최상승(最上乘)[117]의 마음을 일으킨 사람을 위해 말한 것이다. 만약 어떤 사람이 능히 수지 독송하며 널리 사람들을 위해 말해주면,[118] 여래는 이 사람을 다 알고, 이 사람을 다 보며, 모두 헤아릴 수 없고, 칭할 수 없으며, 끝이 없는 불가사의한 공덕을 성취할 것이다. 이와 같은 사람들은 여래의 아녹다라삼먁삼보리를 짊어진 사람이다. 이유가

---

117) '최상승(最上乘)'이란 말은, 더 이상 배움이 없고, 다함도 없으며, 망상(妄想)도 없앨 것이 없고, 진리도 구할 것이 없는 경지를 말한다.
118) 포교의 중요성을 볼 수 있는 대목이다. 부처님께선 일찍이 안거(安居)철을 제외하고는 늘 전법포교(傳法布教)를 다니셨다. 중생을 불쌍하게 여긴 자비심의 발로였다.

무엇인가, 수보리여. 만약 작은 법[小乘]¹¹⁹⁾을 즐기는 사람이면, 아견과 인견, 중생견, 수자견에 집착해 이 경(經)을 듣고 독송하며 사람들을 위해 해설할 수 없을 것이기 때문이다. 수보리여. 어느 곳이든 이 경[금강경]이 있다면, 일체 세간의 천(天), 인(人), 아수라(阿修羅)가 응당 공양할 것이다. 마땅히 알아야 한다. 이곳은 곧 부처가 계시는 탑(塔)이니, 모두가 응당 공경하고 예(禮)를 지어 둘러싸며 온갖 꽃과 향을 그곳에 뿌릴 것이다."

| 구마라집 |

須菩提. 若有善男子善女人, 初日分, 以恒河沙等身布施, 中日分, 復以恒河沙等身布施, 後日分, 亦以恒河沙等身布施, 如是無量百千萬億劫, 以身布施, 若復有人, 聞此經典, 信心不逆, 其福勝彼. 何況書寫, 受持讀誦, 爲人解說. 須菩提. 以要言之, 是經有不可思議, 不可稱量, 無邊功德, 如來爲發大乘者說, 爲發最上乘者說. 若有人能受持讀誦廣爲人說, 如來悉知是人, 悉見是人, 皆得成就不可量, 不可稱, 無有邊, 不可思議功德. 如是人等, 即爲荷擔如來阿耨多羅三藐三菩提. 何以故, 須菩提. 若樂小法者, 着我見人見衆生見壽者見, 即於此經, 不能聽受讀誦, 爲人解說. 須菩提. 在在處處, 若有此經, 一切世間, 天人阿修羅所應供養. 當知. 此處即爲是塔, 皆應恭敬, 作禮圍繞, 以諸華香, 而散其處.

---

119) 불교, 특히 동북아에선 대승(大乘)과 소승(小乘)으로 구분한다. 여기서 '대승'은, 불교의 본류(本流)로, 중생과 부처가 하나, 극락과 지옥이 하나, 차안(此岸)과 피안(彼岸)이 하나라는 것을 닦는 법이라 한다면, '소승'은, 불교의 지류(支流)로, 중생이 현생(現生)의 행복과 안락을 추구하고, 극락왕생(極樂往生)을 위해 닦는 법이라 할 수 있다.

| 자해 |

초일분(初日分): 상오(上午), 즉 아침. 항하(恒河): 갠지스강. 중일분(中日分): 중오(中午), 즉 점심. 부(復): 다시. 후일분(後日分): 하오(下午), 즉 저녁. 무량(無量): 헤아릴 수 없는. 복(福): 복(福)은 짓는 것으로, 이것이 쌓이면 덕(德)이 된다는 차원에서 복덕(福德)으로 해석했다. 승(勝): 본래 '이기다', '뛰어나다'란 뜻이지만 여기선 의역해 '크다'로 해석했다. 피(彼): 앞에 헤아릴 수 없이 많이 쌓은 보시. 서(書): 경(經)과 통용. 사(寫): 베끼다, 옮기다. 서사(書寫): 경(經), 즉 경전(經典)을 베끼다. 이요언지(以要言之): 요약하여 말하다. 무변(無邊): 변두리가 없다는 말은 곧 '무한'이란 의미다. 발(發): 일으키다, 발하다. 자(者): 사람. 위발대승자설(爲發大乘者說): 대승(大乘)의 마음을 일으킨 사람을 위해 말하다. 하담(荷擔): 짊어지다. 재재처처(在在處處): 어느 곳이든. 작례(作禮): 예를 짓다. 위요(圍繞): 둘러싸다. 화향(華香): 꽃과 향. 기처(其處): 탑(塔), 즉 부처가 계시는 곳. 산(散): 흩뜨리다, 뿌리다.

| 해동 |

보시(布施)의 종류를 보면 다양합니다. 여기서 몸으로 하는 보시는, 사람들에게 도움을 주거나 나누는 행위를 말합니다. 이는 물질적인 보시[재물이나 물건을 나누는 것]와는 달리 육체적 노동이나 희생을 통해 사람들에게 이익을 주는 방식입니다. 예컨대 봉사 활동을 볼까요. 거리에서 어려운 사람들에게 음식을 나누거나, 무료로 건강검진을 해주는 자원봉사, 고아원이나 양로원에서 봉사하는 일 등이 보시라 하겠습니다.

환경정화를 위해 활동하는 것, 즉 쓰레기 줍기나 나무 심기 등을 통해 공동체를 돕는 것도 보시라 할 수 있습니다. 신체적 노동도 있습니다. 가령 건축 현장에서 노동을 통해 사람들의 집이나 시설을 짓는 것, 농번기 때 농부들을 돕는 일도 보시라 할 수 있습니다. 또 운동을 통한 보시도 있습니다. 사람들이 건강을 유지하고, 더 나은 삶을 살 수 있도록 운동을 함께 하거나 운동을 지도하는 일도 보시라 할 수 있습니다.

특히 장애인이나 어르신들의 삶의 질을 높이기 위해 운동을 지도하거나 치료적 운동을 돕는 것, 정신적 지원을 위한 신체적 활동도 포함될 수 있습니다. 여기에 병원에서 치료받고 있는 사람들에게 긍정적인 영향을 주는 일, 요양원에서 어르신들과 손을 잡고 산책을 하는 일, 즐겁게 대화하는 것도 의미 있는 보시라 하겠습니다. 이와 같이 몸으로 하는 보시는 단순히 물질적인 나눔이 아닌 직접적으로 도움이 됩니다.

그런데 몸으로 하는 보시(布施)라도 차원이 다른 보시가 있습니다. 일반적인 희생이 아닌 온몸을 던지는, 말하자면 희생이 동반되는 보시입니다. 즉 부처님께서 말씀하신 아침에 갠지스강의 모래만큼 많은 몸으로 보시하고, 낮에 다시 갠지스강의 모래만큼 많은 몸으로 보시하며, 저녁에도 갠지스강의 모래만큼 많은 몸으로 보시하고, 이와 같이 헤아릴 수 없는 백 천 만 억겁(百千萬億劫)을 몸으로 보시하는 것입니다.

사실 이 말씀은 도저히 헤아릴 수 없는 시간을 뜻합니다. 아침, 점심, 저녁으로 갠지스강의 모래만큼 많은 몸으로 보시한다는 것은, 곧 사람이 태어나고 죽고, 태어나고 죽고, 또 태어나고 죽기를 반복하는 것이 갠지스강의 모래만큼이나 많이 보시한다는 것입니다. 이런 보시를 앞에서 논한 보시와 비교를 할 수 있겠습니까. 감히 할 수 없는 일입니다. 그런데 이와 같은 대단한 보시보다 더 좋은 것은 따로 있습니다.

바로 이 『금강경』을 듣고 신심(信心)을 거스르지 않으면, 이 복덕(福德)이 몸으로 하는 보시보다 더 크다는 말씀입니다. 사실 신심을 거스르지 않는다는 건 결코 쉬운 일이 아닙니다. 수많은 사람들이 불법(佛法)을 배우지만, 가르침대로 올바로 실천하기란 참으로 어렵기 때문입니다. 이런 가르침을 행하기도 어려운데, 『금강경』을 수지하고 독송하며, 더구나 이를 사람들에게 '해설까지 해준다는 것'은 대단한 일입니다.

그러면서 부처님께선 중요한 말씀을 합니다. 즉 『금강경』은 불가사의하고, 헤아릴 수 없는 무한 공덕이 있어, 누구나 이 공덕을 성취할 수 있을 것 같지만, 사실 이 경(經)은 대승(大乘)의 마음을 일으킨 사람을 위한 것이고, 최상승(最上乘)의 마음을 일으킨 사람을 위해 존재한다는 것입니다. 말하자면 대승을 일으킨, 최상승의 마음을 일으킨 사람이 수지(受持)하고, 독송(讀誦)하며, 해설할 때 성취할 수 있다는 것입니다.

부처님께선 이런 사람이라야 비로소 무량무변의 공덕을 얻을 수 있다고 한 것입니다. 따라서 이런 사람은 부처와 같아 스스로 사명감을 느껴 '불법의 짐'을 짊어진 것으로 표현한 것입니다. 여기서 '불법의 짐'은 말할 것도 없이 '아뇩다라삼먁삼보리'를 뜻합니다. 이는 무상의 정등정각(正等正覺)으로, 일반적으론 확철대오(廓徹大悟)라 합니다. 부처님께선 말씀합니다. 이 짐을 짊어지면, 결국 '확철대오 한다'는 것입니다.

물론 부처님은 이와 반대의 경우도 일러줍니다. 바로 작은 법(法), 즉 소
승(小乘)을 예로 들면서 이들은 아견과 인견, 중생견, 수자견에 집착하기
때문에 이 『금강경』을 듣고 독송하며 사람들을 위해 해설할 수 없다고
말씀합니다. 이는 사람마다 타고난 근기[120]와도 무관치 않습니다. 가령
『능가경』에선 사람의 근성(根性)을 5가지로 나눕니다. 여기선 소승의 법
을 좋아하고, 소승의 길을 가기만 좋아하는 사람이 있습니다.

이런 사람은 그 어떤 진리의 말씀이 저기에 있다고 해도 따르지 않습
니다. 때문에 이들에겐 '대승(大乘)의 마음을 일으킬만한 사람'이라거나
'최상승(最上乘)의 마음을 일으킬만 한 사람'이라고 찬사를 보내도 전혀 반
응하지 않습니다. 이른바 그릇이 딱 거기에 알맞기 때문입니다. 다시 말
해 이들에겐 아견(我見), 인견(人見), 중생견(衆生見), 수자견(壽者見)에 빠져
있어 모든 것이 자기중심에서 벗어나질 못하는 것입니다.[121]

계속해서 부처님은 이 『금강경』의 중요성을 역설합니다. '어느 곳이든

---

120) 가령 하늘에서 보배가 소나기처럼 쏟아져 내린다고 하자. 여기서 큰 그릇을 지닌 사람은
많이 받을 것이고, 작은 그릇을 지닌 사람은 적게 받을 것이며, 그릇이 없거나 거꾸로 지니고
있다면 하나도 받질 못할 것이다.
121) 이런 사람들에겐 대승(大乘)의 '견성성불(見性成佛)'이나 『논어(論語)』의 "아침에 도(道)를 들
으면 저녁에 죽어도 좋다[朝聞道夕死可矣]."는 말 등은 모두 의미가 없는 것이다. 말하자면 이들
은 항상 자기 자신을 근본으로 삼아 수행하기 때문에 사상(四相)에 빠져 벗어나지 못한다. 따라
서 이 경(經)을 이해하여 받아들이기도 쉽지 않을뿐더러 이를 사람들에게 전한다는 것은 더욱
더 어려운 것이다.

이것이 있다면, 일체 세간의 천(天), 인(人), 아수라(阿修羅)가 응당 공양할 것'이란 말씀입니다. 그러면서 '이곳은 곧 부처가 계시는 탑(塔)이니, 모두가 응당 공경하고 예(禮)를 지어 둘러싸며 온갖 꽃과 향을 그곳에 뿌릴 것'이라 말씀합니다. 그렇습니다. 도량은 따로 있는 것이 아닙니다. 이 경(經)을 수지 독송할 수 있다면 그곳이 바로 이곳[122]입니다.

---

122) 불법(佛法)을 전하는 곳으로, 도량(道場)의 크고 작음과 관계없이 항상 천(天), 인(人), 아수라(阿修羅) 등이 공양하는 곳이다.

제16분 업장을 깨끗이 할 수 있다[能淨業障分]

| 우리말 |

"다음으로, 수보리여. 선남자 선여인이 이 경(經)을 수지 독송하여 만약 사람들에게 경시(輕視)되고 천시(賤視)당하면, 이 사람의 앞 생애 죄업은 응당 악도(惡道)에 떨어질 만하나, 지금 세상 사람들이 [그것, 즉 경시하고 천시하던 것을 그대로] 경시하고 천시하기 때문에 [이것으로] 앞 생애 죄업은 곧 소멸되어 마땅히 아뇩다라삼먁삼보리를 얻게 된다. 수보리여. 내가 과거 헤아릴 수 없이 긴 아승지겁(阿僧祇劫)을 생각해 보니, 연등불 이전 팔백사천만억 나유타의 모든 부처를 다 공양[123]하고, 받들어 섬겨 헛되이 지나친 적이 없었다. 만약 다시 어떤 사람이 이후 말세에 능히 이 경(經)을 수지 독송할 수 있다면, 이 공덕은 내가 모든 부처를 공양한 공덕으로는 백분의 일, 천만 억 분의 일 내지는 어떤 산술적 비유로도 미치지 못할 것이다. 수보리여. 만약 선남자 선여인이 이후 말세에 이 경(經)을 수지 독송하여 얻은 공덕을 내가 만약 구체적으로 말한다면, 혹 어떤 사람은 듣고 마음에 광란을 일으켜 여우처럼 의심하고 믿지 않을 것이다. 수보리여. 마땅히 알아야 한다. 이 경(經)의 뜻은 불가사의하여 과보

---

123) '공양(供養)'은, 부모를 섬기듯 스승이나 어른을 섬기는 것을 가리킨다. 즉 의복이나 음식, 잠자리, 탕약(湯藥) 등으로 모시는 것을 뜻한다.

124) 역시 불가사의하다."

| 구마라집 |

復次, 須菩提. 善男子善女人, 受持讀誦此經, 若爲人輕賤, 是人先世罪業,
應墮惡道, 以今世人輕賤故, 先世罪業, 卽爲消滅, 當得阿耨多羅三藐三菩提.
須菩提. 我念過去, 無量阿僧祇劫, 於然燈佛前, 得値八百四千萬億那由他諸
佛, 悉皆供養, 承事無空過者. 若復有人, 於後末世, 能受持讀誦此經, 所得功
德, 於我所供養諸佛功德, 百分不及一, 千萬億分, 乃至算數譬喩, 所不能及.
須菩提. 若善男子善女人, 於後末世, 有受持讀誦此經, 所得功德, 我若具說者,
或有人聞, 心卽狂亂, 狐疑不信. 須菩提. 當知. 是經義, 不可思議, 果報亦不
可思議.

| 자해 |

부차(復次): 의역하여 '또한'으로 해석해도 무방하나, 여기선 앞의 문장
을 부드럽게 이어간다는 차원에서 '다음으로'로 해석했다. 경천(輕賤): 경
시하고, 천시하다. 선세(先世): 전생, 앞 생애. 선세죄업(先世罪業): 앞 생애
죄업, 앞 세상의 죄업. 타(墮): 떨어지다. 아승지(阿僧祇): 끝없이 많은 시간.
겁(劫): 무량한 세월, 즉 헤아릴 수 없는 세월. 나유타(那由他): 천만, 천억이

---

124) '과보(果報)'는, 현재(現在)의 행(幸)과 불행(不幸)은 전생(前生)에서 지은 선악(善惡)의 결과이
고, 내세(來世)의 행(幸)과 불행(不幸)은 현생(現生)에서 지은 선악(善惡)에 따라 결정된다는 것을
말한다.

란 많은 숫자의 단위. 승사(承事): 받들어 섬기다. 내지(乃至): '얼마에서 얼마까지'의 뜻을 나타내는 말. 비유(譬喩): 비유하다. 공(空): 헛되다. 호의(狐疑): 여우처럼 의심하다. 의(義): 뜻.

| 해동 |

우리가 『금강경』을 이해하는 데 있어 잊지 말아야 하는 것이 있습니다. 부처님의 법(法)은 바로 삼세인과(三世因果)와 육도윤회(六道輪迴)가 매우 밀접하게 연결되어 있다는 사실입니다.[125] 따라서 이를 이해하기 위해선 먼저 개념에 대해 확인하고, 이에 따른 불법의 기초를 살펴보는 것이 좋겠습니다. 우선 삼세인과(三世因果)는 과거(過去), 현재(現在), 미래(未來) 3개의 시간과 공간을 포함하는 '인과(因果) 법칙을 의미'합니다.

이는 모든 존재와 현상이 과거에 일어난 일들에 의해 현재의 상태를 이루고, 현재의 행동이 미래를 결정한다는 논리입니다. 즉 불교에선 인과(因果), 즉 원인과 결과가 연쇄적으로 연결되어 있다고 설명합니다. 말하자면 과거의 업(業)은 현재의 삶에 영향을 미치고, 현재의 행위나 업은 미래의 삶에 영향을 미치는 것입니다. 이 원리는 업보(業報), 즉 선한 업과 악한 업이 반복되는 결과를 낳는다는 개념으로 설명됩니다.

---

125) 『금강경』은 한국 불교의 장자 종단인 조계종이 소의경전(所依經典)으로 삼는 대표적인 대승경전이다. 즉 순수한 학술이 아닌, 종교적 차원에서 불법(佛法)을 해석하면, 삼세인과(三世因果)와 육도윤회(六道輪迴)에 기초해 세워져 있음을 알 수 있다.

다시 말해 '과거의 업이 현재에 영향을 미치고, 현재의 행동이 미래에 영향을 미친다'는 순환적 관계를 통해, 인간은 끊임없이 변화하는 인과의 흐름 속에서 삶을 이어간다고 할 수 있는 것입니다. 이에 따라 육도윤회(六道輪回)가 나오는 것입니다.[126] 주지하듯 육도윤회는 모든 존재가 6가지 윤회의 길을 순환하며 태어나고 죽는다는 가르침입니다. 육도(六道)는 지옥, 아귀, 축생, 아수라, 인, 천 등으로 구성되어 있습니다.

여기서 지옥(地獄)은 극심한 고통이 지속되는 세계이고, 아귀(餓鬼)는 굶주리고 목마른 존재들이 사는 세계이며, 축생(畜生)은 본능에 따를 뿐 자유로운 선택을 할 수 없는 세계이고, 아수라(阿修羅)는 욕망과 분노에 따른 전쟁과 갈등이 지속되는 세계이며, 인(人)은 고통과 즐거움이 함께하는 현실적인 세계이고, 천(天)은 즐거움과 평화가 가득한 세계이지만 지나치게 편안함에서 오는 무상함을 깨닫는 곳이기도 합니다.

---

126) 업(業)과 윤회(輪廻)를 불교의 고유사상으로 오해하는 사람들이 적지 않다. 이는 불교가 탄생하기 훨씬 전부터 있었던 인도의 고유 신앙이다. 말하자면 선하게 살면 죽어서 하늘에 태어나고, 악하게 살면 지옥에 태어난다는 지극히 소박한 신앙을 갖고 있었다. 불교는 이들의 신앙을 수용하여 체계적으로 정립했다. 특히 부파불교(部派佛敎)에 이르러 업과 윤회는 하나의 학설로 자리를 잡았다. 여기서 태어나고 죽는 것이 반복된다는 윤회설은 업과 불가분의 관계에 있다. 업이라는 행위가 원인이 되어 나타난 결과가 바로 윤회이기 때문이다. 특히 부파불교에선 전생(前生)과 내생(來生)이 실존한다고 보고, '지옥이나 아귀, 축생의 세계' 등을 매우 사실적으로 묘사했다. 그리고 이들은 인간의 삶이 4단계의 과정[四有]를 거친다고 보았다. 즉 태어나는 순간인 생유(生有)와 삶을 영위하는 기간인 본유(本有), 삶을 마치는 순간인 사유(死有), 다음 생을 받기 전까지의 기간인 중유(中有)로 설정했다. 여기서 눈여겨볼만한 것이 바로 '중유'다. 이는 사람이 죽은 후, 살면서 행했던 선업과 악업을 평가하는 시간인데, 보통 10일에서 49일 정도 걸린다고 한다. 사찰에서 49재(齋)를 지내는 것이 여기서 유래한다. 아무튼 이 기간에 전체 삶이 평가되고 그에 따라 다음 생, 즉 지옥과 아귀, 축생, 아수라, 인간, 천상이 결정되는 것이다. 말하자면 육도윤회(六道輪廻)의 메커니즘이 작동되는 셈이다.

이처럼 육도윤회는 모든 중생이 사후 내지는 다른 삶으로 태어나는 순환을 뜻합니다. 즉 과거에 지은 업에 따라 다음 생의 형태와 환경이 결정되는 것입니다. 그렇다면 불법(佛法)이 삼세인과와 육도윤회를 기초로 삼고 있다는 건, 중생의 삶이 끊임없는 인과의 흐름 속에서 변화한다는 인식을 바탕으로 한 가르침임을 알 수 있습니다. 때문에 불교는 이 순환을 벗어나 열반(涅槃)에 도달하는 것을 궁극의 목표로 삼습니다.

열반(涅槃)은 '윤회(輪廻)와 고통의 반복을 벗어난 상태'이고, 이 상태에 도달하기 위해선 인과(因果) 법칙을 올바로 이해하고 선업을 쌓으며, 악업을 멀리해야 함은 두말할 필요가 없습니다. 또한 선지식들이 과거와 현재, 미래에 걸쳐 자신의 행동과 결과를 이해하고, 올바른 길을 가도록 돕는 이유도 여기에 있습니다. 이를 통해 불교에서 강조하는 자비와 지혜를 바탕으로 업(業)을 정화하고, 선(善)을 추구하는 것입니다.

이와 관련해 잠시 세속에서 확인할 수 있는 인과(因果)의 이치를 살펴보겠습니다. 가령 사람들 삶의 양태를 보겠습니다. 백인백색, 천인천색이라고 삶의 모습은 제각각입니다. 여기서 어떤 사람은 초년에 유복했으나, 중년에 빈곤한 삶을 사는 이가 있는가 하면, 어떤 사람은 초년엔 빈곤했으나, 중년이 되어 매우 부유하게 사는 사람도 있습니다. 그리고 어떤 사람은 유년에도 중년에도 계속 빈곤하게 사는 사람도 있습니다.

이즈음이면 눈치 빠른 사람은 벌써 이해가 될 것입니다. 초년에 선업을 쌓았다면 중년에 부유할 것이고, 반대로 악업을 쌓았다면 빈곤해졌다고 볼 수 있습니다. 유년에도 중년에도 지속적으로 빈곤한 경우는 선업과는 아예 거리를 두고 살았다는 것을 예상할 수 있습니다. 이런 이치를 좀 더 좁혀 해석하면 어제는 과거요, 오늘은 현재요, 내일은 미래라 할 수 있습니다. 우리가 어떤 업을 쌓아야 하는지 답이 나옵니다.[127]

제16분의 핵심인 '불교의 종교성'을 논하다 보니, 이렇게 서론이 길어졌습니다. 부처님께서 어떤 사람이 『금강경』을 수지 독송함에 있어, 사람들에게 경시(輕視)되고 천시(賤視)를 당한다면, 이는 앞 생애 죄업으로 인한 것이니, 응당 악도(惡道)에 떨어질 만하나, 지금 여기서 경시되고 천시당하던 것을 기초로 선업을 쌓는다면, 이것으로 앞 생애 죄업은 곧 소멸되어 마땅히 아뇩다라삼먁삼보리를 얻는다는 말씀입니다.

다시 말해 현생에서 경시되고 천시를 당하는 것은 자신의 문제라기보다는 전생에서 지은 업 때문인 것이니, 지금부터라도 선업을 쌓아간다면, 경시나 천시는 모두 사라지고 결국 '아뇩다라삼먁삼보리'를 성취할 수 있다는 것입니다. 물론 전생의 업이 깨끗이 정리되어야 하는 시간 또한 필요함은 말할 것도 없습니다. 즉 '아뇩다라삼먁삼보리'를 얻기 위함이 아닌 묵묵히 이 경을 수지 독송하는 것이 중요하다 하겠습니다.[128]

---

127) 여기서 반문하는 사람도 있을 수 있다. '어떤 사람은 온갖 도둑질을 하며 살았는데, 왜 잘 사는 것인지'에 대한 의문이다. 이는 과거의 선업 덕분에 지금 잘 사는 것으로 해석할 수 있고, 지금의 악업, 즉 온갖 도적질은 다음에 그에 따른 과보(果報)가 있을 것으로 해석한다면, 우리가 어떤 삶을 살아야 하는지는 해답이 될 것이다.
128) 말하자면 '아뇩다라삼먁삼보리'를 얻기 위해 수행하는 것이 아닌, 부처님의 말씀, 즉 『금강경』을 수지하고 독송하고 전하는 일을 멈추지 않으면 곧 성취할 수 있다는 것이다.

부처님의 말씀을 이어갑니다. "과거 헤아릴 수 없이 긴 아승지겁(阿僧祇劫)을 생각해 보니, 연등불 이전 팔백사천만억 나유타의 모든 부처를 다 공양하고 받들어 섬겼다."고 하셨습니다. 그러나 이런 공덕보다, "만약 어떤 사람이 이후 말세에 능히 이 경(經)을 수지 독송할 수 있다면, 이 공덕은 내가 모든 부처를 공양한 공덕의 백분의 일, 천만 억 분의 일 내지는 어떤 산술적 비유로도 미치지 못할 것이다."라고 합니다.

그렇습니다. 부처님의 가르침이 오롯이 담긴 이 경(經)을 수지하고 독송하고 전하는 것이야말로 크나큰 공덕(功德)이 아닐 수 없습니다. 한편 부처님은 미래에도 이 『금강경』을 수지하고 독송하고 전한 사람의 공덕에 대해선 더 이상 논하지 않습니다. 자칫 부처님의 말씀을 듣고 마음에 광란(狂亂)을 일으켜 여우처럼 의심하면서 믿지 않을 것이기 때문입니다. 이 경(經)의 뜻이 불가사의(不可思議)한 이유이기도 합니다.

다시 말해 이 경(經)의 뜻과 공덕은 말이나 글 그 어떤 계산법이나 비유로도 부족합니다. 때문에 불가사의하다고 말씀한 것입니다. 이 『금강경』의 뜻을 깨달아 얻은 과보(果報)조차 불가사의하여 설명으론 불가능한 것입니다. 불법(佛法)을 배움에 있어 초기엔 누군가로부터 반드시 가르침을 받아야 합니다. 하지만 궁극(窮極)에 이르기 위해선 스스로 깨달아야만 합니다. 그래야 '불가사의에서 벗어날 수 있기 때문'입니다.

금강반야바라밀경(金剛般若波羅蜜經) 하권

이 경(經)의 시작은 부처님께서 공양 시간이 이르자, 가사를 두르고 발우를 들어 사위성 안으로 들어가 걸식(乞食)을 하시고, 본래의 곳으로 돌아와 공양을 마치고 의발(衣鉢)을 수습하신 후, 발을 씻고 말 없는 무정설법(無情說法)을 행하십니다. 이때 장로 수보리가 대중 속에 있다 일어나, 오른쪽 어깨를 드러내고 오른쪽 무릎을 땅에 대며, 두 손을 모아 공경의 마음을 표현한 후, '부처님께 여쭈면서 상권이 시작'됩니다.

다시 말해 "희유(希有)한 세존이시여. 여래(如來)께선 여러 보살(菩薩)[129]들을 잘 보호하시고, 여러 보살들에게 잘 일러주십니다. 세존이시여. 선남자 선여인이 아뇩다라삼먁삼보리의 마음을 발하려면 어떻게 머물러야

---

129) '보살(菩薩)'은, 부처님처럼 충분히 원만하지 않기 때문에 자기가 가장 잘하는 역할을 분담하게 되었다. 불교에서 가장 유명한 사대보살(四大菩薩)은, 관세음보살(觀世音菩薩)과 문수보살(文殊菩薩), 보현보살(普賢菩薩), 지장보살(地藏菩薩)로 나눠볼 수 있다. 여기서 관세음보살은 비(悲)를 담당하는 보살로, 즉 사람이 고통이나 위험, 재난 등을 만났을 때 칭명하면 관세음보살은 이 소리를 듣고 바로 오시는 보살이고, 문수보살은 지(智)를 담당하는 보살로, 이 보살을 따라 수행하면 지혜를 빠르게 향상시킬 수 있는 보살이며, 보현보살은 행(行)을 담당하는 보살로, 중생을 대신해 고난을 짊어진 것처럼 보살도를 행하는 보살이고, 지장보살은 원(願)을 담당하는 보살로, 염라의 화신답게 '지옥이 비지 않으면 성불하지 않겠다'고 할 정도로 원을 들어주는 보살이다.

할까요. 어떻게 그 마음을 항복시켜야 할까요."라고 여쭌 것입니다. 그리고 제17분인 '무아의 경지[究竟無我分]'에서 수보리는 동일한 질문을 또합니다. 이는 수보리가 능력이 부족해 재론한 게 아닙니다.

수보리와 대중들은 '아뇩다라삼먁삼보리'의 마음을 어떻게 내야 하는지, 어떻게 머물러야 하는지에 대한 답을 제16분까지의 말씀을 듣고 알게 되었습니다. 말하자면 이치[理]로는 알게 되었으나, 이것이 사(事 : 行)와 하나로 합일되진 않은 것입니다. 이른바 지행(知行)이 일치되지 않은 것입니다. 이렇게 되면 다시 사상(四相)에 집착하게 되고, 사상에 집착하게 되면, 지금까지 배운 이치 또한 소용이 없게 되는 것입니다.

따라서 수보리는 제17분인 '무아의 경지[究竟無我分]'에서 다시 한번 동일한 질문을 함으로써 인식을 새롭게 하는 한편, 어떻게 하면 이 마음을 자유자재(自由自在)할 수 있는지, 어떻게 하면 몸과 마음, 지와 행을 일치시킬 수 있는지를 여쭌 것입니다. 즉 질문은 같으나, 뜻은 전혀 다른 것입니다. 이처럼 『금강경』을 질문의 형식은 같으나, 질문의 내용이 완전히 다른 것을 상권과 하권으로 나누는 지점으로 삼습니다.

참고로 상권에선 부처님께서 본래 주처(住處 : 머무는 곳)가 없는 마음, 즉 '무주(無住)에 주(住)한다'는 이치의 말씀을 하셨고, 하권에선 행(行)에 대해 여쭈었다는 차원에서 이(理)와 사(事)의 일치에 대한 문답으로 보면 되겠습니다. 말하자면 '아뇩다라삼먁삼보리'의 마음을 이치로 얻은 사람은 어떻게 몸과 마음을 하나로 하여 이른바 지행일치(知行一致)로 '회향(廻向)'할 수 있는지에 대한 '말씀'으로 보면 되겠습니다.

제17분 마침내 무아의 경지[究竟無我分]

| 우리말 |

그때 수보리가 부처께 여쭈었다. "세존이시여. 선남자 선여인이 아뇩다라삼먁삼보리의 마음을 일으켰다면, 어떻게 머물러야 하며, 어떻게 그 마음을 항복시켜야 합니까?" 부처께서 수보리에게 말씀하셨다. "선남자 선여인이 아뇩다라삼먁삼보리를 일으켰다면, 마땅히 이와 같은 마음이 생길 것이다. 내가 응당 일체중생을 제도하리라. 일체중생을 제도하면 그만일 뿐, 실제론 어떤 중생도 제도한 사람이 없느니라. 이유가 무엇인가, 수보리여. 만약 보살에게 아상, 인상, 중생상, 수자상이 있다면 보살이 아니기 때문이다. 까닭이 무엇인가, 수보리여. 실로 아뇩다라삼먁삼보리를 일으킬 어떤 법도 없기 때문이다. 수보리여. 그대 생각은 어떤가. 여래가 연등불(然燈佛)¹³⁰⁾ 처소에서 어떤 법이 있어 아뇩다라삼먁삼보리를 얻었겠는가." "아닙니다. 세존이시여. 제가 부처님 말씀을 이해한 바로는, 부처께서 연등불 처소에선 아무 법도 없이 아뇩다라삼먁삼보리를 얻으셨습니다." 부처께서 말씀하셨다. "그렇다. 바로 그렇다. 수보리여. 실로 아무 법도 없이 여래는 아뇩다라삼먁삼보리를 얻었다. 수보리여. 만

---

130) '연등불(然燈佛)'은, 불교에서 중요한 위치를 차지하는 부처님으로, 과거의 부처님 중 한 분을 가리킨다. 즉 연등불은 주로 미래의 부처님인 '석가모니 부처님 스승' 혹은 '선구자로서 역할을 강조'한다. 참고로 연등불(然燈佛)은 연등불(燃燈佛)과 통용되기 때문에 어떤 것으로 써도 무방하다.

약 어떤 법이 있어 여래가 아뇩다라삼먁삼보리를 얻었다면, 연등불께서 나에게 그대는 내세에 마땅히 부처가 되어 석가모니로 불릴 것이라 수기(授記)[131]를 내리시지 않았을 것이다. 실로 어떤 법도 없이 아뇩다라삼먁삼보리를 얻었기 때문에 연등불께서 나에게 수기를 내리시면서, 그대는 내세에 마땅히 부처가 되어 석가모니로 불릴 것이라 말씀하신 것이다. 이유가 무엇인가. 여래란 곧 모든 법과 같기 때문이다. 만약 어떤 사람이 여래가 아뇩다라삼먁삼보리를 얻었다 말하더라도, 수보리여. 실로 어떤 법도 없이 부처는 아뇩다라삼먁삼보리를 얻었다. 수보리여. 여래가 얻은 아뇩다라삼먁삼보리는 이 가운데 실(實)한 것도 없지만, 공허한 것도 없다. 이 때문에 여래는 일체의 법이 모두 불법(佛法)이라 말하는 것이다. 수보리여. 일체의 법은 곧 일체의 법이 아니다. 이 때문에 이름이 일체의 법이다. 수보리여. 비유컨대 사람의 몸이 큰 것과 같다."[132] 수보리가 여쭈었다. "세존이시여. 여래께서 몸이 크다고 하면 큰 몸이 아니며, 그것의 이름이 큰 몸입니다." "수보리여. 보살 또한 이와 같다. 만약 내가 마땅히 무수한 중생을 제도하리라고 말한다면 보살이라 할 수 없다. 이유가 무엇인가, 수보리여. 실로 아무것도 없는 것을 일러 보살이라 하기 때문이다. 이 때문에 부처는 일체의 법에 아(我), 인(人), 중생(衆生), 수자(壽者)가 없다고 말한다. 수보리여. 만약 보살이 내가 마땅히 장엄한 불토를 가진

---

131) 불교에서 깨달음을 얻은 옛 부처들은 제자가 도(道)를 깨치면, 그 앞에 서서 이른바 관정(灌頂)이라 하여 정수리를 어루만지면서 수기를 내린다. 이는 일종의 예언으로, 앞으로 어느 때가 되면 성불할 것이라 밝히는 것이다.

132) 부처님의 "비유컨대 사람의 몸이 큰 것과 같다."는 말을, 수보리는 '어떤 사람의 키가 크고, 몸집이 장대하다는 것은 실제 그 사람을 묘사한 것'이다. 즉 그 사람이 그렇게 크고 장대한 것을 본 적이 없다는 뜻이다.

다고 말한다면, 이를 보살이라 부르지 않는다. 이유가 무엇인가. 여래가 말하는 장엄한 불토[133]는 장엄한 것이 아닌 이름이 장엄이다. 수보리여. 만약 보살이 무아법(無我法)에 통달했다면, 여래가 말한 이름은 진정으로 보살일 것이다."

| 구마라집 |

爾時, 須菩提, 白佛言. 世尊. 善男子善女人, 發阿耨多羅三藐三菩提心, 云何應住, 云何降伏其心. 佛告須菩提. 善男子善女人, 發阿耨多羅三藐三菩提者, 當生如是心. 我應滅度一切衆生. 滅度一切衆生已, 而無有一衆生實滅度者. 何以故, 須菩提. 若菩薩有我相人相衆生相壽者相者, 則非菩薩. 所以者何, 須菩提. 實無有法, 發阿耨多羅三藐三菩提者. 須菩提. 於意云何. 如來於然燈佛所, 有法得阿耨多羅三藐三菩提不. 不也, 世尊. 如我解佛所說義, 佛於然燈佛所, 無有法得阿耨多羅三藐三菩提. 佛言. 如是如是. 須菩提. 實無有法, 如來得阿耨多羅三藐三菩提. 須菩提. 若有法, 如來得阿耨多羅三藐三菩提者, 然燈佛, 則不與我授記, 汝於來世, 當得作佛, 號釋迦牟尼. 以實無有法, 得阿耨多羅三藐三菩提, 是故然燈佛, 與我授記, 作是言, 汝於來世, 當得作佛, 號釋迦牟尼. 何以故. 如來者, 卽諸法如義. 若有人言, 如來得阿耨多羅三藐三菩提, 須菩提. 實無有法, 佛得阿耨多羅三藐三菩提. 須菩提. 如來所得, 阿耨多羅三藐三菩提, 於是中, 無實無虛. 是故, 如來說一切法, 皆是佛法. 須菩提. 所

---

133) '여래가 말하는 장엄한 불토'는, 물질적으로 장엄한 것이 아닌, 마음이 장엄한 것이다. 마음이 선하고 공덕이 원만하며, 생각이 청정하면 비로소 장엄한 것이라 할 수 있다. 즉 '장엄불토'는 형용하는 말이다. 가령 빽빽하게 들어찬 빌딩 숲을 거닐다 확 트인 공간을 만나면 어떤가. 공(空)이야 말로 진정한 아름다운 것임을 느낀다. 장엄은 이런 것이다.

言一切法者, 即非一切法. 是故, 名一切法. 須菩提. 譬如人身長大. 須菩提言. 世尊. 如來說人身長大, 則爲非大身, 是名大身. 須菩提. 菩薩亦如是. 若作是言, 我當滅度無量衆生, 則不名菩薩. 何以故, 須菩提. 實無有法, 名爲菩薩. 是故, 佛說一切法, 無我無人無衆生無壽者. 須菩提. 若菩薩作是言, 我當莊嚴佛土, 是不名菩薩. 何以故. 如來說莊嚴佛土者, 即非莊嚴, 是名莊嚴. 須菩提. 若菩薩通達無我法者, 如來說名眞是菩薩.

| 자해 |

이시(爾時): 그때. 백불언(白佛言): 여기서 '백(白)'은 '말하다' 혹은 '말씀하다'라는 뜻으로, '언(言)'과 함께 쓰며, 즉 부처님의 말씀을 강조할 때 쓰는 일종의 관형어다. 운하(云何): 어떻게, 왜. 멸도(滅度): 제도하여 사상(四相)을 멸하다, 즉 '고통에서 벗어나 열반에 이르도록 하는 것'을 가리킨다. 따라서 여기선 '제도했다'로 해석했다. 하이고(何以故): '연고가 무엇인가.' 혹은 '왜 그런가.'로 해석할 수도 있으나, 여기선 '이유가 무엇인가.'로 해석했다. 소이자하(所以者何): 까닭이 무엇인가. 어의운하(於意云何): 의역하면, '지니고 있는 생각[意]이 있다면, 어떻게 말할 수 있겠는가.'로 해석할 수 있는데, 이를 줄여, '그대 생각은 어떤가.'로 해석했다. 수기(授記): 스승이 제자에게 내리는 일종의 예언적 교설(敎說). 여(汝): 너, 그대. 여래(如來): 직역하면 올 것 같다. 작시언(作是言): 이렇게 말하다. 어시중(於是中): 이 가운데에. 무실무허(無實無虛): 직역하면, '실(實)한 것도 공허한 것도 없다'로 해석되지만, 무실(無實)을 공(空), 무허(無虛)를 유(有)로 본다면, 곧 '공(空)을 배우는 것도 아니요, 유(有)를 배우는 것도 아니다'로 해석될 수 있다. 장엄(莊嚴): 좋고 아름다운 것으로 국토를 꾸미고, 훌륭한 공덕을 쌓아

몸을 장식하며, 향이나 꽃 따위를 부처에게 올려 장식하다. 불토(佛土): 불
국토를 가리킨다. 무아법(無我法): 몸과 마음이 사라진 것을 넘어 법(法)까
지 사라진 단계, 즉 인법이무(人法二無)에 이르러야 성불한다는 뜻이다.

| 해동 |

수보리가 부처께 여쭈었습니다. "세존이시여. 선남자 선여인이 아뇩다
라삼먁삼보리의 마음을 일으켰다면, 어떻게 머물러야 하며, 어떻게 그
마음을 항복시켜야 합니까?" 하권 서문에서 언급했지만, 이처럼 질문의
형식이 상권의 '수보리가 일어나 법을 청하다[善現起請分]'에서의 내용과
동일합니다. 얼핏 수보리를 잘 모르는 사람이 보면 그가 참 말이 많은 사
람이거나 나이 많은 '장로답다고 여길 수 있는 분위기'입니다.

하지만 그렇지 않습니다. 질문의 내용이 완전히 다르기 때문입니다. 이
를테면 상권에서 '아뇩다라삼먁삼보리'의 마음을 이치[知]로 얻은 사람
은, 어떻게 하면 행동[行]으로 일치시켜 중생으로 회향(廻向)할 수 있는지
에 대한 질문으로 본다면 뜻은 전혀 달라집니다. 즉 『금강경』에 대한 이
해와 '아뇩다라삼먁삼보리'를 수지하고 독송하는 공덕에 대해 깨달음을
얻었다면 감탄하면서 중생과 부처가 하나임을 증득하게 됩니다.

이처럼 이론[知]으론 상당한 수준에 이르렀으나, 아직 행(行)이 일치하
는 단계까지는 도달하지 못한 수준입니다. 따라서 어떻게 하면 지행합일
(知行合一) 할 수 있을까 고민하다 부처님께 여쭌 것입니다. 사실 우리 삶
이 늘 이런 식입니다. 삶의 이치를 터득한 사람은 세상에 차고 넘칩니다.

하지만 그것을 실천하는 사람은 극히 드뭅니다. 여러 악조건에서 벗어나지 못하기 때문입니다. 그렇다면 어찌 벗어날 수 있을까요.

이에 부처님께서 말씀하십니다. "선남자 선여인이 아뇩다라삼먁삼보리를 일으켰다면, 마땅히 이와 같은 마음이 생길 것이다. 내가 응당 일체중생을 제도하리라. 일체중생을 제도하면 그만일 뿐, 실제론 어떤 중생도 제도한 사람이 없느니라."라고 했습니다. 네. 이런 것입니다. 일체중생이 깨달음을 얻고 나면 '중생이나 멸도'를 더 논할 이유는 없습니다. 때문에 부처님은 어떤 중생도 '제도한 일이 없다'고 한 것입니다.

『장자』에 혼돈(渾沌)이란 말이 있습니다. 이른바 '본래세계'라 합니다. 이 본래세계에선 구별하지 않습니다. 즉 옳고 그름이나 시작과 끝이 존재하지 않는 세계입니다. 하지만 현상세계는 구별하는 세계입니다. 의식이 동반된 세계입니다. 그렇다면 현상세계와 본래세계의 차이는 '의식이 동반되느냐'에 달려 있습니다. 의식의 속박에서 벗어나면 현상세계는 곧 본래세계로 바뀝니다. 이론이나 진리를 논할 이유가 없습니다.

이처럼 '의식(意識)의 속박에서 벗어난다'는 것은, 곧 '상(相)에 끌려가지 않고 벗어나는 것'과 다르지 않은 표현입니다. 무엇을 보든 무엇을 하든 매진하되, 거기에 집착하지 않는 것이 중요합니다. 사실 상(相)이란 것도 본래세계에선 없는 것입니다. 상(相)은 내 것과 네 것을 구별하면서 생긴 것에 불과합니다. 부처님의 말씀이 바로 이 것입니다. 보살이 사상(四相)에서 벗어나지 못하면 '보살이 될 수 없다는 것'입니다.

다시 말해 아뇩다라삼먁삼보리를 깨친 사람은 모든 번뇌가 사라진 것이니, 이는 본래 법이 없는 법을 깨친 사람이 아뇩다라삼먁삼보리의 세계를 확인한 것과 같은 것입니다. 따라서 깨달은 사람에겐 더 이상 깨침이란 없는 것이고, 깨달음이란 의식조차 없는 것입니다. 그러므로 만일 사상(四相)이 조금이라도 남아 있다면, 결코 보살이 될 수 없는 것입니다. 때문에 부처님의 무위법(無爲法)이 나오는 이유이기도 합니다.

부처님과 수보리의 대화를 볼까요. "여래가 연등불(然燈佛) 처소에서 어떤 법이 있어 아뇩다라삼먁삼보리를 얻었겠는가." "아닙니다. 세존이시여. 부처께서 연등불 처소에선 아무 법도 없이 아뇩다라삼먁삼보리를 얻으셨습니다." "그렇다. 아무 법도 없이 아뇩다라삼먁삼보리를 얻었다." 그렇습니다. 이는 아뇩다라삼먁삼보리의 법이 따로 존재하는 것이 아님을 부처님이 과거생을 통해 수보리에게 증거로 일러준 것입니다.

여기서 아무 법(法)도 없이 아뇩다라삼먁삼보리를 얻었다는 것은, 즉 무위법(無爲法)을 말하는 것입니다. 무위법은 일정하게 정해진 법이 없다는 것으로, 있는 곳도 없고 그렇다고 없는 곳도 없다는 말입니다. 따라서 연등불(然燈佛) 처소가 되었든 아니든 불법(佛法)은 존재하는 것입니다. 중요한 건 누구나 부처님의 말씀을 제대로 듣고 명심견성(明心見性) 할 수 있다면, 아뇩다라삼먁삼보리를 얻을 수 있다는 것입니다.

여기서 여래(如來)에 관해 잠시 살펴봅니다. 여래란 직역하면 '올 것 같다'는 말로 해석되지만, 도(道)를 얻었거나, '성불(成佛)한 사람을 통칭'하기도 합니다. 즉 부처님의 여러 명호 가운데 하나지만 여기선 모두 '같다'는 의미로 볼 수 있습니다. 같다는 것은 다르지 않은 것으로, 취하는 것도 취하지 않는 것도, 있는 것도 없는 것도, 기쁜 것도 슬픈 것도, 고락(苦樂)도 생사(生死)도 부처도 중생도 모두 하나인 것입니다.

이처럼 극과 극은 얼핏 상반되어 보이나 이것이 있어 저것이 있는 것이고, 고(苦)가 있어 락(樂)이 있는 것이며, 생(生)이 있어 사(死)가 있는 것이고, 중생이 있어 부처도 있는 것으로 본다면, 모두가 하나에서 나눠진 것으로 근본은 역시 하나인 것입니다. 만법(萬法)이 귀일(歸一)이고, 일법(一法)이 만법(萬法)이란 말도 같습니다. 즉 크게 깨달음을 얻고 나면 더 이상 여래를 논하지 않는 것, 이것을 여래라 하겠습니다.

계속되는 "여래가 얻은 아뇩다라삼먁삼보리는 이 가운데 실(實)한 것도 없지만, 공허한 것도 없다. 이 때문에 여래는 일체의 법이 모두 불법(佛法)이라 말하는 것이다. 수보리여. 일체의 법은 곧 일체의 법이 아니다. 이 때문에 이름이 일체의 법이다."라는 부처님의 말씀도 앞에서 언급한 것과 다르지 않은 말씀입니다. 말하자면 병든 사람에겐 약(藥)이 반드시 필요하지만, 건강한 사람에겐 필요가 없는 경우와 같습니다.

이처럼 건강한 사람에겐 약(藥)의 필요성을 전혀 느끼지 못하듯, 크게 깨달음을 얻은 사람에겐 더 이상 부처님의 말씀이 필요가 없는 것입니다. 즉 사람에 따라 장소에 따라 필요성 여부가 결정되는 것입니다. 물론 이런 구조로 설명되는 모든 것이 불법(佛法)이긴 합니다. 그래서 '이름을 일체의 법'이라 한 것입니다. 하지만 삼라만상[134]이 모두 법(法) 아닌 것이 없습니다만 '일체법'이란 이름에서 벗어나야 한다는 것입니다.

이어지는 말씀도 대강은 다르지 않습니다. "수보리여. 보살 또한 이와 같다. 만약 내가 마땅히 무수한 중생을 제도하리라고 말한다면 보살이라 할 수 없다. 이유가 무엇인가, 수보리여. 실로 아무것도 없는 것을 일러 보살이라 하기 때문이다. 이 때문에 부처는 일체의 법에 아(我), 인(人), 중생(衆生), 수자(壽者)가 없다고 말한다." 이처럼 보살은 일체법을 통달한 사람으로, '나'란 의식 등 사상(四相)에서 벗어난 사람입니다.

마찬가지로 "보살이 내가 마땅히 장엄한 불토를 가진다고 말한다면, 이를 보살이라 부르지 않는다. 이유가 무엇인가. 여래가 말하는 장엄한 불토는 장엄한 것이 아닌 이름이 장엄이다. 수보리여. 만약 보살이 무아법(無我法)에 통달했다면, 여래가 말한 이름은 진정으로 보살일 것이다." 라는 말씀도 대체로 일맥상통합니다. 즉 부처님이 불국토를 장엄한 것도, 무아법에 통달한 사람은 모두가 이런 의식에서 벗어난 것입니다.

앞의 하권 서문에서도 밝혔듯 상권에선 주로 이치[知]에 대한 말씀을 하셨고, 하권에선 이치를 실행[行]하는 법에 대해 말씀을 합니다. 따라서 무아법(無我法)에 통달한 사람이라면 마땅히 고통의 바다에 있는 중생들을 제도(濟度)해야 합니다. 이를 위해선 먼저 중생의 삶을 이해하는 자세

---

134) '삼라만상(森羅萬象)'은, 생긴 모양 그대로가 다 진리다. 산은 산대로, 물은 물대로, 초목은 초목대로, 나무는 나무대로 제각기 존재한다.

가 필요합니다. 예컨대 유마거사(維摩居士)[135]가 병석(病席)에 있을 때 부처님께선 가섭존자와 아난존자에게 문병을 다녀오도록 했습니다.

가섭이 유마를 찾아 묻습니다. "거사께선 크게 깨달음을 얻은 분인데, 어찌 병을 얻어 고통스러워하십니까." 이에 유마는, "내가 아픈 것은 중생이 아프기 때문입니다."라고 답합니다. 이에 가섭과 아난은 더 이상 묻지 않고 돌아갔습니다. 그렇습니다. 유마거사는 계(戒)를 받은 사람은 아니지만, 중생들의 고통과 아픔은 누구보다 잘 알고 있기 때문에 병고를 함께한 것입니다. 즉 부처님처럼 지행으로 법을 편 것입니다.[136]

여기서 가섭존자와 아난존자의 신분을 잠시 살펴봅니다. 가섭존자는 최고 계급인 이른바 '바라문'이었고, 아난존자는 '왕자'였습니다. 그렇다면 부처님은 왜 이렇게 신분이 좋은 제자들에게 문병을 다녀오도록 시켰을까요. 그렇습니다. 중생의 다양한 삶을 경험하도록 하기 위함이었습니

---

135) 유마거사(維摩居士)는 불교에서 중요한 인물 중 하나로, 주로 『유마경(維摩經)』에 등장하는 인물이다. 유마거사는 역사적인 인물이 아닌 경전 속의 인물로, 유마(維摩)는 이름이고, 거사(居士)는 불교에서 출가(出家)하지 않고 재가자(在家者)로 살아가는 사람을 의미한다. 『유마경』은 대승불교의 중요한 경전 중 하나로, 유마거사는 여기서 주인공 역할을 한다. 그는 뛰어난 지혜로, 출가자들과 대승불교의 교리, 수행에 관한 내용을 다루는데, 특히 '공(空)'과 '보리[깨달음]'에 대한 논의가 주를 이룬다. 한편 유마거사는 출가자가 아닌 재가자로서도 깊은 깨달음을 이룬 인물로, 재가자도 수행할 수 있다는 사례로 자주 언급된다. 때론 지혜의 전파자로, 때론 대화의 주도자로 나타나는 것이다.

136) 어느 날은 문수보살(文殊菩薩)이 유마거사에게 문병을 갔다. 그리고 병세에 대해 묻자, 유마거사는, "중생의 병, 탐욕이 남아 있는 한 내 병도 계속될 것입니다. 만일 중생이 병들지 않는다면, 내 병도 곧 나을 것입니다. 왜냐하면 보살은 오직 중생을 위해 생사에 들었고, 나고 죽는 일이 있기에 병도 있는 것입니다. 그러므로 중생이 병에서 헤어날 수 있다면 보살의 병도 사라질 것입니다."라고 답했다.

다. 고통의 바다[苦海]에서 살아가는 중생의 삶을 제대로 통찰해야 올바르게 제도(濟度)할 수 있는, 즉 보살이 될 수 있기 때문입니다.

　마지막으로 무아법(無我法)을 보면, 역시 사상(四相)을 벗어난 것과 다름이 없습니다. 즉 '나'란 존재와 '남'이란 존재를 구분하지 않는 것으로, 자각(自覺)하는 '내'가 없다면, '남'도 있을 수 없는 것입니다. 여기서 '내가 없다는 것'은 마음이 어디에도 걸려 있지 않다는 뜻입니다. 즉 대자유를 성취한 것으로, '나와 너, 생(生)과 사(死), 고(苦)와 락(樂)' 등이 그 어디에도 걸리지 않은, 그야말로 진아(眞我)를 가리킵니다.

　이를 다른 표현으로 하면, 마치 허공(虛空)과도 같다고 할 수 있습니다. 허공은 세상의 모든 것을 품고 있지만, '내 것', '네 것'을 구별하지 않습니다. 이런 형태로 일체를 구분하지 않고 모든 것을 품는 것, 이를 무아법[137]이라 합니다. 깨달음을 구하는 사람도 이와 같아야 합니다. 그 무엇에도 걸리지 않아야 하고, 그 무엇에도 걸리지 않아야 한다는 것에도 걸리지 않는, 즉 허공처럼 살아간다면 진정으로 보살일 것입니다.

---

137) '무아법(無我法)'에 대해 다시 정의하면, 우선 '무아(無我)'는 '나'란 고정된 자아가 없다는 뜻으로, 이는 사람뿐만이 아닌 동물, 식물 등 모든 현상에 고정된 자아가 없고, 그저 모든 것은 인연과 조건에 의해 일시적으로 발생하고 소멸하는 것에 불과하다. 그리고 '무아법(無我法)'은 '무아'란 진리를 깨닫고 이를 실천하기 위한 방법론으로, 자아에 대한 집착을 내려놓는 것뿐만이 아닌, 타인이나 사물에 대한 집착도 없애는 과정이다. 즉 '나'를 넘어 '모든 존재가 하나'란 깊은 이해에 도달하면, 우리는 자연스럽게 자비(慈悲)와 공감(共感)을 느끼고, 더 이상 분리된 존재로 살아가지 않게 되는 것이다.

제18분 일체를 동일하게 관찰하다[一體同觀分]

| 우리말 |

"수보리여. 그대 생각은 어떤가. 여래에게 육안(肉眼)이 있는가." "그렇습니다, 세존이시여. 여래께선 육안이 있습니다." "수보리여. 그대 생각은 어떤가. 여래에게 천안(天眼)이 있는가." "그렇습니다, 세존이시여. 여래께선 천안이 있습니다." "수보리여. 그대 생각은 어떤가. 여래에게 혜안(慧眼)[138]이 있는가." "그렇습니다, 세존이시여. 여래께선 혜안이 있습니다." "수보리여. 그대 생각은 어떤가. 여래에게 법안(法眼)[139]이 있는가." "그렇습니다, 세존이시여. 여래께선 법안이 있습니다." "수보리여. 그대 생각은 어떤가. 여래에게 불안(佛眼)[140]이 있는가." "그렇습니다, 세존이시여. 여래께선 불안이 있습니다." "수보리여. 그대 생각은 어떤가. 항하[갠지스강]의 모래를 부처는 모래라 말했는가." "그렇습니다, 세존이시여. 여래께선 이를 모래라 하셨습니다." "수보리여. 그대 생각은 어떤가. 항하

---

138) '혜안(慧眼)'은, 지안(智眼)과 통용되는 것으로, 계정혜(戒定慧)의 공력(功力)이 드러난 것을 가리킨다. 즉 정(定)을 닦아 '지혜가 드러난 것'으로, 이는 보통의 지혜가 아닌, 지혜가 힘으로 변한 것이다. 이런 혜력(慧力)이 존재해야 비로소 지안이라 할 수 있다.

139) '법안(法眼)'은, '법(法)을 보는 눈'으로, 곧 공(空)을 보는 눈을 뜻한다. 진정 자성(自性)의 공(空)을 인식하고, 공성(空性)의 본체를 볼 수 있는 눈을 가리킨다. 법안으로 보면, 일체중생이 평등하고, 공(空)도 유(有)도 아님을 알 수 있다. 하지만 공(空)에만 떨어지면 소승과(小乘果)에 불과한 만큼, 공(空) 속에 존재하는 묘유(妙有)를 볼 수 있어야 진정 법안이라 할 수 있다. 말하자면 범부의 경계로 보면 성공연기(性空緣起)이고, 깨친 지혜로 보면 진정한 공에서 묘유가 일어나는[眞空起妙有] 것이다. 이것이 법안의 이치로, 평등하게 보는 것이다.

의 모래 수만큼의 항하가 있고, 이 항하의 모래 수만큼 부처의 세계가 있다면, 많지 않겠는가." "매우 많습니다, 세존이시여." 부처께서 수보리에게 말씀하셨다. "그대가 생각하는 국토 중 모든 중생의 갖가지 마음을 여래는 모두 안다. 이유가 무엇인가. 여래가 말한 모든 마음은, 모두 마음이 아닌 이름이 마음이기 때문이다. 까닭이 무엇인가, 수보리여. 과거의 마음은 얻을 수 없고, 현재의 마음도 얻을 수 없으며, 미래의 마음도 얻을 수 없기 때문이다."

| 구마라집 |

須菩提. 於意云何. 如來有肉眼不. 如是, 世尊. 如來有肉眼. 須菩提. 於意云何. 如來有天眼不. 如是, 世尊. 如來有天眼. 須菩提. 於意云何. 如來有慧眼不. 如是, 世尊. 如來有慧眼. 須菩提. 於意云何. 如來有法眼不. 如是, 世尊. 如來有法眼. 須菩提. 於意云何. 如來有佛眼不. 如是, 世尊. 如來有佛眼. 須菩提. 於意云何. 如恒河中所有沙, 佛說是沙不. 如是, 世尊. 如來說是沙. 須菩提. 於意云何. 如一恒河中所有沙, 有如是沙等恒河, 是諸恒河所有沙數, 佛世界如是, 寧爲多不. 甚多, 世尊. 佛告須菩提. 爾所國土中, 所有衆生, 若干種心, 如來悉知. 何以故. 如來說諸心, 皆爲非心, 是名爲心. 所以者何, 須菩提.

---

140) '불안(佛眼)'은, 일체중생을 평등하게 볼 뿐 아니라 오직 자비(慈悲)로 바라보는 것이다. 여기서 '자비(慈悲)'는 두 개의 개념이 합해진 말이다. 자(慈)는 부성(父性)으로, 남성의 사랑을 나타내고, 비(悲)는 모성(母性)으로, 여성의 사랑을 나타낸다. 즉 자비(慈悲)는 부성과 모성의 사랑을 의미한다. 이는 지극히 선하고 지극히 평등하기 때문에 대자대비(大慈大悲)라 한다. 부처님의 눈으로 보면 일체중생이 모두 가련해 보인다. 때문에 보시(布施)가 나오는 것이고, 중생을 제도(濟度)한다는 말이 나오는 이유다.

過去心不可得, 現在心不可得, 未來心不可得.

| 자해 |

어의운하(於意云何): 의역하면, '지니고 있는 생각[意]이 있다면, 어떻게 말할 수 있겠는가.'로 해석할 수 있는데, 이를 줄여, '그대 생각은 어떤가.'로 해석했다. 항하(恒河): 갠지스강. 여시사등항하(如是沙等恒河): 이와 같이 갠지스강의 모래 등이 많다는 것으로, 여기서 등(等)은 모래 수만큼 갠지스강이 많음을 가리킨다. 이(爾): 너, 그대. 국토(國土): 여기선 나라의 국토가 아닌, 불교적 관점의 세계인 '세간(世間)'을 가리킨다. 약간종심(若干種心): 약간(若干)은 몇 가지, 종심(種心)은 마음의 종류, 즉 '몇 가지 마음', '여러 종류 마음', '갖가지 마음'을 뜻한다. 소이자하(所以者何): 까닭이 무엇인가.

| 해동 |

제18분의 「일체동관분(一體同觀分)」은 모든 존재가 '하나로 연결되어 있다는 관점'에서 오는 깨달음을 논합니다. 특히 여기선 부처님이 갖춘 5가지 관법(觀法), 즉 오안(五眼)으로 시작합니다. '오안'은 각기 다른 차원에서 존재를 관찰하는 능력을 말합니다. 첫째, 육안(肉眼)입니다. 이는 육체의 눈으로, 우리가 일상에서 보는 물질세계를 인식하는 능력입니다. 물리적인 대상을 보고 구별하는 일반적인 눈을 가리킵니다.

둘째, 천안(天眼)[141]입니다. 이는 천상의 눈, 즉 육안(肉眼)보다 더 높은 차원의 눈을 뜻합니다. 천안은 인간이 아닌 존재들, 가령 천상에 거주하는 존재들이나 더 높은 차원의 존재들도 볼 수 있는 능력을 가리킵니다. 아울러 과거는 물론 미래까지도 예견하거나 감지할 수 있는 능력이 있습니다. 셋째, 혜안(慧眼)입니다. 이는 말 그대로 '지혜의 눈'으로, 육안(肉眼)을 넘어 사물의 본질을 꿰뚫어 볼 수 있는 눈을 말합니다.

즉 법의 이치를 올바로 이해하고 또 그것을 인식하는 능력을 지닙니다. 아울러 중생들의 근기와 경계를 살피는 눈이기도 합니다. 넷째, 법안(法眼)입니다. 이는 말 그대로 '법(法)을 보는 눈'으로, 모든 법[一切法]을 깨달을 수 있는 능력을 가리킵니다. 일반적으로 모든 존재가 일체로 연결되어 있다는 것을 뜻하고, 물질적이고 육체적인 관점에서 벗어나 더 깊은 법과 진리를 이해하는 능력입니다. 다섯째, 불안(佛眼)입니다.

이는 말 그대로 '부처님의 눈'입니다. 부처님처럼 모든 존재의 본성을 완전히 이해하고 보는 능력입니다. 이는 궁극적인 깨달음에 이른 존재만이 가질 수 있는 능력으로, 세계의 모든 존재와 그들의 상태 등을 한눈에 볼 수 있는 능력을 가리킵니다. 이 5가지 관법, 즉 오안(五眼)은 각기 다른 수준에서 존재를 바라보는 능력을 상징합니다. 이처럼 부처님이 삼계(三界)의 중생들을 모두 알 수 있는 것은 오안 때문입니다.

---

141) '천안(天眼)'을, 일각에선 귀신(鬼神)이나 영혼(靈魂)도 볼 수 있는 눈으로 해석하는가 하면, 도교(道敎)에서 유래한 천리안(千里眼)으로 해석하는 경우도 있다.

그리고 논의는 곧 갠지스강의 모래로 이어집니다. '갠지스강의 모래 수만큼의 갠지스강이 있고, 갠지스강의 모래 수만큼 부처의 세계가 있다면 많은 것이 아니냐고 묻자, 수보리는 당연히 많다'고 답합니다. 여기서 의상조사(義湘祖師)의 법성게(法性偈)가 떠오르는 것은 왜일까요. '일중일체다중일[一中一切多中一], 일즉일체다즉일[一卽一切多卽一]. 일미진중함시방[一微塵中含十方], 일체진중역여시[一切塵中亦如是].'

그렇습니다. 이는 앞의 제11분에서 일부 거론한 바 있는 법성게입니다. 풀어보면 이렇습니다. '하나 속에 일체가 있고, 일체 속에 하나가 있으니, 하나가 곧 일체요, 일체가 곧 하나이다. 한 티끌 속에 온 우주가 들어 있고, 온 우주의 티끌마다 또한 이와 같네.' 대체의 내용은 모든 존재는 서로 의존(依存)하는 것으로, 하나의 존재(存在)가 전체를 포함하고, 전체는 하나를 포함한다는 불교의 철학적 가르침을 나타냅니다.

다시 말해 '상호 연관성'과 '비이분법적 관점'을 통해 세상의 본질을 이해하려는 불교의 핵심 교리(敎理) 가운데 하나입니다. 잠시 우리의 삶을 돌아보겠습니다. 지구촌에 사는 사람들의 숫자는 대략 80억 명이 살고 있고, 수없이 많은 동물과 식물들, 수많은 유정(有情)과 무정(無情)의 생명들이 살아가고 있습니다. 조금 확대하여 우주(宇宙)에서 우리 지구(地球)를 본다면 어떻겠습니까. 하나의 작은 점에 불과할 것입니다.

이 작은 점에 불과한 곳에서 헤아릴 수 없이 많은 존재들이 살아갑니다. 여기서도 자세히 보면 헤아릴 수 없이 많은 존재들이지만, 모두가 제각기 다른 모양을 하고 살아간다는 사실입니다. 십인십색, 백인백색이라고 사람도 생각이 다른 만큼 삶의 모습도 다양합니다. 이처럼 모든 존재들은 다들 나름의 방식대로 살아갑니다. 여기서 다시 우주로 확대해 보겠습니다. 그리고 우리 지구를 본다면 티끌에 불과하지 않을까요.

'한 티끌 속에 온 우주가 들어 있고, 온 우주의 티끌마다 또한 우주가들어 있는 셈'입니다. 그렇다면 '갠지스강의 모래처럼 많은 부처의 세계가 존재하는 건 당연한 것'입니다. 즉 일체가 개체이고, 개체가 일체이며, 개체가 우주이고, 우주가 개체입니다. 여기서 부처님의 생각, 즉 안목을확인할 필요가 있습니다. 부처님의 눈은 세계를 공(空)으로 본다는 사실입니다. 개체든 일체든 우주든 공(空)으로 보는 것입니다.

이런 눈이 필요합니다. 안목을 확대시킬 수 있어야 합니다. '산'은 산이아니고, '물'은 물이 아니며, 갠지스강의 '모래'는 모래가 아닐 수 있습니다. 가령 산은 수없이 많은 존재들이 사는 우주가 될 수 있고, 물도 수없이 많은 존재들이 살아가는 우주가 될 수 있으며, 갠지스강의 모래알 하나하나 우주가 될 수 있기 때문입니다. 하지만 이처럼 각각의 우주도 때가 되면 모두가 '공(空)'이 되지 않을 수 없는 법'입니다.

따라서 부처의 눈으로 보면, '일체중생이 평등'하고, '삼라만상(森羅萬象)'이 평등할 수밖에 없는 것입니다. 이처럼 부처님께서 세상을 통찰할수 있었던 이유는 앞에서 이미 거론했던 오안(五眼)을 지니셨기 때문입니다. 작게는 갠지스강의 모래알에서 크게는 우주의 삶까지 통찰이 가능했으니, 중생들이 지니고 있는 갖가지 마음을 아는 건 당연한 일이라 하겠습니다. 그럼에도 여래는 그것을 이름일 뿐이라 말합니다.

주지하듯 '마음은 본래 머무는 곳이 없습니다. 머무름이 없는 곳, 바로 그곳이 본래자리'입니다. 본래자리는 갖가지 마음으로 갈리기 전입니다. 갖가지 마음으로 분화된 후의 마음도 본질은 지니고 있는 만큼 '온 우주의 티끌마다 또한 우주가 들어 있는 것'과 같다고 하겠습니다. 부처니 중생이니 분별할 이유가 없는 이유입니다. 따라서 '부처가 중생의 마음'을 알 수 있고, '중생이 부처의 마음을 모를 리 없는 것'입니다.

이치가 이러함에도 진여(眞如)의 세계에서 보면, 역시 이름이 부처이고 중생이고 마음일 뿐입니다. 가령 마음[心]142)을 이름이 아닌 실체를 찾고자 하면, 어디에서도 찾을 수 없는 만큼 이름에 불과한 것으로 이해하는 것입니다. 현대적으로 마음을 해석하면 '인식의 체계' 정도로 관념화할 수 있는데, 이 또한 이름에 불과하다는 점에선 마찬가지입니다. 과거심, 현재심, 미래심을 얻을 수 없다는 것은, 지극히 온당한 일입니다.

일각에선 '존재(存在)가 존재하려면, 존재할 수 있는 존재가 존재해야, 존재가 존재할 수 있다'는 말을 합니다. 얼핏 말장난 같지만 타당한 주장입니다. 마음[心]도 마찬가지입니다. '머무를 수 없는 마음'이 얼핏 '머무를

---

142) 『금강경』은 처음부터 중생(衆生)은 '아집(我執)을 지닌다'고 말한다. 중생은 이것이 '나'이고, '내가 존재한다'고 믿는다. 그리고 '나'란 존재에 집착한다. 그러면서 자신에게 '마음이 있다'고 굳게 믿는다. 헛된 망상과 분별 의식 등 실재하지 않는 것을 진실로 믿는 것이다. 중생들이 오류 속에서 깨치지 못하는 이유다. 중생들에게 일어나는 온갖 심리나 의식의 변화는 일종의 '변화현상'일 뿐 진정한 마음이 아니다. 이치가 이러함에도 중생들은 이 변화현상에 사로잡혀 마음으로 착각하는 것이다.

수 있는 것처럼 형용'합니다. 여기서 과거심(過去心)은 이미 지나간 마음 이고, 현재심(現在心)은 현재의 마음이며, 미래심(未來心)은 아직 오지 않은 마음입니다. 그렇다면 삼세심에 대해 한 번 살펴보겠습니다.

과거심은 이미 지나간 마음이니 실제로 존재할 수 없고, 현재심이란 것 도 인식하는 순간 지나가버려 존재할 수 없으며, 미래심은 아직 오지 않 았으니 존재할 수 없기는 마찬가집니다. 즉 과거심도 얻을 수 없고, 현재 심도 얻을 수 없으며, 미래심도 얻을 수 없다는 건 타당한 주장입니다. 마 음[心]이란 이런 것입니다. 언제 어디서도 얻을 수 없는 것입니다. 이런데 도 마음이 어디 있을 거라 믿는 것은 망상일 따름입니다.

그렇다면 우리의 삶은 순간(瞬間)의 연속, 즉 찰나(刹那)의 연속이라 할 수 있습니다. 이 찰나를 잘 살필 필요가 있습니다. 찰나가 행복하다면 영 원히 행복할 수 있는 것이고, 찰나가 불행하다면 영원히 불행한 삶이기 때문입니다. 아뇩다라삼먁삼보리의 세계가 어디에 있겠습니까. '지금 바 로 여기'입니다. 바로 이 절대 시간 속에 존재하는 것입니다. 여기엔 과 거, 현재, 미래가 존재하고, 극락과 피안의 세계가 존재합니다.

여기서 "과거의 마음은 얻을 수 없고, 현재의 마음도 얻을 수 없으며, 미래의 마음도 얻을 수 없다."는 것에 대한 재미있는 일화(逸話)를 하나 소 개합니다. 사실 널리 알려진 이야기라 일화라고 말하기 적절하지 않을 수도 있습니다. 당나라 때 대선사(大禪師)로 알려진 덕산(德山)의 젊은 시 절 이야깁니다. 그는 청원(靑原)과 석두(石頭)로 내려오는 법(法)을 이은 사 람인데, 젊어선 주로 '경전 연구에 몰두한 스님'이었습니다.

특히 그는 『금강경』을 항상 강의한다고 하여 별명이 주금강(周金剛)이
었습니다. 속명이 주(周)씨인 관계로, '주금강'으로 불렸는데, 아는 것이
많아 교학(教學)의 대가로도 불렸습니다. 그런 그가 교학을 떠나 선학(禪
學)으로 크게 깨달음을 얻은 것은 떡을 파는 노파(老婆)와도 관련이 깊습
니다. 후일 선객(禪客)들을 가르칠 때, 제대로 답을 해도 몽둥이[棒]로 때
리고, 답을 못 해도 때린[143] 선지식(善知識)으로 무척 유명합니다.

여하튼 그가 젊은 시절, 『금강경』을 공부하면서 이해(理解)의 정도가 점
점 높아지자, 남쪽 지방에서 일고 있는 선불교(禪佛教)에 대한 반감이 커
졌습니다. 어느 날, 그는 "남방에서 불립문자(不立文字), 교외별전(教外別
傳), 직지인심(直指人心), 견성성불(見性成佛)을 표방하는 무리들이 판을 치
고 있다는데, 내가 이들을 찾아 『금강경』의 진수를 일러주겠다."라는 말
을 하고 『금강경소초(金剛經疏鈔)』를 짊어지고 나섭니다.

---

143) 선(禪)의 가르침을 전하기 위해 직설적이고 강렬한 방법의 하나다. 어느 날, 덕산이 선객
(禪客)들을 가르칠 때, 한 선객이 질문을 했다. "스님, 깨달음이 무엇입니까." 이에 덕산은 대답
을 하지 않는 대신, 손에 들고 있던 몽둥이로 그를 때렸다. 덕산은 몽둥이로 때림으로써 언어로
설명할 수 없는 깨달음을 직접 전한 것이다. 한편 임제할(臨濟喝)로 유명한 임제(臨濟)란 대선사
(大禪師)도 있다. 그는 임제종(臨濟宗)을 창시하고 법을 전파한 사람으로, 제자들에게 강한 호통이
나 질책을 통해 깨달음을 일깨우는 방식을 주로 사용했다. 임제의 호통은 아집이나 고정관념을
버리고, 진정한 깨달음에 이를 수 있도록 돕는 수단이었다. 덕산의 몽둥이[德山棒]와 임제의 호
통[臨濟喝]은 선불교의 중요한 교훈 중 하나인 '말로 전달할 수 없는 진리'를 강조한다.

예주 땅에 이르렀을 때, 길가의 노점에서 떡을 팔고 있는 노파가 눈에 들어왔습니다. 마침 점심(點心)[144]때라 요기할 생각으로 노파 앞에 앉아 떡을 주문하자, 노파가 말을 걸어옵니다. "스님이 짊어지고 다니는 것은 무엇입니까." 이에 "『금강경소초(金剛經疏鈔)』입니다."라고 답합니다. 노파가 묻습니다. "제가 전생에 지은 업보가 중해 지금 떡장수로 살지만 다행히 불법과 인연이 있어 스님들의 법문을 많이 듣습니다."

"그런데 『금강경』에 궁금한 대목이 하나 있는데, 스님께 여쭙겠습니다. 혹 스님께서 답을 옳게 하시면 떡을 보시하고, 답을 못 하시면 저는 스님께 떡을 드리지 않겠습니다."라고 했습니다. 한 마디로 내기를 한 것입니다. 이에 덕산(德山)은 『금강경』에 대해선 사실상 박사이니, 뭐든 좋다고 했습니다. 노파가 묻습니다. "『금강경』에 과거심도 얻을 수 없고, 현재심도 얻을 수 없으며, 미래심도 얻을 수 없다고 했습니다."

"스님은 지금 어느 마음에 점을 찍으시겠습니까." 그렇습니다. 『금강경』엔 과거의 마음도 현재의 마음도 미래의 마음도 얻을 수 없다고 합니다. 그렇다면 '떡을 먹고 싶은 마음'은 과연 어느 마음에 있는 것일까요. 이에 대한 답은 그 어떤 경전에도 나오지 않습니다. 천하의 주금강이라 불리는 덕산스님도 시원한 답을 찾을 수 없어 아무 말도 못 했습니다. 그러자 노파는 "스님, 저한텐 떡을 얻어먹을 생각하지 마세요."

---

144) '점심(點心)'이란, 글에서도 보여주는 것처럼 본래 '마음에 점'만 찍으면 될 정도로, 간단히 먹는 것을 뜻한다. 한편에선 점심(點心)을 '중심'으로 해석하기도 한다. 즉 '하루 중의 중심'이란 뜻으로, '마음에 불을 붙인다'는 의미이다.

덕산(德山)은 이렇게 노파에게 제대로 한 방을 맞았습니다. 소리 나는 배를 문지르며 용담(龍潭)스님이 계시는 곳으로 향했습니다. 한참을 걸어 용담스님이 계시는 절에 당도했습니다. 덕산은 장군 출신에 체격도 크고 기(氣)가 펄펄 나는 사람답게 "용담(龍潭)에 왔는데, 용도 없고 담도 보이지 않는구나."라며 우레 같은 소리로 고함을 질렀습니다. 덕산의 큰 소리에 모든 대중이 쫓아 나오고 진짜 용담스님도 나왔습니다.

용담스님이 덕산을 보자, 보통 그릇이 아님을 단박에 알아챘습니다. 그래서 용담스님은 큰 소리로 "그대는 이미 용담 안에 있도다."라고 하면서 덕산의 기를 한 번 더 꺾고 영접을 했습니다. 천재는 천재를 알아본다고, 저녁에 두 사람은 불교에 대한 여러 가지 형편들, 불교에 대한 잡다한 소리를 의례적으로 주고받다 밤이 깊어졌습니다. 덕산이 객실로 가고자 용담스님 방에서 나오니 캄캄해서 신을 찾을 수 없었습니다.

이에 덕산이 "촛불을 좀 댕겨주면 신을 찾을 수 있겠습니다."라고 하자, 용담스님이 초에 불을 붙여 덕산에게 건넸습니다. 덕산이 촛불을 가지고 신을 찾으려는 순간, 용담스님이 촛불을 확 불어서 껐습니다. 그런데 이게 무슨 일입니까. 촛불을 확 끈 순간, 덕산이 열려 버린 것입니다. 캄캄했던 그것이 촛불에 의해 밝아졌다가 다시 또 캄캄해진 것은 어둠과 밝음의 문제입니다. 덕산은 거기서 순간 깨닫게 된 것입니다.

이에 덕산은 용담스님의 방으로 다시 들어가 큰절을 했습니다. "제가 이런 도리(道理)가 있는 줄은 미처 몰랐습니다." 다음날, 덕산은 짊어지고 다니던 『금강경』 관련 문헌들을 대웅전 앞에서 모두 태웠습니다. 그가 책을 태우기 전, 이런 말을 남겼습니다. "현묘한 변론을 다 해도 마치 넓은 허공에 하나의 털을 둔 것과 같고, 세간의 가장 중요한 것을 다 갖추었다 해도 이는 큰 바다에 물 한 방울을 던지는 것과 같다."[145]

그렇습니다. 세상에서 유통되는 현명한 도리(道理)를 다 공부해 그 이치(理致)를 동네방네 다니면서 대변한다 한들 이는 마치 털끝 하나 머리털 하나를 허공에 던지는 것과 다르지 않습니다. 가령 종정도 지내고, 나라의 최고지도자도 지내고, 온갖 도리를 다 깨친 학자이고, 세상의 중심이 되는 일을 했다고 하더라도 사실 허공에 털 하나 날린 것과 다르지 않고, 바다에 물 한 방울 더 보태는 것과 다르지 않은 것입니다.

그간 덕산이 연구한 『금강경』 관련 문헌들을 따져보니, 겨우 물 한 방울, 털끝 하나에 불과했는데, 한 생각이 열리니, 온 우주와 하나가 된 것입니다. 다시 말해 눈이 열리고 생각이 열리니, 내가 바로 온 우주인 것인데, '털끝 하나를 쥐고 내 거다', '나뭇잎 하나를 보고 내 거다' 이렇게 좁은 소견으로 어리석은 삶을 살았다는 것입니다. 역사에 빛나는 용담스님과 덕산의 큰 만남이 '후학들에게 큰 귀감'이 되고 있습니다.

제18분을 마무리하면서 마음[心]에 관해 다시 한번 생각합니다. 『금강경』 시작부터 수없이 많이 논하지만, 마음은 역시 실체가 없는 '인식의 체계'일 뿐입니다. 즉 부처님께서 말씀하신 과거의 마음은 흘러간 것이

---

145) 『벽암록(碧巖錄)』, 「本則」, 評唱 : 窮諸玄辯, 若一毫置於太虛, 竭世樞機, 似一滴投於巨壑.

고, 현재의 마음도 인식하는 순간 과거가 되는 것이니, 마음이라 할 수 없습니다. 또 오지 않은 것도 마음이라 할 수 없는 만큼 마음은 오직 깨달음을 얻은 사람만이 필설(筆舌)로 전할 수 있다 하겠습니다.

제19분 법계를 두루 교화하다[法界通化分]

| 우리말 |

"수보리여. 그대 생각은 어떤가. 만약 어떤 사람이 삼천대천세계(三千大千世界)[146]를 가득 채운 칠보(七寶)[147]로 보시한다면, 이 사람은 이 인연으로 복을 얻음이 많지 않겠는가." "그렇습니다, 세존이시여. 이 사람은 이 인연으로 복을 얻음이 매우 많습니다." "수보리여. 만약 복덕이 실로 있는 것이라면, 여래는 복덕을 얻음이 많다고 말하지 않을 것이다. 복덕이 없기 때문에 여래는 복덕을 얻음이 많다고 말한 것이다."

---

146) '삼천대천세계(三千大千世界)'는, 수미산(須彌山)을 중심으로 사방에 4개의 큰 대륙이 있고, 그 주위를 큰 철위산(鐵圍山)이 둘러싸고 있는데, 이를 일세계(一世界) 혹은 일사천하(一四天下)라 한다. 이 사천하(四天下)를 1천 개 합한 것이 소천세계(小千世界 : 小千界)이고, 이 소천세계를 다시 1천 개 합한 것이 중천세계(中千世界 : 中千界)이며, 이 중천세계를 다시 1천 개 합한 것을 대천세계(大千世界 : 大千界)라 한다. 따라서 일대천세계(一大千世界)에는 소천(小千)과 중천(中千), 대천(大千) 등 3종의 천(千)이 있으므로 삼천대천세계(三千大千世界)라 하는 것이다.

147) 법화경(法華經)에선 금(金), 은(銀), 자거(硨磲), 마노(瑪瑙), 유리(瑠璃), 매괴(玫瑰), 붉은 진주[赤珠]를 말하고, 무량수경(無量壽經)에선 금(金), 은(銀), 자거(硨磲), 마노(瑪瑙), 유리(瑠璃), 파리(玻璃), 산호(珊瑚)를 말하며, 아미타경(阿彌陀經)에선 금(金), 은(銀), 자거(硨磲), 마노(瑪瑙), 유리(瑠璃), 파리(玻璃), 붉은 진주[赤珠]를 말한다.

須菩提. 於意云何. 若有人, 滿三千大千世界七寶, 以用布施, 是人以是因緣, 得福多不. 如是, 世尊. 此人以是因緣, 得福甚多. 須菩提. 若福德有實, 如來不說得福德多. 以福德無故, 如來說 得福德多.

| 자해 |

만(滿): 가득 채우다. 이용보시(以用布施): 보시에 쓰다, 보시에 사용하다. 심(甚): 심히, 매우. 실(實): 실하다, 알차다.

| 해동 |

여기서 다루는 내용은 제8분과 제11분에서 다룬 말씀과 유사함이 있습니다. 삼천대천세계(三千大千世界)를 가득 채운 칠보(七寶), 즉 물질보시 복덕(物質布施福德)은 이른바 상(相)이 개입된 보시입니다. 따라서 한계가 있는 보시이고, 복덕 역시 한계가 있을 수밖에 없습니다. 따라서 이 복덕으론 '아뇩다라삼먁삼보리'를 얻을 수 없습니다. 이보다는 역시 무주상보시(無住相布施) 복덕을 지어야 '진정한 복덕'인 것입니다.

불교전문 용어로 복지이엄(福智二嚴)이란 말이 있습니다. 범부(凡夫)가 성불하기 위해서는 반드시 지혜가 장엄해야 하고, 복덕이 장엄해야 합니다. 즉 진정한 복덕이 있어야 비로소 지혜를 얻을 수 있다는 말입니다. 부처님은 말씀하십니다. 세간에선 돈 많고 장수하며 자녀 많고 무탈하면 복이 많은 것이라고 좋아합니다. 하지만 과거의 마음도, 현재의 마음도 미래의 마음도 얻을 수 없으니, 모두 쓸모없다고 하십니다.

그렇습니다. 인생은 뜬구름을 잡는 것과 다르지 않습니다. 얻을 수 없다는 것을 알면서도 얻기 위해 돌아보지도 않고 무작정 달리기만 합니다. 태어나면 반드시 죽는다는 것을 알면서도 망각하고 달리기만 합니다. 선(仙)을 배우고 도(道)를 얻어 장생불사(長生不死)하고자 발광(發狂)을 합니다. 어떤 학자는 '인생을 손전등에 비유'합니다. 초기엔 불빛을 밝게 비추지만 시간이 경과될 수록 흐려지다 결국 빛은 사라집니다.

인생이 이런 것임을 안다면 복덕 또한 공허한 것임을 알 수 있습니다. 특히 세간에서 아무리 많은 복덕을 지었다 하더라도 그것은 찰나의 시간에 사라져 버릴 허망한 꽃[空花]에 불과합니다. 부처님이 '복덕이 없기 때문[以福德無故]'이라 말씀하신 이유가 여기에 있습니다. 그렇다면 진정한 복덕은 무엇일까요. 청정무위(淸淨無爲)입니다. 마음속에 잃을 것도 얻을 것도 영예도 모욕도 없습니다. 이는 영원토록 평정합니다.

이는 이른바 상계(上界)의 복덕[148]으로, 곧 청복(淸福)이라 합니다. 청복은 누구나 지니고 있습니다만 일반 사람들은 이를 누릴 줄 모릅니다. 하지만 앞의 제18분에서도 언급했듯 부처님은 일체 사람들의 심리를 다

---

148) 복덕(福德)은 공덕(功德)과 다르다. 공덕은 공을 쌓고, 덕을 누적시키는 것을 말한다. 즉 공부를 통해 조금씩 쌓아가는 것이 공(功)이라면, 이 공력이 어떤 결과물로 나타난 것을 덕(德)이라한다. 그리고 복덕(福德)은 홍복(鴻福)과 청복(淸福)으로 나눈다. 홍복은 세속의 복덕을 말하고, 청복은 세속을 초월한 복덕을 가리킨다.

알고 있습니다. 따라서 불법(佛法)을 배운 사람들은 이 청복을 향유할 수 있어야 합니다. 공성(空性), 즉 자성(自性)의 청정무위를 증득하고, 대지혜를 성취하는 것, 이것을 진정한 복덕이라 할 수 있는 것입니다.

제20분 색과 상을 떠나다[離色離相分]

| 우리말 |

"수보리여. 그대 생각은 어떤가. 부처를 구족색신(具足色身)으로 볼 수 있는가." "아닙니다, 세존이시여. 여래를 응당 '구족색신'으로 볼 수 없습니다. 이유가 무엇인가. 여래께서 말씀하신 '구족색신'은 곧 '구족색신'이 아닌 이름이 '구족색신'이기 때문입니다." "수보리여. 그대 생각은 어떤가. 여래를 구족제상(具足諸相)으로 볼 수 있는가." "아닙니다, 세존이시여. 여래를 응당 '구족제상'으로 볼 수 없습니다. 이유가 무엇인가. 여래께서 말씀하신 '제상구족'은 곧 구족이 아닌, 이름이 '제상구족'이기 때문입니다."

| 구마라집 |

須菩提. 於意云何. 佛可以具足色身見不. 不也, 世尊. 如來不應以具足色身見. 何以故. 如來說具足色身, 卽非具足色身, 是名具足色身. 須菩提. 於意云何. 如來可以具足諸相見不. 不也, 世尊. 如來不應以具足諸相見. 何以故. 如來說諸相具足, 卽非具足, 是名諸相具足.

| 자해 |

어의운하(於意云何): 의역하면, '지니고 있는 생각[意]이 있다면, 어떻게 말할 수 있겠는가.'로 해석할 수 있는데, 이를 줄여, '그대 생각은 어떤가.'로 해석했다. 가이(可以): ~할 수 있다. 구족색신(具足色身): 색신을 족히 갖추다, 색신을 다 갖춘 존재. 구족제상(具足諸相): 모든 상을 족히 갖추다, 모든 상을 다 갖춘 존재.

| 해동 |

『금강경』 상권은 수보리가 제시한 문제와 그에 대한 부처님의 답이 주류였습니다. 이것이 하권에 이르면 주로 부처님께서 직접 말씀하시며, 수보리가 이해하지 못할까 싶어 하나씩 설명을 해주십니다. 『금강경』은 이렇게 시작됩니다. 부처님께서 공양을 마치고 좌선하면서 휴식을 취하고자 하는데 수보리가 문제를 제기합니다. 이에 부처님은 자비심이 발동해 하나씩 설명을 해주십니다. 『금강경』은 이런 경전입니다.

부처님이 말씀하십니다. "수보리여. 그대 생각은 어떤가. 부처를 구족색신(具足色身)으로 볼 수 있는가." 여기서 특이한 것은 여래(如來)라 칭하지 않고, 부처[佛]로 칭한다는 점입니다. 그리고 부처[佛]는 보신(報身), 즉 육신(肉身)을 말합니다. 부처의 보신은 삼십이상(三十二相) 팔십종호(八十種

好)[149]의 뛰어난 점이 있습니다. 참으로 아름답습니다. 아난존자(阿難尊者)
는 부처의 아름다움에 사로잡혀 출가할 정도였습니다.

물론 이 때문에 부처님으로부터 꾸지람을 받았지만, 부처의 아름다움
에 매료되어 출가한 것은 사실입니다. 여하튼 부처는 색신(色身)을 두루
갖추고 있었습니다. 삼십이상(三十二相) 뿐만이 아닌 팔십종호(八十種好)의
좋은 점을 지녔는데, 이는 보통사람에겐 없는 것입니다. 때문에 '색신을
두루 갖추었다'고 한 것입니다. 그럼에도 이는 육신(肉身)일 뿐이지, 법신
(法身)일 순 없습니다. 그래서 이름을 색신이라 한 것입니다.

---

149) '삼십이상(三十二相) 팔십종호(八十種好)'를 가리킨다. 이는 부처가 인간과는 다른 모습
을 하고 있다는 믿음에서 비롯되었다. 이는 부처의 형상에 대한 후세의 설명으로 '깨달은 자
(Buddha)'가 지니는 인간과 다른 32가지의 모습, 80가지의 특징을 말한다. 인간은 갖출 수 없는
부처의 존엄을 상징하는 모습으로, 『대지도론(大智度論)』, 『중아함경(中阿含經)』, 『방광대장엄경(方
廣大莊嚴經)』에 구체적인 내용이 기록되어 있다. '삼십이상과 팔십종호'는 일부 겹치는 부분도 있
으나, 실제론 표현하기 어려운 것도 있어서 불상을 만들 때 그대로 적용되진 않았다. 보편적으
로 쓰인 것은 머리에 높이 솟은 육계(肉髻), 이마의 백호(白毫), 둥글게 말린 머리카락인 나발(螺
髮), 금색으로 빛나는 신체 등이다. 연원과 변천에 관해 좀 더 살펴보면, 불교가 발생한 이후 대
략 500년간 인도(印度)에선 불상이 없었다. 기원전 1세기 무렵부터 인간의 형상으로 불상을 만
들기 시작하면서 인간과는 다른 특징을 가진 부처의 외형을 '삼십이상 팔십종호'로 규정하게
되었다. 이미 열반에 들어 존재하는 자로서의 의미가 없는 부처를 인간의 몸으로 만드는 것은
이전에 없었던 부처의 형상을 창안해야 한다는 점에서 고심할 수밖에 없는 일이었다. 세상에
존재하는 어떤 생물과도 다른 부처란 존재의 철학적 의미를 가시적으로 보여주고, 오랜 수행의
과정을 거쳐 깨달음을 얻은 여래임을 중생들에게 확신시킬 수 있어야 했다. 따라서 인간과 같
은 모습처럼 보이지만, 인간과는 다른 특징인 '삼십이상 팔십종호'를 온전히 갖춘 모습으로 부
처를 만들었다는 점에서 '삼십이상 팔십종호'는 부처의 형상에 대한 규정이자 약속이라 할 수
있다. 최초의 불상인 석가모니는 응신(應身)으로, 그 몸은 본체인 불타(佛陀)의 세속적인 표현에
해당하고, 깨달음의 본체인 법신(法身)은 응신과 보신(報身)을 통해 나타난다. 그러므로 '삼십이
상 팔십종호'를 지닌 석가모니는 인간의 조건으로서 가능한 최고로 완벽하고, 가장 이상적인
인간으로 제시된 불신(佛身)이라 할 수 있다. 이렇게 해서 점차 다양한 불상을 만들게 되면서 '삼
십이상 팔십종호'는 석가모니만이 아닌 모든 부처가 지니는 특징적인 형상으로 자리를 잡았다.

그리고 여기서 논하는 말씀은 외형으로 드러난 구족색신(具足色身)으로, 진정한 부처를 보았다고 할 순 없습니다.[150] 즉 육안으로 볼 수 있는 부처님 상은 한낱 상에 불과한 것일 뿐 법이 될 순 없습니다. 그러므로 상에 집착해선 안 된다는 말씀입니다. 부처님이 수보리에게 상(相)으로 볼 수 있는지를 묻자, 수보리는 볼 수 없다고 답합니다. 이는 『금강경』 전체에서도 논하는 것이지만 상에 집착해선 결코 안 되는 것입니다.

진정한 부처는 역시 법신(法身)입니다. 이를 보아야 합니다. 그렇다면 법신은 무엇일까요. 일체의 상(相)이 없는 것을 말합니다. 일체의 상이 없다는 것은 경계도 없다는 말입니다. 만일 상이나 경계가 존재한다면 어떻게 해석할 수 있을까요. 이는 집착에서 벗어나지 못했다는 반증입니다. 명심견성(明心見性) 할 수 없는 것입니다. 즉 일체의 상이 공(空)이 되어야 비로소 명심견성 할 수 있으며, 부처를 볼 수 있습니다.

이와 관련된 게송(偈頌) 하나를 소개합니다. 일토횡신당고로(一兎橫身當古路), 창응재견변생금(蒼鷹纔見便生擒). 후래엽태무영성(後來獵太無靈性), 공향고춘구처심(空向枯椿舊處尋). 풀어보면 이렇습니다. '토끼 한 마리 옛길에 누워 있노라니, 보라매 갓 보자마자 낚아챈다. 뒤늦게 온 사냥개 어떤 영성도 없어, 결국 마른 나무를 향해 옛 자리만 찾는구나.' 이 게송의 함의

---

150) 겉모습으론 진실을 볼 수 없다. 불상(佛像)도 예외가 아니다. 그것이 아무리 크고 화려하고 아름다워도 그것으로 부처라 할 순 없는 것이다. 말하자면 외형에서 진리를 찾을 수 없듯, 상(相)에서도 찾을 수 없긴 마찬가지다.

는, 물질세계의 상(相)에 집착하지 말라는 것입니다.

이 게송을 잠시 의역해 볼까요. 토끼 한 마리가 옛길에 누워 있습니다. 창공을 날던 보라매가 이 토끼를 발견합니다. 그리고는 지체 없이 내려가 낚아챕니다. 뒤늦게 온 사냥개는 어떤 영성(靈性)도 없어, 코만 벌름거리며 토끼를 찾습니다. 결국 말라비틀어진 나무 사이를 향해 옛 자리만 찾아다닙니다. 이는 선종(禪宗)에서 강조하는 '집착을 버리고, 깨달음을 향한 새로운 방식으로 나아가라'는 교훈을 담고 있습니다.

즉 과거의 경험이나 방법에 의존하지 말고, 진정한 깨달음과 영성을 얻기 위해선 새로운 길을 찾아야 한다는 메시지입니다. 이 게송의 유래를 보겠습니다. 설두선사(雪竇禪師)[151]가 전객(典客), 즉 손님의 접대를 맡은 소임으로 있을 때입니다. 어느 날, 한 스님과 밤을 지새우면서 고금(古今)의 일들을 이야기하다 조주(趙州)선사의 '뜰 앞의 잣나무' 화두를 놓고 논쟁을 벌이는데, 행자 하나가 곁에 서 있다가 비웃고 나갑니다.

객승이 물러나자 설두선사는 행자를 불러 따졌습니다. "손님과 화두를

---

151) '설두중현(雪竇重顯 : 980~1052)'은, 11세기 당(唐)이 무너지고, 송(宋)이 천하를 통일하면서 불교적 가치는 쇠퇴하고 유교(儒敎)가 각광을 받던 때 활동하던 선사(禪師)다. 어려선 유교 공부를 했고, 특히 시적(詩的) 재능이 많아 주목을 받은 인물이다. 23세에 익주(益州) 보광원(普光院)으로 출가한 후, 운문종(雲門宗)의 삼대조(三代祖)인 지문(智門) 광조(光祚) 문하에서 수행했다. 어느 날, 설두는 스승에게 "한 생각도 내지 않을 때의 허물은 무엇입니까."라고 물었는데, 스승은 들고 있던 불자(拂子)로 얼굴을 후려쳤다. 이에 다시 질문을 하려는 순간, 스승은 또다시 들고 있던 불자로 내리쳤는데, 그때 깨달음을 얻었다고 한다. 이후 설두는 절강성(浙江省) 명주(明州)의 설두산(雪竇山)에 있는 자성사(資聖寺)에 머무는 30여 년간 독특한 선풍(禪風)으로 70여 명의 제자를 길러냈다.

들어 논쟁하고 있는데, 감히 그렇게 비웃어도 되는 것인가." 이에 행자는 답합니다. "전객에게 고금을 논할 말재주는 있으나, 고금을 논할 만한 안목은 없기에 감히 웃었습니다." "그렇다면 그대는 조주선사의 뜻을 어떻게 이해할 수 있는가." 이에 행자는 위의 게송으로 답했던 것입니다. 설두선사는 크게 놀라 마침내 그와 도반(道伴)이 되었습니다.

설두선사는 선종(禪宗)의 대사입니다. 하지만 선을 배우는 사람들을 꾸짖으면서 가르침을 줍니다. 화두(話頭)니, 공안(公案)이니 하는 것들을 붙들고 있는 것은 마치 사냥개가 어떤 영성(靈性)도 없어, 코만 벌름거리며 토끼를 찾아다니는 것과 다름이 없다는 것입니다. 큰 지혜를 터득한 사람은 창공의 보라매처럼 바로 토끼를 채갈 뿐입니다. 이 경계가 바로 공(空)입니다. '공(空)을 찾기 위해' 굳이 헤맬 필요 없습니다.

제21분 설법이 아닌 설법[非說所說分]

| 우리말 |

"수보리여. 그대는 여래가 이런 생각을 하되, 내 마땅히 설법한 것이 있다고 이르지 말라. 이런 생각을 하지 말라. 이유가 무엇인가. 만약 어떤 사람이 여래가 설법한 것이 있다고 말한다면, 곧 부처를 비방하는 것으로, 능히 내가 말한 것을 이해하지 못했기 때문이다. 수보리여. 설법이란 설법이 없음을 말하는 것이니, 이름을 설법이라 한다." 그때 혜명(慧命)[152] 수보리가 부처께 여쭈었다. "세존이시여. 미래의 많은 중생들이 이 설법을 듣고 신심(信心)이 생기겠습니까." 부처께서 말씀하셨다. "수보리여. 그들은 중생이 아니요, 중생이 아닌 것도 아니다. 이유가 무엇인가, 수보리여. 중생 중생 하는 것을 여래가 중생이 아니라 말하는 것은 이름이 중생이기 때문이다."

| 구마라집 |

須菩提. 汝勿謂如來作是念, 我當有所說法. 莫作是念. 何以故. 若人言, 如

---

152) '혜명(慧命)'은, '여래의 혜명(慧命)을 짊어졌다'는 의미로, 즉 부처님 제자들 가운데 수보리는 반야 공성(空性)의 증득에서 제1인자로 불렸기 때문에 구마라집이 의도적으로 이런 접두어를 넣은 것으로 보인다.

來有所說法, 即爲謗佛, 不能解我所說故. 須菩提. 說法者, 無法可說, 是名說法. 爾時, 慧命須菩提, 白佛言. 世尊. 頗有衆生, 於未來世, 聞說是法, 生信心不. 佛言. 須菩提. 彼非衆生, 非不衆生. 何以故, 須菩提. 衆生衆生者, 如來說非衆生, 是名衆生.

| 자해 |

여(汝): 너, 그대. 작시념(作是念): 이런 생각을 하다, 이런 생각을 갖다. 하이고(何以故): '연고가 무엇인가.' 혹은 '왜 그런가.'로 해석할 수도 있으나, 여기선 '이유가 무엇인가.'로 해석했다. 방(謗): 비방하다. 무법가설(無法可說): 설법이 없음을 설하다, 설법이 없음을 말하다. 이시(爾時): 그때. 백불언(白佛言): 여기서 '백(白)'은 '말하다' 혹은 '말씀하다'라는 뜻으로, '언(言)'과 함께 쓰며, 즉 부처님의 말씀을 강조할 때 쓰는 일종의 관형어다. 파(頗): '약간', '조금'으로 해석하기도 하지만, 여기선 숫자가 적지 않다는 차원에서 '많은 중생들'로 해석했다.

| 해동 |

주지하듯 부처님은 35세에 대각(大覺)을 한 후, 80세에 열반에 들 때까지 무려 45년 동안이나 설법을 했습니다. 그런데 이를 단박에 부인합니다. "내 마땅히 설법한 것이 있다고 이르지 말라. 만약 어떤 사람이 여래가 설법한 것이 있다고 말한다면, 곧 부처를 비방하는 것으로, 능히 내가 말한 것을 이해하지 못했기 때문이다."라고 합니다. 그럼 그 긴 세월 동안 염불을 하고, '지관을 닦고, 계정혜를 닦은 것'은 무엇일까요.

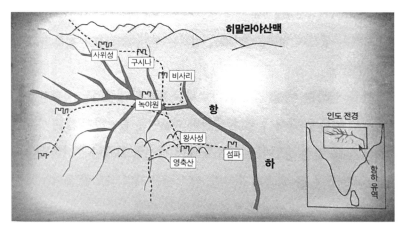

부처님께서 설법한 주요 지역

이는 부처님께서 무위법(無爲法)을 말씀하신 것입니다. 가령 설법은 불법(佛法)을 아는 사람이 모르는 사람에게 필설(筆舌)로 전해주는 것을 가리킵니다. 앞에서 수보리에게 설법한 것이 없다고 언급하면서 단지 이름이 설법일 뿐이라 한 것도 같은 맥락입니다. 다시 말해 그 긴 세월동안 염불(念佛)을 하고, 지관(止觀)을 닦고, 계정혜(戒定慧)를 닦은 것은, 부처님께서 창안한 것이 아닌 '존재하는 것을 일렀다는 것'입니다.

즉 불법(佛法)은 우주만물의 본질(本質)로, '본래 존재하는 것'이란 뜻입니다. 부처님은 본래 존재하는 것을 중생들에게 일러준 것에 불과하기 때문에, 수없이 많은 설법을 했음에도 설법을 한 것이 없다고 말씀하는 것입니다. 말하자면 근본으로 돌아가면 결코 설법한 것이 없다는 말씀입니다. 그렇습니다. 부처님께서는 이른바 '진리의 길[彼岸]'을 중생들에게 일러주신 분입니다. 물론 따를지 여부는 '중생들의 몫'입니다.

이와 맥락이 비슷한 것으로, 『논어(論語)』에 술이부작(述而不作)이란 말이 있습니다. 공자가 자신의 저술이 옛일을 따라 기록했을 뿐 스스로 창작한 것은 아니라고 한 것입니다. 사실 이 말씀을 겸사로 보는 의견도 있습니다만, 공자는 자신이 옛 문화를 계승한 사람이라 생각하여 이렇게 말한 것입니다. 즉 부처님이 우주만물을 본질(本質)로 보는 것이나, 공자가 옛 문화를 본질(本質)로 보는 것이 다르지 않은 것입니다.

다시 말하면 궁극적으로 참 진리는 스스로 깨달음을 얻어야 합니다. 가령 말[馬]을 물가로 끌고 갈 수는 있어도 억지로 물을 마시게 할 순 없다.'라는 격언이나, 소크라테스는 교육 방법의 하나인 '산파술(産婆術)'에서 말하길, "산파는 산모가 아이를 낳을 때 옆에서 도와주는 역할만 하는 것이지, 출산이 더디다고 산모 대신 아이를 낳아줄 순 없다. 고통이 크더라도 아이는 산모 자신의 힘으로 낳아야만 한다."고 했습니다.

깨달음도 마찬가지입니다. 앞서간 누군가로부터 배워야 합니다. 하지만 일정한 정도를 넘어서기 위해선 결국 스스로 깨달음을 얻어야 합니다. 불법(佛法)도 다르지 않습니다. 초기엔 선지식(善知識)을 통해 알아가지만, 궁극적으로 '아뇩다라삼먁삼보리'를 얻기 위해선 스스로 깨쳐야 합니다. 그러나 지금 여기서 논하는 것을 따져보면 보고 듣고 느낀 것을 토대로 말하고 있습니다. 즉 경계를 벗어나지 못하고 있습니다.

마찬가집니다. 사람들이 보고 듣고 느낀 것이 천차만별이듯 부처님 말씀도 얼마든지 다를 수 있습니다. 하지만 이를 무위법(無爲法)으로 본다면, 결국 스스로 깨치고 요달(了達)해야 명확하게 알 수 있는 것입니다. 때문에 부처님은 법을 전할 때 반드시 중생의 근기(根機)에 따라 다르게 적용한 것입니다. 부처님이 "설법이란 설법이 없음을 말하는 것이니, 이름을 설법이라 한다."[153]고 한 것 또한 이 같은 이유 때문입니다.

여기서 이심전심(以心傳心)의 주인공인 가섭존자(迦葉尊者)를 살짝 보겠습니다. 주지하듯 이심전심(以心傳心)은 '마음에서 마음으로 전한다'는 뜻으로, 말보단 직관이나 본질적인 이해를 통해 진리를 전하는 개념입니다. 가섭존자는 부처님의 제자들 가운데 중요 인물로, 부처님의 가르침에 있어 중추적인 역할을 했습니다. 여기서 '이심전심'은 부처님이 제자들에게 전하는 교리(敎理)나 지식을 전달하는 방식에서 나옵니다.

어느 날, 부처님이 영산(靈山)에서 설법을 했습니다. 한참이나 특별한 말씀 없이 계시다 꽃 한 송이를 들어 보였습니다. 다들 무슨 일인가 싶어 조용히 있는데, 그 순간 가섭존자는 그 의미를 단박에 알아차렸습니다. 여기서 가섭존자는 부처님의 교리를 '말이 아닌 마음으로' 이해하며, 부처님과의 깊은 내적 소통을 이룬 것입니다. 이후부터 가섭존자는 부처님의 진리를 전달하는 '중요한 인물'로 떠오르게 됩니다.

'이심전심'은 불교의 깨달음이 단순한 언어나 이론을 넘어, 직접적인

---

153) 언어에 대한 이치를 논함에 있어, 말에만 의존할 경우 자칫 오해가 생길 수 있다. 따라서 부처님은 중생들로 하여금 상(相)에 집착하지 않도록 했고, 스스로의 말에 집착하지 않도록 한 것이다.

경험과 직관을 통해 전달될 수 있음을 상징합니다. 부처님과 가섭존자의 관계에서 보듯, 진리의 전달은 말로만 이뤄지는 것이 아닌, 마음과 마음으로 교감하며 이뤄진다는 메시지를 담고 있습니다. 이런 교훈은 후에 선종(禪宗)에서 강조되었고, 선종의 핵심 개념인 불립문자(不立文字), 교외별전(敎外別傳), 견성성불(見性成佛) 등이 자리 잡았습니다.[154]

이처럼 깨달음을 얻은 제자를 만나면 마음에서 마음으로 소통이 됩니다. 그래선지 호칭도 수보리 앞에 혜명(慧命)이란 수식어가 생겼습니다. 아마도 구마라집이 번역하면서 의도적으로 추가한 것으로 보입니다만 수준이 높아지면 이처럼 호칭도 변화가 됩니다. 이는 우리네 세속의 정서에서도 충분히 공감할 수 있는 내용입니다. 그리고 수보리는 미래의 중생들이 부처님의 법문을 듣고 신심을 낼 수 있느냐고 여쭙니다.

이에 부처님은 "그들은 중생이 아니요, 중생이 아닌 것도 아니다. 이유가 무엇인가, 수보리여. 중생 중생 하는 것을 여래가 중생이 아니라 말하는 것은 이름이 중생이기 때문이다."라고 하십니다. 여기서 중생(衆生)은

---

154) 선종(禪宗)의 핵심 개념을 살펴보자. 우선, '불립문자(不立文字)'는 '문자를 세우지 않는다'는 뜻으로, 부처님의 가르침이나 깨달음의 본질은 언어와 문자를 통해 전달되기 어렵고, 오직 직관적이고 체험적인 방법으로 전수된다고 강조한다. 그리고 '교외별전(敎外別傳)'은 '교리 외의 다른 방법으로 전한다'는 뜻으로, 각자의 마음속에서 직접적으로 체험하고 깨닫는 방식으로 전달되는 것을 가리킨다. 또 '직지인심(直指人心)'은, '사람의 마음을 바로 가리킨다'는 뜻으로, 가령 부처님이 꽃을 들어 보였을 때, 방긋 웃는 것, 이것이 직지인심의 예다. 마지막으로 '견성성불(見性成佛)'은, '본성을 보면 부처가 된다'는 뜻으로, 선종에서 가장 중요한 개념 중 하나로, 일체 중생이 본래 부처의 성품을 지니고 있다는 것을 가리킨다. 여기서 '성(性)'은 본래의 순수한 마음이나 본성, 즉 불성(佛性)이며, 이 본성을 보는 순간 부처가 된다는 의미이다. 이와 같은 4가지 개념은, 선종에서 중시하는 깨달음의 방식과 진리 전달의 방법을 보여준다.

누차 언급했지만 사상(四相)에서 벗어나지 못한 이들을 가리키고, 중생이 아니라 한 것은 불성(佛性)을 지니고 있는 존재로, 이를 인식하여 깨침을 얻으면 곧 중생으로 불릴 이유가 없음을 가리키는 것입니다.

말하자면 중생이 깨치면 곧 부처란 말이고, 부처가 되었다는 것은, 다시 중생이란 말이 필요 없는 것과 같은 이치입니다. 따라서 부처가 되기 위해 더는 애를 쓰거나 할 이유가 없습니다. 조금 더 확장해서 논하면 중생이란 이름에 불과한 것이니, 깨달음을 얻지 못해 불리면 중생이 되는 것이고, 깨달음을 얻으면 더는 중생이 아니란 점에서 극단적으로 논하면 중생이 부처요, 부처가 중생이란 말도 할 수 있다 하겠습니다.

이런 논리를 유교철학자인 고정림(顧亭林)의 흥미로운 해석을 보면, 이해가 좀 더 빠를 수 있어 소개합니다. 여기 두 개의 통이 있습니다. 하나는 텅 비어있고, 하나는 물이 가득 차 있습니다. 가득 차 있는 물을 텅 비어 있는 통에다 물을 옮기면 어떻겠습니까. 물의 내용은 같다는 것입니다. 마찬가지로 법(法)이란 것도, 법을 지니고 있는 사람이 법을 지니지 않은 사람에게 전하더라도 결국 '그 법이 그 법'이란 것입니다.

이는 얼핏 뜻이 통하지 않을 수 있으나, 잘 음미하면 의미를 찾을 수 있습니다. 수보리의 신심(信心)에 대한 물음에 직접적인 답을 하기보단 이름뿐인 중생(衆生)을 언급하며 깨달음의 메시지를 전하는 것입니다. 주지하듯 중생은 무엇이라 특정할 수 없는, 즉 관념으로만 존재하는 것입니다. 부처님의 가르침을 깨닫고, 가르침을 그대로 행한다면 자신도 모르는 사이 '아뇩다라삼먁삼보리'의 삶 속에서 호흡할 것입니다.

중국의 남북조 시대 때 도생(道生)이란 스님이 있었습니다. 이 스님은 일천제(一闡提)[155]와 같은 사람도 성불(成佛)할 수 있다고 주장하여 반향을 크게 불러일으킨 스님입니다. 도생은 뛰어난 법사였습니다. 특히 『열반경(涅槃經)』에 능통했습니다. 어느 날, 그는 일천제(一闡提) 부류도 '성불할 수 있다'고 주장하는 논문을 한 편 냈습니다.[156] 이 소식이 전국으로 퍼지자 난리가 났습니다. 법사들이 도생을 죽이고자 한 것입니다.

하지만 도생이 어리고 문장이 뛰어남을 감안해 강남으로 추방하는 것으로 했습니다. 당시는 불법(佛法)이 양자강(揚子江) 이북에만 유행했기 때문입니다. 이에 도생은 강남에 띠집을 짓고 살면서 '일체중생 실유불성(一切衆生 悉有佛性)', 즉 일체중생은 모두 성불(成佛)할 수 있다고 한 것입니다. 하지만 도생의 말을 믿는 사람은 없었습니다. 상황이 이렇게 되자, 그는 돌과 나무를 대상으로 설했습니다. 그리고 물었습니다.

"나는 일천제(一闡提)라도 최후엔 성불할 수 있음을 믿는다. 너희들은 어떻게 생각하는가."라고 하자, 기이한 일이 벌어졌습니다. 앞에 서 있던 바위들이 고개를 끄덕였던 것입니다. 이것이 이른바 '도생의 설법에 바위

---

155) '일천제(一闡提)'는, 영구히 깨달음을 얻을 수 없는 무리를 가리킨다. 즉 부모를 죽이거나 부처나 나한(羅漢)을 죽여 그 죄업으로 무간지옥(無間地獄)에 떨어진 이들을 말한다.
156) 도생(道生)이란 스님이 이런 주장을 하게 된 배경은 아마도 사례를 통해 형성된 것으로 추측된다. 가령 앙굴리마라(Angulimala)는 사람을 99명이나 살해한 악마와도 같았지만, 부처님을 친견한 후 제자는 물론 크게 깨친 인물이었다. 도생이 일천제(一闡提)라도 성불할 수 있다고 믿은 이유로 보인다.

가 끄덕인다[生公說法 頑石點頭]'는 고사가 만들어진 이유입니다. 그리고 역설이지만 천제굴(闡提窟)이란 말도 있습니다. '부처가 될 수 없는 이의 굴'이지만, 성불할 수 있는 긍정의 가르침이 있습니다.

부처님은 『능엄경(楞嚴經)』에서 이렇게 말했습니다. "달[月]이 어디에 있느냐고 물으면, 사람들은 손가락으로 달을 가리키며 달이 저기 있다고 한다. 여기서 손가락을 쳐다보면 안 되고 달을 봐야 한다. 손가락을 보면 달을 볼 수 없으니 아무 소용이 없다. 손가락은 달이 아니다." 부처님이 말씀하신 법(法)은 달이지, 손가락이 아닙니다. 손가락이 아닌 달을 볼 수 있다면 더 이상 '가리킬 필요가 없는 이유'라 하겠습니다.

제22분 얻을 수 없는 법[無法可得分]

| 우리말 |

수보리가 부처께 여쭈었다. "세존이시여. 부처께서 '아뇩다라삼먁삼보리'를 얻은 것은 얻은 바가 없는 것입니까." 부처께서 말씀하셨다. "그렇다. 바로 그렇다. 수보리여. 나는 '아뇩다라삼먁삼보리' 내지는 조그마한 법도 얻은 것이 없다. 이는 이름이 '아뇩다라삼먁삼보리'이다."

| 구마라집 |

須菩提, 白佛言. 世尊. 佛得阿耨多羅三藐三菩提, 爲無所得耶. 佛言. 如是如是. 須菩提. 我於阿耨多羅三藐三菩提, 乃至無有少法可得. 是名阿耨多羅三藐三菩提.

| 자해 |

백불언(白佛言): 여기서 '백(白)'은 '말하다' 혹은 '말씀하다'라는 뜻으로, '언(言)'과 함께 쓰며, 즉 부처님의 말씀을 강조할 때 쓰는 일종의 관형어다. 야(耶): 어조사로, 의문의 뜻을 나타낸다. 똑같이 의문을 나타내는 호(乎)와는 약간 다른데, 가령 야(耶)가 추측의 어기를 나타낸다면, 호(乎)는 솔직하고 단정을 하는 어기이다. 내지(乃至): '얼마에서 얼마까지'의 뜻을 나타내는 말. 소(少): 적다, 조그마하다.

| 해동 |

불법(佛法)의 본질을 논함에 있어선 사실 말과 글로는 전할 수 없습니다. 가령 에베레스트를 등정하기 위해선 먼저 다녀온 이들의 방법을 참고하는 것이 좋습니다. 하지만 이들의 말과 글로는 한계가 존재할 수밖에 없습니다. 방법을 배우고, 현장에 알맞은 의식과 행동이 일치할 때 등정에 성공할 수 있습니다. 즉 시시각각 변화하는 현장의 환경을 적응하는 것은, 온전히 '스스로의 지혜와 결단[수행]'에 달려 있습니다.

'아뇩다라삼먁삼보리'도 마찬가지입니다. 일정한 방법을 통해 수행하는 것은 말할 것도 없지만 궁극적으론 스스로의 지혜와 수행에 따라 얻을 수 있는 것입니다. 물론 수준에 도달하면 '아뇩다라삼먁삼보리'를 얻었다는 의식 자체도 없을 것입니다. 이 정도가 되면 법(法)이 있다, 없다, 크다, 적다를 논할 이유조차 없습니다. 즉 말과 글 등이 의식에서 완전히 벗어났기 때문에 '어떤 방법론이나 상(相)'이 존재하지 않습니다.

이는 마치 육조 혜능(惠能) 선사가 깨달았다는 것과 유사합니다. "본래 한 물건도 없는데, 어느 곳에 먼지가 붙겠는가."[157] 이처럼 본래적인 곳에

---

157) 보리[깨달음]는 본래 나무가 없고[菩提本無樹] 밝은 거울 역시 대(臺)가 아니다[明鏡亦非臺]. 본래 한 물건도 없는데[本來無一物] 어느 곳에 먼지가 붙겠는가[何處惹塵埃]. 참고로 선종(禪宗)에서 『금강경』의 지위는 4조인 도신(道信) 때부터 『능가경(楞伽經)』의 지위를 점차 대신했다. 그러다 혜능에 이르러 본격적인 변화가 발생했다. 혜능은 금강반야사상에 의거해 선종의

선 얻을 것이 아무것도 없습니다. 만일 조금의 법(法)이나 공(空)을 얻었다는 의식이 존재한다면 이것은 상(相)에 걸려 있다는 반증입니다. 부처님께서 "조금의 법(法)도 얻은 것이 없다." 그저 "'아뇩다라삼먁삼보리'는 이름일 뿐"이라 말씀하신 이유도 여기에 있다 하겠습니다.

수증(修證)에 완전한 체계를 세워 승려(僧侶)가 계율을 지키며 수행하던 것을 실생활에서 실천하는 것으로 전환한 것이다.

제23분 청정한 마음으로 선을 행하다[淨心行善分]

| 우리말 |

"다음으로, 수보리여. 이 법(法)은 평등해 높고 낮음이 없으니, 이것을 일러 '아뇩다라삼먁삼보리'라 한다. 무아(無我), 무인(無人), 무중생(無衆生), 무수자(無壽者)로, 일체의 선법(善法)을 닦으면 곧 '아뇩다라삼먁삼보리'를 얻는다.[158] 수보리여. 이른바 선법(善法)을 여래는 선법이 아니라 말하니, 이는 이름이 선법이다."

| 구마라집 |

復次, 須菩提. 是法平等, 無有高下, 是名阿耨多羅三藐三菩提. 以無我, 無人, 無衆生, 無壽者, 修一切善法, 卽得阿耨多羅三藐三菩提. 須菩提. 所言善法者, 如來說卽非善法, 是名善法.

---

158) 『금강경』엔 사구게(四句偈)가 여러 곳에 나온다. 여기 이 말씀도 사구게의 하나다. "이 법(法)은 평등해 높고 낮음이 없으니, 이것을 일러 '아뇩다라삼먁삼보리'라 한다. 무아(無我), 무인(無人), 무중생(無衆生), 무수자(無壽者)로, 일체의 선법(善法)을 닦으면 곧 '아뇩다라삼먁삼보리'를 얻는다.[是法平等, 無有高下, 是名阿耨多羅三藐三菩提. 以無我, 無人, 無衆生, 無壽者, 修一切善法, 卽得阿耨多羅三藐三菩提.]"

| 자해 |

부차(復次): 다시, 거듭해서, 다음 차수. 소언(所言): 소위(所謂)와 통용, 이른바.

| 해동 |

사상(四相)을 일러줍니다. 수준이 높아지면 '사상이란 의식에서 벗어나야' 합니다. '아뇩다라삼먁삼보리'를 일러줍니다. 수준이 높아지면 이 또한 '의식에서 벗어나야' 합니다. 이제 선법(善法)입니다. 수준이 높아지면 선법은 이름에 불과하게 됩니다. 그렇다면 부처님은 왜 이런 식으로 일러주는 것일까요. 중생(衆生)들의 수준에 맞추는 것입니다. 부처님은 수보리에게 이릅니다. 진정한 불법(佛法)은 평등하다고 말합니다.

그리고 높고 낮음이 없다고 일러줍니다. 즉 평등하기 때문에 높고 낮음이 없는 것입니다. 가령 사람은 누구나 수준이 비슷하기 때문에 중생에서 벗어나기 위해선 반드시 수행이란 과정을 거쳐야 합니다. 물론 수행의 과정을 빠르게 마치는 이들이 있는가 하면, 느리게 마치는 이들도 존재합니다. 그럼에도 수행을 생략할 수 없는 것은 동일합니다. 즉 평등한 것입니다. 마찬가지로 한번 깨치고 난 세계는 다 평등합니다.

깨치고 난 세계, 즉 '아뇩다라삼먁삼보리'를 얻은 곳에선 성현(聖賢)이나 범부(凡夫) 등 출신을 따지거나 따질 이유가 없습니다. 그 어떤 차별도 존재하지 않습니다. 절대 평등한 곳으로, 절대 자유가 완벽하게 보장되는 곳입니다. 이 '아뇩다라삼먁삼보리'의 세계를 다른 말로는 '피안(彼岸)의 세계'라 합니다. 따라서 피안의 세계에 도달해야 함은, 궁극의 목표가 아닐 수 없습니다. 수행이 반드시 필요한 이유라 하겠습니다.

부처님 말씀대로 여러 수행방법 가운데 하나가 바로 선법(善法)입니다. 선법을 행하는 방법은 다양합니다. 법문(法門)도 좋고, 염불(念佛)도 좋으며, 선정(禪定)도 좋고, 지관(止觀)도 좋습니다. 화엄(華嚴)의 경계에서 보면 모든 것이 평등합니다. 평등하기 때문에 높고 낮음이 없는 것입니다. 성현(聖賢)이나 범부(凡夫)나 모두 부처님의 법(法)을 기초로 한다는 점에서 더욱 그렇습니다. 여기선 어떤 차별도 존재하지 않습니다.

이제 목표는 확실해졌습니다. 수행을 통해 '아뇩다라삼먁삼보리'의 세계, 즉 '피안의 세계'에 도달하면 되는 것입니다. 이 피안의 세계를 우리의 삶에서 보면 제14분에서도 일부 언급이 있었습니다만, 맹자(孟子)의 적자지심(赤子之心)으로 돌리는 것과 다르지 않다고 봅니다. 좀 더 완화하면, 영·유아 단계의 어린아이 세계가 피안의 세계와 다르지 않은 것입니다. 이들의 세계는 자유와 평등이 보장된 세계이기 때문입니다.

이런 '피안의 세계'에서 성장한 아이들이 오욕(五欲)과 탐진치(貪瞋癡)로 인해 청정(清淨)했던 마음이 혼탁(混濁)한 마음으로 살게 되는 것입니다. 이를 인식하면 이미 차안(此岸)의 세계이고, 중생의 삶으로 사는 자신을 보게 되는 것입니다. 다시 어린아이들의 세계, 즉 '피안의 세계'로 돌아가기 위해선 좋든 싫든 혼탁해진 마음을 자각하고, 이를 하나씩 제거해야 합니다. 이를 위해 강조한 것이 바로 선법(善法)입니다.

선법을 행하는 것은, 이른바 '마음먹기'에 달려 있습니다. 중생의 마음으로 살면 중생의 삶이 되고, 부처의 마음으로 살면 부처의 삶이 되는 것입니다. 일체유심조(一切唯心造)로 유명한 『화엄경』에 여러 사구게(四句偈) 중 하나를 소개합니다. "마음은 화가와 같아, 모든 세간을 다 그려내네. 오온(五蘊)은 다 마음 따라 나온 것이니, 어떤 법이든 짓지 못하는 일이 없네.[心如工畵師, 能畵諸世間. 五蘊悉從生, 無法而不造.]"

제24분 비교할 수 없는 복과 지혜[福智無比分]

| 우리말 |

"수보리여. 만약 삼천대천세계(三千大千世界)[159] 가운데 모든 수미산(須彌山)[160]의 왕만큼 칠보(七寶)[161] 등을 쌓아 놓고 어떤 사람이 보시하더라도, 만약 다른 사람이 이 반야바라밀경 내지 사구게(四句偈) 등을 수지하고 독

---

[159] '삼천대천세계(三千大千世界)'는, 수미산(須彌山)을 중심으로 사방에 4개의 큰 대륙이 있고, 그 주위를 큰 철위산(鐵圍山)이 둘러싸고 있는데, 이를 일세계(一世界) 혹은 일사천하(一四天下)라 한다. 이 사천하(四天下)를 1천 개 합한 것이 소천세계(小千世界 : 小千界)이고, 이 소천세계를 다시 1천 개 합한 것이 중천세계(中千世界 : 中千界)이며, 이 중천세계를 다시 1천 개 합한 것을 대천세계(大千世界 : 大千界)라 한다. 따라서 일대천세계(一大千世界)에는 소천(小千)과 중천(中千), 대천(大千) 등 3종의 천(千)이 있으므로 삼천대천세계(三千大千世界)라 하는 것이다.

[160] '수미산(須彌山)'은, 상상(想像)의 산으로, 불교 우주관에서 세상의 중심에 있는 산을 의미한다. 꼭대기엔 제석천이, 중턱엔 사천왕이 살고 있으며, 그 높이는 물 위로 팔만 유순이고, 물속으로 팔만 유순이며, 가로의 길이도 이와 같다고 한다. 북쪽은 황금, 동쪽은 은, 남쪽은 유리, 서쪽은 파리(玻璃)로 되어 있고, 해와 달이 그 주위를 돌며 보광(寶光)을 반영하여 사방의 허공을 비추고 있다. 산 주위에 칠금산이 둘러섰고, 수미산과 칠금산 사이에 칠해(七海)가 있으며, 칠금산 밖에는 함해(鹹海)가 있고, 함해 속에 사대주가 있으며, 함해 건너엔 철위산이 둘러 있다. 한편 '수미산'은, 깨달음의 세계와 부처님의 가르침을 상징하는 존재이기도 하다. 즉 '크고 작은 것', '실체와 비실체'를 설명할 때 사용되는 것이다. 가령 부처님께서 수미산을 언급하며 '몸'이나 '자아'와 같은 물리적 존재도 실제론 '고정된 실체가 아닌, 비어 있다'는 가르침을 전달하는 경우가 이것이다.

[161] 법화경(法華經)에선 금(金), 은(銀), 자거(硨磲), 마노(瑪瑙), 유리(瑠璃), 매괴(玫瑰), 붉은 진주[赤珠]를 말하고, 무량수경(無量壽經)에선 금(金), 은(銀), 자거(硨磲), 마노(瑪瑙), 유리(瑠璃), 파리(玻璃), 산호(珊瑚)를 말하며, 아미타경(阿彌陀經)에선 금(金), 은(銀), 자거(硨磲), 마노(瑪瑙), 유리(瑠璃), 파리(玻璃), 붉은 진주[赤珠]를 말한다.

송하여 다른 사람에게 말해준다면, 앞의 복덕(福德)[162]은 백분의 일, 백천만억 분의 일 내지는 산술적 비유로도 미치지 못할 것이다."

| 구마라집 |

須菩提. 若三千大千世界中, 所有諸須彌山王, 如是等七寶聚, 有人持用布施, 若人以此般若波羅蜜經, 乃至四句偈等, 受持讀誦, 爲他人說, 於前福德, 百分不及一, 百千萬億分, 乃至算數譬喩, 所不能及.

| 자해 |

제(諸): 모두, 모든. 이(以): '~로써'라는 뜻의 조사. 내지(乃至): '얼마에서 얼마까지'의 뜻을 나타내는 말. 수지(受持): 깨우쳐 지니다. 독송(讀誦): 소리 내 읽거나 외우는 것. 비유(譬喩): 비유하다.

| 해동 |

이와 유사한 사례가 수차례 언급된 바 있습니다. 여기선 비교할 수 없는 복[福德]과 지혜(智慧)를 논합니다. 즉 복덕과 지혜는 모두가 평등한 청복(淸福)을 가리키는 것으로, 깨달음을 증득(證得)하고 성불(成佛)하기 위해

---

162) 복덕(福德)은 공덕(功德)과 다르다. 공덕은 공을 쌓고, 덕을 누적시키는 것을 말한다. 즉 공부를 통해 조금씩 쌓아가는 것이 공(功)이라면, 이 공력이 어떤 결과물로 나타난 것을 덕(德)이라 한다. 그리고 복덕(福德)은 홍복(鴻福)과 청복(淸福)으로 나눈다. 홍복은 세속의 복덕을 말하고, 청복은 세속을 초월한 복덕을 가리킨다.

선 이 두 가지가 필요하단 것입니다. 그럼에도 말씀이 이처럼 거듭되는 것은, 사람들을 위해 이 『금강경』을 수지하고 독송하는 공덕이야말로 그 무엇과도 '바꿀 수 없는 공덕이라 강조'하는 것입니다.

세속에 십인십색(十人十色), 백인백색(百人百色)이란 말이 있듯, 사람들의 마음은 이처럼 다양합니다. 이런 컬러풀한 마음들을 하나로 모아 제도하기 위해선 거듭 강조하는 것도 하나의 방법이라 하겠습니다. 여기서도 잊지 말아야 하는 것은 수미산(須彌山)의 왕만큼 칠보(七寶)로 가득한 것이라도 언젠가는 사라질 물건에 불과하단 것입니다. 하지만 불법은 쓸수록 커집니다. 수미산과 비교하는 이유도 여기에 있습니다.

부처님은 말씀합니다. 이 『금강경』이나 사구게를 수지하고 독송하여 사람들을 가르치는 것은, '번뇌에서 해탈시키는 것'이라 강조합니다. 이런 행위야말로 수미산(須彌山)의 왕만큼 칠보(七寶)로 가득한 재화로 보시하는 것보다 크다는 것입니다. 그렇습니다. 보시는 역시 법보시가 최고입니다. 이런 법보시가 세속에서 펼쳐질 때 대 자유의 세계, 즉 피안의 세계인 '아뇩다라삼먁삼보리'의 세계에서 호흡할 수 있는 것입니다.

제25분 교화가 없는 교화[化無所化分]

| 우리말 |

"수보리여. 그대 생각은 어떤가. 그대들은 여래가 이런 생각을 갖는다고 이르지 말라. '내가 마땅히 중생을 제도(濟度)한다'고. 수보리여. 이런 생각을 갖지 말라. 이유가 무엇인가. 실로 여래가 제도한 중생은 하나도 없기 때문이다. 만약 여래가 제도한 중생이 있다면, 여래는 곧 아상, 인상, 중생상, 수자상에 있는 것이다. 수보리여. 여래가 '내가 있다'고 말하는 것은 곧 '내가 있는' 것이 아니나, 범부(凡夫)는 '내가 있다'고 집착한다. 수보리여. 범부라는 것도 여래는 곧 범부가 아니라 말하니, 이는 이름이 범부[163]이다."

| 구마라집 |

須菩提. 於意云何. 汝等勿謂如來作是念. 我當度衆生. 須菩提. 莫作是念. 何以故. 實無有衆生如來度者. 若有衆生如來度者, 如來則有我人衆生壽者. 須菩提. 如來說有我者, 卽非有我, 而凡夫之人, 以爲有我. 須菩提. 凡夫者, 如來說卽非凡夫. 是名凡夫.

---

163) '범부(凡夫)'란 이름은 일종의 가칭이다. 마찬가지로 '부처'란 이름도 엄밀히 말하면 가칭에 불과하다.

| 자해 |

어의운하(於意云何): 의역하면, '지니고 있는 생각[意]이 있다면, 어떻게 말할 수 있겠는가.'로 해석할 수 있는데, 이를 줄여, '그대 생각은 어떤가.'로 해석했다. 여등(汝等): 너희들, 그대들. 작시념(作是念): 이런 생각을 하다, 이런 생각을 갖다. 하이고(何以故): '연고가 무엇인가.' 혹은 '왜 그런가.'로 해석할 수도 있으나, 여기선 '이유가 무엇인가.'로 해석했다. 도(度): 제도하다. 이위(以爲): 여기다, 집착하다.

| 해동 |

주지하듯 여기 주제는 '교화(敎化)가 없는 교화'입니다. 당송(唐宋) 이전엔 주로 '교화'란 말을 쓰다 이후엔 '사람을 제도한다[度人]'는 말로 바뀌었습니다. 그러다 원명(元明) 시대에 들어서는 '제도하고 교화한다[度化]'는 말로 변했습니다. 사실 '교화'가 되었든 '제도'가 되었든 크게 문제가 될 일은 없습니다. 여기서 '교화'란 말이나 '제도'란 말의 참뜻은 모두가 교육을 통해 사람을 감화(感化)시킨다는 데 방점이 있습니다.

여하튼 제25분의 내용도 앞에서 이미 논의가 되었던 구절에서 벗어나지 않습니다. 잊을만하니 다시 거론하는 점에 대해 성찰할 필요가 있다 하겠습니다. 앞의 말씀에서 『금강경』을 수지하고 독송하는 공덕에 대해 비유를 들었다면, 여기선 부처님이 말씀하신 부분에서 결코 상(相)에 걸려 있지 않음을 강조했다는 점에 유의할 필요가 있는 것입니다. 물론 이런 말씀은 이미 앞에서도 여러 번 강조한 것과 다르지 않습니다.

즉 『금강경』은 본래 마음인 보리[佛性]엔 상(相)이 없는 것이지만, 보리를 얻기까지는 상(相)에 걸려 벗어나지 못하기 때문에 이를 자각하게 하고, 결국 이 상(相)에서 벗어나야 함을 일러주는 것입니다. 말하자면 아상과 인상, 중생상, 수자상에서 벗어나야 걸림 없는 삶이 될 수 있고, 걸림 없는 삶이 되어야 비로소 사상(四相)에서 벗어나게 되는 것입니다. 그렇다면 부처도 범부도 둘이 아닌 이름에 불과한 것이 됩니다.[164]

『장자』에 '혼돈'이란 이야기가 있습니다. 남쪽 임금을 숙(儵)[165]이라 하고, 북쪽 임금을 홀(忽)[166]이라 하며, 중앙 임금을 혼돈(渾沌)[167]이라 합니다. 숙과 홀은 늘 혼돈의 땅에서 만납니다. 혼돈은 이들을 잘 대접해 숙과 홀은 은혜에 보답할 방법을 논합니다. 사람들은 누구나 일곱 개의 구멍이 있어 그것으로 보고 듣고 먹고 숨 쉬는데, 혼돈만은 그것을 가지고 있지 않습니다. 따라서 시험 삼아 구멍을 뚫어주고자 합니다.

그래서 하루에 한 구멍씩 뚫었는데, 칠 일 만에 혼돈은 죽고 말았습니다. 사람은 누구나 감각기관인 눈[眼], 코[鼻], 귀[耳], 입[口]을 지니고 있

---

164) 진정한 불법(佛法)의 출발은 하나, 즉 어떻게 하면 '진정한 무아(無我)를 증득할 수 있는가'이다. 이 무아를 얻으면 사상(四相)에서 해방되는 것이기 때문이다.

165) 제왕의 이름으로 불리나, 어떤 현상이 '재빨리 나타남'을 뜻한다.

166) 제왕의 이름으로 불리나, 어떤 현상이 '재빨리 사라짐'을 뜻한다. 즉 숙(儵)은 유(有), 홀(忽)은 무(無)로 비유된다.

167) 만물이 나뉘지 않은 원기가 자욱한 모양을 뜻한다. 즉 인위적인 차별을 초월한 자연 그대로의 모습을 의미하며, 유(有)도 무(無)도 아니다.

습니다. 각 기관은 태어나면서부터 특유의 기능을 발휘합니다. 하지만 성장하면서 이들의 이름뿐이 아닌 기능도 인식합니다. 이즈음 되면 사상(四相)을 인식한 것과 다르지 않은 것입니다. 눈, 코, 귀, 입을 잊고 사는 것, 이것이 바로 혼돈(渾沌)이자 사상에서 벗어난 삶입니다.

제26분 법신은 상이 아니다[法身非相分]

| 우리말 |

"수보리여. 그대 생각은 어떤가. 삼십이상(三十二相)으로 여래를 관찰할 수 있겠는가." 수보리가 답합니다. "그렇습니다. 바로 그렇습니다. 삼십이상(三十二相)으로 여래를 관찰할 수 있습니다." 부처께서 말씀하셨다. "만약 삼십이상(三十二相)으로 여래를 관찰할 수 있다면, 전륜성왕(轉輪聖王)[168]이 곧 여래이리라." 수보리가 부처께 답하였다. "세존이시여. 제가 부처님이 말씀하신 뜻을 이해하기론 응당 삼십이상(三十二相)으로 여래를 관찰할 순 없습니다." 그때 세존께선 게송(偈頌)으로 말씀하셨다. "만약 형체[色]로 나를 보거나 소리로 나를 구한다면, 이 사람은 삿된 도[邪道]를 행하므로 여래를 볼 수 없다."

---

[168] 전륜성왕(轉輪聖王)은 산스크리트어 '바퀴[Cakra]'와 '굴리다[Vartin]'에서 유래된 세계적 통치자에 대한 개념이다. 전륜성왕의 의미는 '다르마를 실천하는 왕, 다르마의 바퀴를 굴리는 왕, 혹은 통치영역이 전 세계에 이르는 정의로운 왕' 등으로 해석되며, 불교에선 '법륜을 굴리는 붓다의 세속적인 짝'으로 정의되고 있다. 전륜성왕은 일반인과 다른 32가지의 신체적 특징인 삼십이상(三十二相)을 지녔고, 7가지 보물인 칠보(七寶)를 지녔으며, 4가지 신령한 덕인 사령덕(四靈德)을 이루었다. 그리고 4종류의 군대, 즉 사병(四兵)을 거느리고, 사천하(四天下)를 다스리며, 천명(千名)의 아들을 두었다. 한편 전륜성왕은 정법(正法)으로, 국토와 민중을 통치하는 이상적인 통치자이다. 전륜성왕은 수미사주(須彌四洲)의 세계를 통솔하는 왕이며, 윤보(輪寶)를 굴리면서 사방(四方)을 위엄으로 굴복시킨다고 하였다. 이 전륜성왕이 세상에 출현하면 찬란한 금륜(金輪)을 비롯한 칠보(七寶)가 절로 갖추어져 무력을 사용하지 않고도 천하가 정법(正法)으로 통일된다는 것이다. 이처럼 전륜성왕은 무력이 아닌 정법으로 세상을 정복하는 가장 이상적인 군주상이다.

| 구마라집 |

須菩提. 於意云何. 可以三十二相觀如來不. 須菩提言. 如是如是. 以三十二
相觀如來. 佛言. 須菩提. 若以三十二相觀如來者, 轉輪聖王, 則是如來. 須菩
提, 白佛言. 世尊, 如我解佛所說義, 不應以三十二相觀如來. 爾時, 世尊, 而說
偈言. 若以色見我, 以音聲求我, 是人行邪道, 不能見如來.

| 자해 |

관(觀): 자세히 살펴보다. 참고로 시(視)가 그냥 보이는 것이라면, 관(觀)
은 자세히 살펴보는 것이고, 찰(察)은 더욱 자세히 살펴보는 것을 뜻한다.
여시여시(如是如是): '이와 같이'라기보다는 긍정의 뜻으로 '그렇습니다'로
해석하면 무리가 없다. 전륜(轉輪): 한 시대의 역사를 반전시켜 태평한 시
대가 되게 하다. 백불언(白佛言): 여기서 '백(白)'은 '말하다' 혹은 '말씀하다'
라는 뜻으로, '언(言)'과 함께 쓰며, 즉 부처님의 말씀을 강조할 때 쓰는 일
종의 관형어다. 의(義): 뜻, 최고의 이치. 사도(邪道): 정도(正道)와 반대적
의미, 즉 삿된 도.

| 해동 |

『금강경』에 중요치 않은 부분이 없습니다만, 크게 눈여겨볼 부분에 이
르렀습니다. 사실 부처님은 수보리에게 다양한 문제를 제시하면서 가르
침을 이끌었습니다. 하지만 이번엔 약간 흔들어 봅니다. 수보리의 의식

을 다시 한번 환기하고자 한 것입니다. 즉 수보리가 확신이 부족한 상태로 흔들리자 이를 바로잡도록 한 것입니다. 즉 삼십이상(三十二相)으로 여래를 관찰할 수 있는지를 묻자, 수보리가 바로 흔들린 것입니다.

이에 부처님은 삼십이상(三十二相)으로 여래를 관찰할 수 있다면, 전륜성왕(轉輪聖王)[169]이 곧 여래라 일침을 가합니다. 수보리가 깜짝 놀라 바로잡습니다. 삼십이상(三十二相)으로 여래를 관찰할 수 없다고 한 것입니다. 그렇습니다. 법신은 형상에 있지 않습니다. 이른바 삼십이상(三十二相)이란 형상이 갖춰졌다 하더라도 여래로 볼 순 없기 때문입니다. '형상이나, 음성(音聲)[170]으로 여래를 찾지 않도록 하기 위함'입니다.

역시 핵심은 게송(偈頌), 즉 '사구게'에 있습니다. '형체로 나를 보거나 소리로 나를 구한다면, 이 사람은 삿된 도[邪道]를 행하므로 여래를 볼 수 없다'는 점입니다. 그렇습니다. 색(色)으로 부처를 보려거나, 소리[聲]로 부처를 구하려는 것은 어리석은 짓입니다. 즉 그 무엇이든 상(相)에는 실체가 없는 것이니, 상(相)에 치우치지 말라는 것입니다. 눈으로 보는 것과 소리로 들리는 상(相)에 현혹되면 안 된다는 것입니다.

가령 세상에서 많이 일컫는 이른바 '세상에서 가장 아름다운 풍광 100곳'을 선정했다고 해볼까요. 제아무리 아름다운 풍광을 간직했다 하더라

---

169) '전륜성왕(轉輪聖王)'이 정법으로 세상을 정복하는 가장 이상적인 군주상임에도 부처가 아닌 것은, 바로 명심견성(明心見性), 즉 밝은 마음으로 타고난 천성[本性]을 본다는 뜻으로, 마음을 밝혀 본연의 불성(佛性)을 보는 것이 없기 때문이다.
170) 부처님의 음성(音聲)을 통해 교화가 된 제자를 이른바 성문승(聲聞乘)이라 한다.

도 이는 실체, 즉 영원한 생명이나 진리가 존재하지 않는 그저 한때의 풍광일 뿐입니다. 귀에 들리는 것도 다르지 않습니다. 이른바 '세상에서 가장 아름다운 선율 100곡'을 선정했다고 한들, 역시 영원한 생명이나 진리가 존재하지 않는 그저 한때의 선율에 불과할 뿐입니다.

이처럼 보는 것과 듣는 것엔 법(法)이 존재하지 않습니다. 따라서 눈에 보이는 형상에 끌려 다녀도 안 되는 일이지만, 귀에 들리는 소리에 현혹되어 끌려다녀도 안 되는 것입니다. 『노자(老子)』는 "오색(五色)은 사람의 눈을 멀게 하고, 오음(五音)은 사람의 귀를 멀게 한다."[171]고 했고, 『여씨춘추』에선 "보는 것은 눈을 멀게 하고, 듣는 것은 귀를 멀게 한다."[172]고 했습니다. 이는 부처님의 말씀과 다르지 않은 말씀입니다.

모두 실체가 없는 것이기 때문입니다. 그렇다고 '보는 것과 듣는 것'을 모두 부정하라는 것은 아닙니다. 깨침을 얻기 전까지만 보고 듣는, 이른바 뗏목과 같은 것입니다. 완전히 깨침 이후엔 보고 듣는 것이 모두 이름에 불과하기 때문입니다. 앞에서도 부처님께서 누누이 언급한 것이지만, 일러주고 이름뿐이다. 일러주고 이름뿐이라 한 것도 다 이 때문입니다. 즉 사상(四相)에서 벗어나면, 사상은 이름에 불과한 것입니다.

『금강경』 전반에서 상(相)에 집착하지 말아야 한다고 주장하는 이유도 여기에 있는 것입니다. 불법(佛法)을 배우면서 상(相)에 집착하면 결코 법

---

171) 『노자(老子)』, 12장.
172) 『여씨춘추(呂氏春秋)』, 「서의(序意)」.

신(法身)을 볼 수 없기 때문입니다. 즉 아상과 인상, 중생상, 수자상 등 사상(四相)에서 벗어나지 못하고 집착하면 법신을 볼 수 없는 것입니다. 때문에 색(色), 즉 형체로 나를 보고자 하거나 음성, 즉 듣는 것에서 나를 구하고자 하는 것은 모두 잘못된 자세라 할 수 있습니다.

그렇다면 부처님은 왜 형체[色]를 통해 여래를 볼 수 없고, 음성을 통해 나[我]를 구할 수 없다고 한 것일까요. 이는 형체나 소리에 집착하지 않고 일체에 머물지 않는 것으로, 즉 대승(大乘)의 심인(心印)인 무주(無住)와 무상(無相), 무원(無願)이기 때문입니다. 이것이 『금강경』 전반에서 논하는 3가지 요점입니다. 이 경계에 이르러야 비로소 도(道)를 볼 수 있고, 부처를 볼 수 있으며, '자신[我]을 볼 수 있는 것'[173]입니다.

---

173) 여기서 '자신[我]을 볼 수 있다는 것'은, 근본지(根本智)를 가리킨다. '근본지'란 실상반야(實相般若 : 있는 그대로의 참모습)인 법신(法身)의 본체로, 바로 이 법신의 본체를 볼 수 있다는 것이다. 이를 위해선 일체에 집착하지 않고, 일체에 머물지 않아야 하는 것이다.

제27분 끊음도 멸함도 없다[無斷無滅分]

| 우리말 |

"수보리여. 그대가 만약 이런 생각을 한다면, 여래는 구족상(具足相)[174] 을 쓰지 않았기 때문에 '아뇩다라삼먁삼보리'를 얻었는가. 수보리여. 이 런 생각을 하지 말라. 여래가 구족상(具足相)을 쓰지 않았기 때문에 '아뇩

---

174) 부처님의 '구족상(具足相)'은, '삼십이상(三十二相) 팔십종호(八十種好)'를 가리킨다. 이는 부 처가 인간과는 다른 모습을 하고 있다는 믿음에서 비롯되었다. 이는 부처의 형상에 대한 후세 의 설명으로 '깨달은 자(Buddha)'가 지니는 인간과 다른 32가지의 모습, 80가지의 특징을 말한 다. 인간은 갖출 수 없는 부처의 존엄을 상징하는 모습으로, 『대지도론(大智度論)』, 『중아함경(中 阿含經)』, 『방광대장엄경(方廣大莊嚴經)』에 구체적인 내용이 기록되어 있다. '삼십이상과 팔십종 호'는 일부 겹치는 부분도 있으나, 실제론 표현하기 어려운 것도 있어서 불상을 만들 때 그대로 적용되진 않았다. 보편적으로 쓰인 것은 머리에 높이 솟은 육계(肉髻), 이마의 백호(白毫), 둥글 게 말린 머리카락인 나발(螺髮), 금색으로 빛나는 신체 등이다. 연원과 변천에 관해 좀 더 살펴 보면, 불교가 발생한 이후 대략 500년간 인도(印度)에선 불상이 없었다. 기원전 1세기 무렵부터 인간의 형상으로 불상을 만들기 시작하면서 인간과는 다른 특징을 가진 부처의 외형을 '삼십이 상 팔십종호'로 규정하게 되었다. 이미 열반에 들어 존재하는 자로서의 의미가 없는 부처를 인 간의 몸으로 만드는 것은 이전에 없었던 부처의 형상을 창안해야 한다는 점에서 고심할 수밖 에 없는 일이었다. 세상에 존재하는 어떤 생물과도 다른 부처란 존재의 철학적 의미를 가시적 으로 보여주고, 오랜 수행의 과정을 거쳐 깨달음을 얻은 여래임을 중생들에게 확신시킬 수 있 어야 했다. 따라서 인간과 같은 모습처럼 보이지만, 인간과는 다른 특징인 '삼십이상 팔십종호' 를 온전히 갖춘 모습으로 부처를 만들었다는 점에서 '삼십이상 팔십종호'는 부처의 형상에 대 한 규정이자 약속이라 할 수 있다. 최초의 불상인 석가모니는 응신(應身)으로, 그 몸은 본체인 불타(佛陀)의 세속적인 표현에 해당하고, 깨달음의 본체인 법신(法身)은 응신과 보신(報身)을 통해 나타난다. 그러므로 '삼십이상 팔십종호'를 지닌 석가모니는 인간의 조건으로서 가능한 최고로 완벽하고, 가장 이상적인 인간으로 제시된 불신(佛身)이라 할 수 있다. 이렇게 해서 점차 다양한 불상을 만들게 되면서 '삼십이상 팔십종호'는 석가모니만이 아닌 모든 부처가 지니는 특징적인 형상으로 자리를 잡았다.

다라삼먁삼보리'를 얻었다고. 수보리여. 그대가 만약 이런 생각을 한다면, '아뇩다라삼먁삼보리'의 마음을 일으킨 이가 모든 법을 단멸(斷滅)한 것이라 말하는 것이다. 이런 생각을 하지 말라. 이유가 무엇인가. '아뇩다라삼먁삼보리'의 마음을 일으킨 이는 법에 대해 단멸상(斷滅相)을 말하지 않기 때문이다."

| 구마라집 |

須菩提. 汝若作是念, 如來不以具足相故, 得阿耨多羅三藐三菩提. 須菩提. 莫作是念. 如來不以具足相故, 得阿耨多羅三藐三菩提. 須菩提. 汝若作是念, 發阿耨多羅三藐三菩提心者, 說諸法斷滅. 莫作是念. 何以故. 發阿耨多羅三藐三菩提心者, 於法不說斷滅相.

| 자해 |

작시념(作是念): 이런 생각을 하다, 이런 생각을 갖다. 구족(具足): 족히 갖추다, 다 갖춘 존재. 아뇩다라삼먁삼보리(阿耨多羅三藐三菩提): 보살승으로 함께 나아가는, 헤아릴 수 없는 최상의 진리로 영원히 행복한, 즉 피안의 세계[175]를 뜻한다. 발(發): 일으키다. 하이고(何以故): '연고가 무엇인가.' 혹은 '왜 그런가.'로 해석할 수도 있으나, 여기선 '이유가 무엇인가.'로 해석했다. 어법(於法): 법에, 법에 대해.

---

175) 여기는 절대 평등의 세계로, 성현(聖賢)도 없고, 중생(衆生)도 없으며, 크고 작음도 고(苦)도 없는 영원히 즐거움만 가득한 곳이다.

| 해동 |

부처님께서 수보리에게 일러줍니다. 여래가 구족상(具足相)을 쓰지 않았기 때문에 '아뇩다라삼먁삼보리'를 얻었다고 생각하지 말라는 것입니다. 수보리가 만약 이런 생각을 하면, '아뇩다라삼먁삼보리'의 마음을 일으킨 이가 모든 법을 단멸(斷滅)한 것이라 말하는 것으로, 이런 생각을 해선 안 된다는 것입니다. 이유는 '아뇩다라삼먁삼보리'의 마음을 일으킨 이는 법에 대해 단멸상(斷滅相)을 말하지 않기 때문인 것입니다.

여기서 구족상(具足相)을 쓰지 않았다는 것은 공덕(功德)의 성취가 없어도 도(道)를 깨달아 성불(成佛)할 수 있다고 생각해선 안 된다는 것입니다. 그렇다면 의문이 생길 수 있습니다. 앞의 제26분에선 분명히 '삼십이상(三十二相)으로도 여래를 관찰할 수 없다'고 했기 때문입니다. 즉 완벽한 공덕을 갖추었음에도 불가능한 일인데, 이젠 공덕의 성취를 논하니, 어리둥절한 것입니다. 그래서 부처님은 다시 일러주는 것입니다.

오늘날 인류의 유물론은 단견(斷見)에 떨어진 논리입니다. 가령 사람이 죽는 것은 마치 등불이 꺼지는 것과 같다고 봅니다. 즉 삼세(三世)의 인과도, 육도(六道)의 윤회도 없다고 생각하는데, 이는 증명할 수 없기 때문입니다. 따라서 사람이 죽으면, '그냥 끝나는 것'으로 생각합니다. 말하자면 이것은 이른바 단멸견(斷滅見)에 속하는 것인데, 부처님은 이를 사견(邪見)으로 보면서, '단멸견에 빠지지 않아야 함'을 일러줍니다.

이는 마치 사상(四相)에서 벗어나지 못하고 집착하면 법신을 볼 수 없는 것과 같은 것으로, 부처님의 형체나 음성을 통해 자신을 구하고자 하는 것은 모두 잘못된 자세라 하는 것과 같습니다. 부처님은 법에 대해 단멸상(斷滅相)을 논하지 않았기 때문입니다. 물론 상(相)에 집착하지 않아야 한다고 이 상을 몰라서는 곤란합니다. 상을 인식하고 여기서 벗어나는 것과 모르고 벗어나야 한다는 것은 차원이 다르기 때문입니다.

따라서 불법(佛法)을 배우는 사람은 이 단멸상(斷滅相)에 떨어지지 않도록 유의해야 합니다. 여기서 단멸상은 공(空)에 떨어진 것을 말합니다. 즉 공과(空果)를 보는 것이 불법의 구경(究竟)[176]이라 생각하는 것입니다. 이것이 단멸(斷滅)입니다. 이제 『금강경』의 막바지로 접어들고 있습니다. 그런데 잘 생각해 보십시오. 부처님이 공(空)에 대해 논한 적이 있는지요. 결코 없습니다. 그저 해석하는 차원에서만 논한 것입니다.

부처님께선 과거의 마음, 현재의 마음, 미래의 마음을 얻을 수 없다고 했습니다. 아울러 형체로 자신을 보거나 음성을 통해 자신을 구하고자 하는 것은 모두 삿된 도(道)를 행하는 것이라 했습니다. 그렇습니다. 이는 하나의 교육방법입니다. 중생의 근기에 따라 가르침을 주시면서도 자칫 삿된 생각을 품지 못하도록, '일러주고 벗어나도록 하는 방법'을 제시합니다. 그러면서 어떤 것이라 규정하지는 않는 방식을 취합니다.

---

176) '구경(究竟)'은, 최종적인 깨달음이나 궁극적인 진리를 의미한다. 가령 삶과 존재에 대해 가졌던 무지(無知)나 오해(誤解)를 완전히 넘어선 상태를 의미한다. 말하자면 '궁극적인 깨달음' 혹은 '진리의 궁극적 이해'로 해석할 수 있다.

앞에서도 언급했지만 '아뇩다라삼먁삼보리'의 마음을 일으킨 이는 법에 대해 단멸상(斷滅相)을 말하지 않았습니다. 그렇습니다. 크게 깨달음을 얻은 사람에겐 더 이상 깨달음에 대해 의식하거나 인식할 이유가 없는 것처럼 단멸상에 대해 더는 논할 이유가 없는 것입니다. 즉 주제인 무단무멸(無斷無滅)에서도 보여주듯 단절되거나 사라지지 않습니다. 그저 인식의 전환일 뿐입니다.[177] '도(道)는 본래 자리'에 있을 따름입니다.

제27분을 마무리하는 지점에서 '물질'에 대한 게송(偈頌) 하나를 소개합니다. '번운복우우성운(飜雲覆雨雨成雲), 점적여사란불분(點滴如絲亂不分). 동작빙하빙화수(凍作冰河冰化水), 만종광영착사훈(漫從光影捉斜曛).' 풀어보면 이렇습니다. '구름이 변하면 비로, 비는 또다시 구름이 되며, 빗방울은 실타래처럼 헝클어져 분간하기 힘들다. 얼어붙은 강물은 다시 녹아 물로 변하니, 자욱한 빛 그림자가 비껴 선 석양을 붙든다.'

우리의 삶 속에서 보면 자연은 정확합니다. 구름이 커지면 비가 되고, 비는 천(川)을 통하고 강(江)을 통해 바다[海]로 향합니다. 이런 과정에서 물은 수증기로 물방울로 구름으로 변화합니다. 우리의 중생들도 다르지 않습니다. 본성은 같습니다. 하지만 각각의 독립된 개체로 움직입니다. 즉 본질[뿌리]은 같지만 현상[줄기]은 서로 다르게 움직이는 것입니다. 이처럼 핵심은 변함이 없습니다. 그저 '현상만 다를 뿐'입니다.

---

177) 물질(物質)을 논함에 있어 현대 과학에선 '에너지의 변화'라 한다. 즉 물질은 변화되는 것일 뿐 사라지지 않는 것이다.

얼어붙은 강물 또한 다르지 않습니다. 때가 되면 절로 녹아 물로 변화합니다. 그러다 때가 되면 또다시 얼어붙습니다. 이것이 현상계에서 확인되는 변화입니다. 하지만 이 또한 본질은 변화되지 않습니다. 얼어붙고 풀리는 작용은 본체가 본래 그런 것으로 구성되어 있기 때문입니다. 말하자면 현상만 다를 뿐 본질은 전혀 어긋남이 없습니다. 이런 차원에서 본다면 단멸(斷滅), 즉 단절되거나 사라짐은 없는 것입니다.

그렇다면 여기서 법신(法身)은 어디 있는 것일까요. 일체의 작용과 일체의 현상 속에서 볼 수 있습니다. 즉 일체의 현상 속엔 본체(本體)가 있고, 본체 속엔 일체의 현상과 작용을 드러냅니다. 하지만 본체를 현상 속에서 볼 수 있다고 하여 여기에 집착하지는 않아야 합니다. 그래야 비로소 본체를 확인할 수 있습니다. 이런 교육방법이 『금강경』의 마지막이라 할 수 있습니다. 부처님은 이렇게 우리에게 가르치고 계십니다.

제28분 받지도 탐하지도 않다[不受不貪分]

| 우리말 |

"수보리여. 만약 보살이 항하[갠지스강] 모래 수만큼의 세계에 가득 찬 칠보(七寶)로써 보시(布施)[178]하더라도, 만약 다시 어떤 사람이 일체의 법이 무아(無我)란 것을 알아 인(忍)을 얻어 성취했다면, 이 보살은 앞의 보살이 얻은 공덕보다 클 것이다. 수보리여. 모든 보살은 복덕(福德)[179]을 받지 않기 때문이다." 수보리가 부처께 여쭈었다. "세존이시여. 왜 보살은 복덕을 받지 않습니까." "수보리여. 보살은 지은 복덕을 응당 탐내거나 집착하지 않는다. 이 때문에 복덕을 받지 않는다고 하는 것이다."

| 구마라집 |

須菩提. 若菩薩, 以滿恒河沙等世界七寶, 持用布施, 若復有人, 知一切法無我, 得成於忍, 此菩薩勝前菩薩所得功德. 須菩提. 以諸菩薩不受福德故. 須菩

---

178) 『금강경』에서 '보살이 갠지스강 모래 수만큼의 세계에 가득 찬 칠보(七寶)로 보시(布施)한다'는 말은, '대승보살(大乘菩薩)의 발심(發心)'을 말하는 것이란 점에 유의할 필요가 있다.

179) 복덕(福德)은 공덕(功德)과 다르다. 공덕은 공을 쌓고, 덕을 누적시키는 것을 말한다. 즉 공부를 통해 조금씩 쌓아가는 것이 공(功)이라면, 이 공력이 어떤 결과물로 나타난 것을 덕(德)이라 한다. 그리고 복덕(福德)은 홍복(鴻福)과 청복(淸福)으로 나눈다. 홍복은 세속의 복덕을 말하고, 청복은 세속을 초월한 복덕을 가리킨다.

提, 白佛言. 世尊. 云何菩薩 不受福德. 須菩提. 菩薩, 所作福德, 不應貪着, 是故說不受福德.

| 자해 |

항하(恒河): 갠지스강. 부(復): 다시. 하이고(何以故): '연고가 무엇인가.' 혹은 '왜 그런가.'로 해석할 수도 있으나, 여기선 '이유가 무엇인가.'로 해석했다. 운하(云何): 어떻게, 왜. 소작(所作): 지은 것. 탐착(貪着): 탐내고 집착하다. 시고(是故): 이 때문에.

| 해동 |

다시 수지하고 독송하는 공덕에 대한 말씀입니다. 하지만 여기서도 공덕에 대한 말씀을 일러주고 여기서 벗어나야 힘을 강조합니다. 즉 보살이 갠지스강 모래 수만큼의 세계에 가득 찬 칠보(七寶)로 보시를 했더라도 어떤 사람이 일체의 법이 무아(無我)란 것을 알아 인(忍)을 얻어 성취했다면, 앞의 보살이 얻은 공덕보다 크다고 강조합니다. 그렇습니다. 보시는 많고 적음이 아닌, '의식에서 벗어난 보시'가 최고입니다.

물론 여기서도 살펴야 할 것은, 일체의 법이 무아(無我)란 것을 알아 인(忍)을 얻어 성취했다는 점입니다. 무아란 의식과 인(忍)이란 의식, 즉 상(相)이란 의식이 아직 잠재하고 있다는 점에서 경계해야 한다는 것입니다. 진정한 깨달음에 이르면, '보살은 지은 복덕을 응당 탐내거나 집착하지 않기 때문'입니다. 말하자면 복덕이란 의식 자체가 전혀 없을 때, 비로소 나도 없고 상대도 없는 대 자유를 얻을 수 있는 것입니다.

　여기서 인(忍)이란 대목을 다시 살펴봅니다. 일체의 법이 무아(無我)를
알아 인(忍)을 성취한 보살을 높이 평가했는데, 여기엔 두 가지 의미가 있
습니다. 하나는, 인(忍)을 성취했다는 점입니다. 인(忍)은 '인내와 용서'를
뜻하는 것으로, 인욕바라밀(忍辱波羅蜜)을 이뤄 행하는 사람입니다. 따라
서 삼계(三界), 즉 천지인계(天地人界)의 모든 중생을 불쌍하게 여겨 대자대
비(大慈大悲)의 마음을 이뤄 행하는 사람이란 뜻입니다.

　다른 하나는, 인(忍)이란 인증(認證)으로, 일체법에 무아(無我)를 알아 인
(忍)을 성취했다는 것은 사상(四相)이 없음을 이치로 아는 단계에서 벗어
나 이(理)와 사(事)가 둘이 아닌, 지행(知行)의 일치를 얻었다는 뜻입니다.
즉 '아뇩다라삼먁삼보리'를 이룬 사람임을 인증하는 것입니다. 말하자면
부처님의 법문을 명확하게 듣고 깨친 사람은 지행의 일치를 이룬 사람으
로, 부처님께서 인증한 것이란 의미가 담긴 것입니다.

제29분 위의가 고요하다[威儀寂靜分]

| 우리말 |

"수보리여. 만약 어떤 사람이, 여래는 오는 것 같기도 하고 가는 것 같기도 하며, 앉아 있는 것 같기도 하고 누워있는 것 같기도 하다고 말하면, 이 사람은 내가 말한 뜻을 이해하지 못한 것이다. 이유가 무엇인가. 여래란 오는 곳도 없고 또 가는 곳도 없기 때문에 이름이 여래인 것이다."

| 구마라집 |

須菩提. 若有人言, 如來若來若去, 若坐若臥, 是人不解我所說義. 何以故. 如來者, 無所從來, 亦無所去, 故名如來.

| 자해 |

거(去): 가다, 간다. 일반적으로 '간다'의 한자는 3개로 설명된다. 이를테면 지(之)는 일정한 목적지가 '확정된 곳을 간다'는 뜻이고, 왕(往)은 '목적지가 확정되지 않은 곳을 간다'는 뜻이며, 여기서 논하는 거(去)는 '지금 여기서 떠나간다'는 뜻을 지니고 있다. 약와(若臥): 누워있는 것 같다. 하이고(何以故): '연고가 무엇인가.' 혹은 '왜 그런가.'로 해석할 수도 있으나, 여기선 '이유가 무엇인가.'로 해석했다.

여래(如來)란 오는 곳도 없고 또 가는 곳도 없다고 합니다. 그렇다면 여래는 어디 있는 것일까요. 그렇습니다. 여래는 특별한 곳에 존재하는 것이 아닙니다. 누구든 성불(成佛)하면 여래가 되는 것입니다. 따라서 여래란 이름은 '부처, 세존(世尊), 석존(釋尊), 선서(善逝), 무상사(無上士)' 등[180]을 포괄하는 개념의 이름입니다. 즉 부처가 여래이고, 세존이 여래이며, 석존이 여래입니다. 단지 이름만 다르게 표현할 따름입니다.

이렇게 표현되던 개념이 중국으로 유입되면서 일반적 관념으로 확장되어 여래불(如來佛)로 칭하게 된 것입니다. 그렇다면 도(道)를 이룬 사람을 우리는 왜 '여래(如來)'로 칭하는 것일까요. '여래(如來)'를 직역하면 여(如)는 '무엇과 같다'는 뜻이고, 래(來)는 '온다'는 뜻입니다. 따라서 여래는 마치 '올 것 같다'는 의미입니다. 그렇지만 여래는 오지도 가지도 않습니다. 그저 세속에서 오고 가는 현상으로서의 표현일 뿐입니다.

---

180) 여래(如來)는 붓다의 10가지 칭호인 '여래십호(如來十號)'의 총칭이다. 여기서 여래(如來)는 '진리의 체현자(體現者)', '열반(涅槃)에 다다른 사람'으로, 응공(應供 : 阿羅漢)은 '세상의 공양과 존경을 받을만한 사람'으로, 정변지(正遍知)는 '올바르게 깨달음을 얻은 사람'으로, 명행족(明行足)은 '지(知)와 행(行)이 완전한 사람'으로, 선서(善逝)는 '훌륭하게 완성한 사람'으로, 세간해(世間解)는 '세상을 완전히 이해한 사람'으로, 무상사(無上士)는 '위로는 더 이상 없는 최상의 인간'으로, 조어장부(調御丈夫)는 '사람을 잘 조어(調御)하는 훌륭한 능력'을, 천인사(天人師)는 '사람과 하늘의 대도사(大導師)'를, 불·세존(佛·世尊)은 '부처님, 성스러운 분, 존귀한 분'이다. 이 가운데 『금강경』에선 불(佛)과 세존(世尊), 여래(如來) 등 3가지 명호가 등장한다.

여래(如來)를 다른 말로 하면 중생의 본체(本體)인 자성(自性)이라 할 수 있습니다. 중생들의 희로애락 속에서 펼쳐지는 온갖 번뇌들은 이 본체에서 파생된 것들입니다. 따라서 끊임없이 파도치는 이 번뇌들을 잠재울 필요가 있습니다. 수행하는 이유도 여기에 있습니다. 가령 좌선(坐禪)을 하면 어떻습니까. 온갖 번뇌가 사라집니다. 분주히 움직이던 것들이 모두 사라집니다. 여기선 오는 것도 없고 가는 것도 없습니다.

또 하나의 게송이 이를 확인시킵니다. '여래(如來)란 오는 곳도 없고 또 가는 곳도 없습니다. 여래는 이름일 뿐이라 합니다.[如來者, 無所從來, 亦無所去, 故名如來.]' 그렇습니다. 돌이켜보면 우리의 삶 속에서 지속했던 각종 망상(妄想)들은 어느 순간 사라지고 없음을 인식합니다. 가령 과대망상과 피해망상, 종교적 망상, 초능력 망상 등으로 수없이 많은 나날을 괴로워했지만 해소된 후엔 괴로움이란 인식조차 없습니다.

이처럼 누구든 깨달음을 얻으면, 이른바 깨끗함도 더러움도 존재하지 않습니다. 상(相)에서 완전히 벗어났기 때문입니다. 이렇게 되면 부처님이 말씀하신 것처럼 오거나 가는 것이 의미가 없게 됩니다. 가령 불상(佛像)이 입불(立佛)이든 좌불(坐佛)이든 와불(臥佛)이든 모두가 형상에 지나지 않는 것임을 안다면 아무 관계가 없습니다. 형상의 본질은 따로 존재하기 때문에 형상을 통해 마음이 동요될 이유는 전혀 없습니다.

이제 깨달음을 얻었다고 보겠습니다. 앞으로 어떻게 하면 좋을까요. 중생들을 제도(濟度)해야 합니다. 제도함에 있어선 선한 사람을 구제해야 할까, 악한 사람을 구제해야 할까 고민하는 경우가 있습니다. 일각에선 선한 사람을 구제해야 한다고 말합니다. 악한 사람은 구제할 수 없기 때문이랍니다. 사실 이런 문제에선 악한 사람을 구제하는 것이 맞습니다. 선한 사람은 구제하지 않아도 '크게 문제될 일'이 없습니다.

하지만 악한 사람을 구제하면 세속의 사람들 삶이 훨씬 더 풍요롭게 변할 수 있기 때문입니다. 따라서 악한 사람을 구제하는 것이 옳다고 강조합니다. 그러나 부처님 가르침으로 본다면 선한 사람과 악한 사람을 가리면 안 됩니다. 이는 사상(四相)에서 벗어나지 못한 결과이기 때문입니다. 여하튼 이 같은 생각들로 인해 여래가 오고 가는 것으로 비춰지기도 합니다. 하지만 여래는 오거나 가거나 할 필요가 없습니다.

누구나 깨치면 여래(如來)로, 부처나 세존(世尊), 석존(釋尊), 선서(善逝), 무상사(無上士) 등이 되는 것입니다. 굳이 이치를 논할 이유가 없습니다. '진정한 부처, 법신의 본체, 도(道)를 깨달은 사람, 법신의 본체를 증득한 사람'에 관해 논할 필요가 없는 것입니다. 즉 더는 문자로서의 경계가 필요 없는 것입니다. 이 정도 되면 움직임에 대한 인식이나 의식은 없습니다. 주제에서 보듯 위의(威儀)가 고요[寂靜]할 따름입니다.

제30분 둘이 아닌 진리와 현상[一合理相分]

| 우리말 |

"수보리여. 만약 선남자 선여인이 삼천대천세계(三千大千世界)[181]를 잘게 부수어 티끌로 만든다면, 그대 생각은 어떤가. 이 티끌은 많지 않겠는가." 수보리가 답합니다. "매우 많습니다, 세존이시여. 이유가 무엇인가. 만약 이 티끌들이 실제 존재하는 것이라면 부처께서 이 티끌들을 말하지 않았을 것이기 때문입니다. 까닭이 무엇인가. 부처께서 티끌들이라 한 것은 티끌이 아니요, 이는 이름이 티끌들이기 때문입니다. 세존이시여. 여래께서 말씀한 삼천대천세계는 세계가 아니요, 이는 이름이 세계입니다. 이유가 무엇인가. 만약 세계가 실제로 존재하는 것이라면 곧 일합상(一合相)이기 때문입니다. 여래께서 말씀한 일합상은 곧 일합상이 아니요, 이는 이름이 일합상입니다." "수보리여. 일합상이란 말할 수 없는 것인데, 다만 범부(凡夫)들은 그것을 탐하고 집착한다."

---

181) '삼천대천세계(三千大千世界)'는, 수미산(須彌山)을 중심으로 사방에 4개의 큰 대륙이 있고, 그 주위를 큰 철위산(鐵圍山)이 둘러싸고 있는데, 이를 일세계(一世界) 혹은 일사천하(一四天下)라 한다. 이 사천하(四天下)를 1천 개 합한 것이 소천세계(小千世界 : 小千界)이고, 이 소천세계를 다시 1천 개 합한 것이 중천세계(中千世界 : 中千界)이며, 이 중천세계를 다시 1천 개 합한 것을 대천세계(大千世界 : 大千界)라 한다. 따라서 일대천세계(一大千世界)에는 소천(小千)과 중천(中千), 대천(大千) 등 3종의 천(千)이 있으므로 삼천대천세계(三千大千世界)라 하는 것이다.

| 구마라집 |

須菩提. 若善男子善女人, 以三千大千世界, 碎爲微塵, 於意云何. 是微塵衆,
寧爲多不. [須菩提言]. 甚多, 世尊. 何以故. 若是微塵衆實有者, 佛則不說是微
塵衆. 所以者何. 佛說微塵衆, 則非微塵衆, 是名微塵衆. 世尊. 如來所說三千
大千世界, 則非世界, 是名世界. 何以故. 若世界實有者, 則是一合相. 如來說
一合相, 則非一合相, 是名一合相. 須菩提. 一合相者, 則是不可說, 但凡夫之
人, 貪着其事.

| 자해 |

쇄(碎): 부수다, 잘게 부수다. 미진(微塵): 작은 티끌. 미진중(微塵衆): 작은
티끌들. 어의운하(於意云何): 의역하면, '지니고 있는 생각[意]이 있다면, 어
떻게 말할 수 있겠는가.'로 해석할 수 있는데, 이를 줄여, '그대 생각은 어
떤가.'로 해석했다. 소이자하(所以者何): 까닭이 무엇인가. 일합상(一合相):
한 덩어리의 상(相).

| 해동 |

다시 물리적인 세계를 논합니다. 삼천대천세계는 형언할 수 없이 큰 것
입니다. 하지만 아무리 큰 것도 잘게 부수면 티끌에 불과합니다. 즉 티끌
이 모여 형언할 수 없는 크기가 되는 것입니다. 따라서 진여(眞如)의 세계
에서 보면 삼천대천세계라 하여 큰 것이고, 티끌이라 하여 작은 것이 아
닙니다. 삼천대천세계도 그저 이름에 불과하고, 티끌도 이름에 불과할

따름입니다. 그런데 여기서 '부처님의 본의'는 따로 있습니다.

즉 '공(空)의 의미'를 알아채란 것입니다. 부처님께서 "삼천대천세계(三千大千世界)를 잘게 부수어 티끌로 만든다면, 그대 생각은 어떤가. 이 티끌은 많지 않겠는가."라고 하자, 수보리는 "긍정하면서도 티끌들이 실제 존재하는 것이라면, 부처께서 티끌들을 말하지 않았을 것이기 때문입니다."란 곳에 힌트가 있는 것입니다. 사실 이 티끌들도 쪼개서 분석하고 또 쪼개서 분석하다 보면 결국 공(空)이 될 수밖에 없습니다.

이 때문에 티끌도 이름, 삼천대천세계도 모두 이름에 불과한 것입니다. 그렇다면 세상에 존재하는 모든 것은 잠시 연기(緣起)에 의해 존재하는 것임을 알 수 있습니다. 이는 『장자(莊子)』에 나오는 '사람이 사는 것은 기(氣)가 모여 된 것[人之生氣之聚也]이고, 그 모였던 것이 흩어지면 죽은 것[聚則爲生散則爲死]'이란 표현과 다르지 않은 것입니다. 말하자면 기(氣)가 합해지면 사물이 되고, 흩어지면 돌아가는 것입니다.

그리고 여기서 눈여겨볼 점이 있습니다. 바로 일합상(一合相), 즉 한 덩어리의 상(相)을 논한다는 것입니다. 앞에선 '티끌이든 삼천대천세계든 다 이름에 불과한 것'이라 강조하다 '한 덩어리'가 나온 것입니다. 그렇습니다. 제30분에서 강조하는 것이 '바로 이것'입니다. 지금 논하는 물리적 현상이나 명칭들은 무엇입니까. 진실(眞實)된 세계, 참된 세계가 아닌, 이른바 가상(假想)의 세계에서 논하는 것들이란 말씀입니다.

그렇다면 참된 세상은 어디일까요. 그렇습니다. 그간 많이 언급했던

'아뇩다라삼먁삼보리'의 세계입니다. 여기선 삼천대천세계나 차안(此岸)의 세계, 피안(彼岸)의 세계를 가리지 않습니다. 모두가 이른바 '한 덩어리'일 뿐입니다. 이를테면 하나에서 분열된 것이기 때문에 다시 근본(根本)으로 돌아가면 같은 것입니다. 때문에 번뇌와 깨달음은 둘이 아니고, 생사(生死)도 둘이 아니며, 부처와 중생도 따로 있을 수 없습니다.[182]

역설의 역설입니다. 여기서 부처님은 말씀하십니다. 참된 세계, 본래의 세계에선 모두가 하나라 합니다. 그러면서 이런 언급조차 벗어나야 함을 강조합니다. 그런데 중생들은 말이나 글로 구분하면서 논합니다. 게다가 일합상(一合相), 즉 '한 덩어리 상'까지 인용하면서 둘이 아닌 하나의 세계를 논합니다. 이는 아직 범부(凡夫)[183]의 지위를 벗어나지 못한 증거입니다. 여기서 벗어나기 위해 탐(貪)하고 또 집착하는 것입니다.

이제 『금강경』도 막바지에 들어서다 보니 이런 경지까지 왔습니다. 그렇습니다. 종국엔 부처님 말씀조차 사라진 세상이라야 본래의 세계라 할 수 있습니다. 옳고 그름을 논하고, 삶과 죽음, 차안과 피안을 논하는 것은 아직도 깨치지 못한 이들의 삶입니다. 나를 찾고, 종국엔 자신의 존재조차 잊는 삶이라야 '아뇩다라삼먁삼보리'의 세계라 할 수 있을 것입니다.

---

182) 이에 따라 생사(生死)를 떠난 열반(涅槃)이 있을 수 없고, 중생을 떠난 부처가 있을 수 없으며, 번뇌(煩惱)를 떠난 보리(菩提) 또한 있을 수 없는 것이다.

183) '범부(凡夫)'는, 불경(佛經)에 의하면 평범한 사람을 가리킨다. 이들은 살아가는 동안 늘 무엇인가 붙들어 지니고자 한다. 도가(道家)에선 악고(握固)를 말한다. 즉 사람이 태어날 땐 주먹을 쥐고, 살아가는 동안엔 오므린 상태로, 죽을 때가 되면 비로소 완전히 편다고 한다. 범부의 본성을 엿볼 수 있는 부분이다. 이 때문에 부처님은 범부들에게 일합상(一合相)을 말할 수 없다고 한 것이다.

아니, 이런 언급조차 없는 단계가 본래의 세계일 것입니다.

제30분을 마무리하는 시점에서 다음과 같은 게송(偈頌)을 하나 소개합니다. '진사취회우연성(塵沙聚會偶然成), 접란봉망무한정(蝶亂蜂忙無限情). 동시겁회과왕객(同是劫灰過往客), 왕종득실계수영(枉從得失計輸贏).' 풀어보면이렇습니다. '티끌이 모여 우연히 이루어진 것임에도, 벌과 나비는 분주히 날고 정(情)은 무한하도다. 모두 겁(劫)의 잿더미를 지나는 길손이건만, 헛되이 득실(得失)을 좇으면서 승부를 따지는구나.'[184]

주지하듯 세상은 사물들이 모여 이루어진 것입니다. 사람의 삶 또한 다르지 않습니다. 부모나 형제, 친척 등은 모두 의도를 통해 형성된 것이 아닌 우연히 형성된 것입니다. 가령 꽃들이 만발하면 벌과 나비들은 절로 분주해집니다. 이는 자연입니다. 옳고 그름을 따질 대상이 아닙니다. 즉 결론이 없는 삶입니다. 말하자면 '목적 없이 왔다 결론 없이 사라지는 것'입니다. 오거나 가지 않습니다. 즉 탐착[185]이 없는 삶입니다.

---

184) 당(唐)나라 말, 나은(羅隱)이 지은 시(詩) 한 편을 소개한다. 인생의 어리석음이 마치 꿀벌과 다르지 않다고 묘사하고 있다. "평지든 정상이든 가리지 않고, 무한 풍광을 남김없이 섭렵한다. 온갖 꽃을 찾아 꿀을 만든 후엔, 누굴 위한 고생이요 누굴 위한 달콤함인가."
185) '탐착(貪着)'은, 탐하고 집착하는 것을 가리킨다.

제31분 지견을 내지 않다[知見不生分]

| 우리말 |

"수보리여. 만약 어떤 사람이 부처가 아견(我見), 인견(人見), 중생견(衆生見), 수자견(壽者見)을 말했다고 한다면, 수보리여. 그대 생각은 어떤가. 이 사람은 내가 말한 뜻을 이해한 것이겠는가." "아닙니다, 세존이시여. 이 사람은 여래께서 말씀하신 뜻을 이해하지 못한 것입니다. 이유가 무엇인가. 세존께서 말씀하신 아견, 인견, 중생견, 수자견은 곧 아견, 인견, 중생견, 수자견이 아닌, 이는 이름이 아견, 인견, 중생견, 수자견이기 때문입니다." "수보리여. 아뇩다라삼먁삼보리의 마음을 발한 사람은 일체의 법에 대해 응당 이와 같이 알고, 이와 같이 보며, 이와 같이 믿고 이해해 법상(法相)이 생기지 않아야 한다. 수보리여. 이른바 법상이란 여래가 곧 법상이 아니라 하니, 이는 이름이 법상이다."

| 구마라집 |

須菩提. 若人言, 佛說我見人見衆生見壽者見. 須菩提. 於意云何. 是人解我所說義不. 不也, 世尊. 是人不解如來所說義. 何以故. 世尊說我見人見衆生見壽者見, 即非我見人見衆生見壽者見, 是名我見人見衆生見壽者見. 須菩提. 發阿耨多羅三藐三菩提心者, 於一切法, 應如是知, 如是見, 如是信解, 不生法相. 須菩提. 所言法相者, 如來說即非法相, 是名法相.

아견(我見): 자신의 견해. 어의운하(於意云何): 의역하면, '지니고 있는 생각[意]이 있다면, 어떻게 말할 수 있겠는가.'로 해석할 수 있는데, 이를 줄여, '그대 생각은 어떤가.'로 해석했다. 의(義): 뜻. 하이고(何以故): '연고가 무엇인가.' 혹은 '왜 그런가.'로 해석할 수도 있으나, 여기선 '이유가 무엇인가.'로 해석했다. 법상(法相): 천지 만물의 모양, 천지 만유(萬有)의 모습. 소언(所言): 소위(所謂)와 통용, 이른바.

| 해동 |

주제에서 일러주듯 지견(知見)에 대한 말씀입니다. '지견'은 지식(知識)으로 알고 있는 견해(見解)를 가리킵니다. 하지만 여기서 주의해야 할 것이 있습니다. 그간 부처님께서 말씀하신 것은 지식(知識)과 견해(見解)가 아니란 점입니다. 즉 부처님 말씀은 진리당체(眞理當體)로, 없는 법(法)을 만들어 중생들에게 전한 것이 아니란 것입니다. 따라서 어떤 사람이 부처님이 법을 만들어 전한 것으로 이해한다면 잘못된 것입니다.

말하자면 일체의 법(法)이란 이와 같은 것이니, 이와 같이 알고, 이와 같이 보며, 이와 같이 믿고 이해해 법상(法相), 즉 온갖 형태의 상(相)이 일어나지 않도록 해야 한다는 것입니다. 이는 '중생들의 마음'을 지적한 것으로, 중생들은 어떤 문제가 생길 때마다 그에 따른 상(相)을 내어 동요합니다. 이렇게 흔들리고 저렇게 흔들리는 것입니다. 이렇게 흔들리는 마음

으로는 편안한 마음, 행복한 마음을 지닐 수 없습니다.[186]

주지하듯 영원히 행복한, '아뇩다라삼먁삼보리'의 삶을 영위하기 위해서 일체 경계와 마주할 때마다 '이와 같이 알고, 이와 같이 보며, 이와 같이 믿고 이해해 법상(法相)이 생기지 않도록 해야 한다'는 것입니다. 물론 이와 같은 굳건한 마음을 기초로, 흔들리는 마음을 바로잡는 것이 중요합니다만, 궁극적으론 이런 현상에 따른 법상, 이름일 뿐이란 의식조차 하지 않는 삶이야말로 부처님이 강조한 요체라 하겠습니다.

결이 약간 다르긴 하지만 첨언합니다. 불교에선 이른바 유식종(唯識宗)을 법상종(法相宗)이라 합니다. 법상종의 연구방법은 현상계(現象界)로부터 시작합니다. 여기서 현상계란 세간의 일로, 이른바 일체법(一切法)입니다. 이를 통해 종국엔 심리(心理) 상태로 향합니다. 즉 심리의 본모습에 이르면, 전체 우주를 증험하는 데 이르는 것입니다. 말하자면 세상의 상(相)을 분석하고, 이것을 돌려 마음으로 귀결하는 식입니다.

이렇게 돌린 마음은 다시 형이상(形而上)의 본체로 돌리는 것입니다. 불교 용어로 논하면, 자신의 신심(身心)으로부터 입수(入手)한 신심을 타파하고, 형이상의 본체로 증험하는 식입니다. 그런데 화엄종(華嚴宗)은 법상종

---

186) 『능엄경(楞嚴經)』엔 "지견(知見)하여 앎을 이룬 것은 무명[번뇌]의 뿌리이고, 지견(知見)하여 견(見)조차 없는 것, 이것이 열반(涅槃)이다.[知見立知, 卽無明本, 知見無見, 斯卽涅槃.]"라는 내용이 나온다. 참고로 『능엄경』은, 당(唐)나라 중종(中宗) 신룡(神龍) 1년(705)에 천축국(天竺國) 반자밀제(般剌蜜帝)가 번역한 것이다. 이 책은 제보살(諸菩薩)이 마음 수행을 통해 불과(佛果)에 이르도록 하고, 나아가 중생(衆生)을 교화(敎化)하려는 마음, 즉 보리심을 얻도록 방법을 논한 책이다.

의 연구방법과는 완전히 반대의 형태를 보입니다. 이를테면 형이상학적 우주관으로부터 시작하는 것입니다. 즉 형언할 수 없는 우주로부터 시작해 서서히 축소하여 종국엔 '마음으로 귀결'하는 식입니다.

말하자면 법상종이 나[我]로부터 우주[본체]로 확대되는 연구방법론을 취한다면, 화엄종은 우주[본체]로부터 나[我]에게로 점차 치밀해지는 연구방법론을 취하고 있습니다. 여기서 중심은 역시 나[我]입니다. 자신의 존재를 망각해선 깨달음도 존재할 수 없기 때문입니다. 이처럼 서로 다른 연구방법론을 지닌 법상종과 화엄종을 우리는 이해할 필요가 있습니다. 제31분에서 논하는 법상(法相)과 무관하지 않기 때문입니다.

불경에서 논하는 '법상'은 본질적으로 법상이 아닙니다. 하지만 법상이라 합니다. 『금강경』엔 이런 식으로 많이 논합니다. 일종의 교육방법이라 할 수 있습니다. 즉 강을 건너는 배에 비유할 수 있습니다. 목적은 강을 건너는 것으로, 배는 이제 버려두어도 됩니다. 『장자』에 나오는 득어망전(得魚忘筌)[187]과 같다 하겠습니다. 즉 진리(眞理)를 얻었다면, 이제 진리를 얻기 위해 사용한 모든 수단이 더는 필요가 없는 것입니다.

---

187) 『장자(莊子)』, 「잡편(雜篇)」에 다음과 같은 내용이 나온다. "통발[筌]은 물고기를 잡는 도구인데, 물고기를 잡고 나면 잊어버린다. 올무[蹄]는 토끼를 잡는 도구인데, 토끼를 잡고 나면 잊어버린다. 말[言]은 뜻을 표현하는 도구이지만, 뜻을 표현하면 말을 잊어버린다.[筌者所以在魚, 得魚而忘筌. 蹄者所以在兔, 得兔而忘蹄. 言者所以在意, 得意而忘言.]"

제32분 참됨이 아닌 응신과 화신[應化非眞分]

| 우리말 |

"수보리여. 어떤 사람이 무량 아승지 세계에 가득 찬 칠보로 보시했더라도, 만약 선남자 선여인이 보살심을 일으켜 이 경(經)을 수지하거나 내지는 사구게(四句偈) 등을 수지하고 독송하여 다른 사람을 위해 연설한다면, 그 복은 앞의 복보다 클 것이다. 어떻게 하는 것이 사람을 위해 연설하는 것인가. 상(相)을 취하지 않고 여여부동(如如不動)[188]하는 것이다. 이유가 무엇인가. 일체의 유위법(有爲法)은 꿈이나 환상, 물거품이나 그림자와 같고, 이슬과도 같고, 번개와도 같은 것으로, 응당 이와 같이 보아야 한다." 부처께서 이 경(經)을 말씀하시고 마치자, 장로 수보리 및 모든 비구와 비구니, 우바새와 우바이, 일체 세간의 천(天), 인(人), 아수라(阿修羅)가 부처의 말씀을 듣고 모두 크게 환희(歡喜)하며 믿고 받들어 봉행했다.

| 구마라집 |

須菩提. 若有人, 以滿無量阿僧祇世界七寶, 持用布施, 若有善男子善女人, 發菩薩心者, 持於此經, 乃至四句偈等, 受持讀誦, 爲人演說, 其福勝彼. 云何爲人演說. 不取於相, 如如不動. 何以故. 一切有爲法, 如夢幻泡影, 如露亦如

---

188) '여여부동(如如不動)'은, 법상(法相)이 생겨나지 않는 것, 즉 선호념(善護念)과 같은 마음이다.

電, 應作如是觀. 佛說是經已, 長老須菩提, 及諸比丘比丘尼, 優婆塞優婆夷, 一切世間天人阿修羅, 聞佛所說, 皆大歡喜, 信受奉行.

| 자해 |

아승지(阿僧祇): 끝없이 많은 시간. 운하(云何): 어떻게, 왜. 경이(經已): 경(經)을 마치다, 경(經)을 끝내다. 우바새우바이(優婆塞優婆夷): 재가(在家)의 남녀 수행자, 즉 우바새(優婆塞)는 남자 수행자, 우바이(優婆夷)는 여자 수행자를 가리킨다.

| 해동 |

『금강경』의 마지막인 제32분입니다. 부처님께선 그간 우리는 어떤 존재이고, 어떤 수행을 통해 '아뇩다라삼먁삼보리'의 삶을 살 것인지에 관해 다양한 방법론을 제시했습니다. 그리고 마지막 지점에서 다시 상(相)을 거론합니다. 왜 다시 이 같은 방식을 취하는 것일까요. 방심(放心) 때문입니다. 가령 사람들이 불법(佛法)을 배우면, 대체로 삶의 자세와 지적 수준이 향상됩니다. 이즈음 되면 게을러지는 병폐가 생깁니다.

주변에서 불법을 배운 사람들을 살펴보십시오. 이른바 사상(四相)을 벗어나야 한다거나, 공(空)을 논하면서, 삶을 유유자적(悠悠自適)하는 경우가 적지 않음을 볼 수 있습니다. 하지만 이는 부처님의 삶과 배치된 삶입니다. 『금강경』 제1분에 나오는 부처님의 모습을 상상해 보십시오. 부처님이 대각(大覺)했다고 유유자적하는 모습이 있었습니까. 결코 그렇지 않습니다. 사위국의 기수급고독원에서 큰 비구들과 함께했습니다.

그러면서 부처님께선 식사 시간이 되면 손수 가사를 두르고 발우를 들어 사위성 안으로 들어가 걸식(乞食)을 했습니다. 돌아와 식사를 마치면 제자들을 위해 설법을 하시거나 수행을 이어갔습니다. 바로 이것입니다. 깨달음을 얻었다고 방심하여 게으른 삶이 되어선 안 된다는 것입니다. 부처님이 정진해야 한다고 말씀하신 것도 다 이와 같은 이유 때문입니다. 즉 방심하여 게으른 삶으로 변화되는 것을 막기 위함입니다.

따라서 상(相)에 대해 잠시 보겠습니다. 특히 여기서 '상(相)을 취하지 않는 것'은 무엇을 말하는 것일까요. 이는 앞에서도 누누이 언급했듯, 상(相)을 인식하고 취하면 그것은 '상'에 집착하는 것이고, 상(相)이 아니라 의식하여 취하지 않는 것도 사실은 '상'에서 벗어나지 못한 것입니다. 즉 '상'이란 의식이 조금이라도 개입되면 그것은 '상'에 집착한 것입니다. 그렇다면 어떤 것이 여여(如如)하여 동(動)하지 않는 것일까요.

'본래 세계엔 무일물(無一物)'이라 합니다. 즉 본래 세계엔 '한 물건도 없는 것'이기 때문에 그것을 취하거나 버리거나 할 것이 없다는 말입니다. 따라서 상(相)을 취한다거나 버린다거나 하는 말은 애초에 존재할 수 없는 것입니다. 말하자면 법상(法相)이 생겨날 수 없는 것입니다. 본래가 이런 것이니, 이에 맞게 움직이면 되는 것입니다. 이제 『금강경』의 여러 사구게(四句偈) 가운데 대미를 장식하는 사구게를 논합니다.

"일체의 유위법(有爲法)은 꿈이나 환상, 물거품이나 그림자와 같고, 이슬과도 같고, 번개와도 같은 것으로, 응당 이와 같이 보아야 한다.[一切有爲法, 如夢幻泡影, 如露亦如電, 應作如是觀.]"고 합니다. 여기서 '일체의 유위법'은 상(相)이 있는 모든 법을 뜻합니다. 하지만 '상'이 있는 모든 것은 실체(實體), 즉 영원한 생명이 없습니다. 그저 인연(因緣)이 다하면 본래자리인 '지수화풍(地水火風)으로 돌아가는 것'입니다.

모든 것이 꿈이나 환상, 물거품, 그림자, 이슬, 번개처럼 잠시의 인연으로 머물다 돌아가는 것입니다. 부처나 중생도 다르지 않습니다. 찰나(刹那)의 인연으로 존재하다 돌아가는 것입니다. 그렇습니다. 이와 같은 구조의 삶을 이해하고 깨달음을 얻었다면, 선지식(善知識)으로써 주변의 중생들과 함께 호흡해야 한다는 것이 부처님 법의 요체입니다. 사중(四衆)과 천(天)·인(人)·아수라가 환희심을 내는 것은 당연한 일입니다.

참고문헌

기본서

『佛所行讚』,『四分律』,『五分律』,『大智度論』,『祖堂集』,『阿含經』,『中阿含經』,『長阿含經』,『雜阿含經』,『增一阿含經』,『法華經』,『華嚴經』,『本生經』,『佛本行集經』,『涅槃經』,『法句經』,『金剛三昧經論』,『阿毘達磨俱舍論』,『勝鬘經』,『西遊記』,『十地經』,『十住毘婆沙論』,『十二門論』,『百論』,『花潭集』,『瑜伽師地論』,『攝大乘論』,『唯識三十論』,『成唯識論』,『十誦律』,『解深密經』,『大日經』,『坐禪三昧經』,『禪祕要法經』,『六祖壇經』,『大慧語錄』,『阿彌陀經』,『大乘義章』,『成實論』,『十地經論』,『大乘莊嚴論』,『金光明經』,『正法念處經』,『楞伽經』,『百丈淸規』,『景德傳燈錄』,『祖堂集』,『呂氏春秋』,『禪林古鏡叢書』,『林間錄』,『出三藏記集』,『高僧傳』,『晉書』,『大乘玄論』,『法度傳』,『法華玄義釋籤』,『二諦義』,『大學』,『論語』,『孟子』,『中庸』,『詩經』,『書經』,『周易』,『楞嚴經』,『圓覺經』,『十住經』,『寶積經』,『維摩經』.

한국

계환,『중국불교』, 민족사, 2014.

고영섭,『한국불교사궁구』, 도서출판씨아이알, 2019.

고익진,『불교의 체계적 이해』, 광륵사, 2015.

김상현,『신라의 사상과 문화』, 일지사, 1999.

김성옥,『금강경』, 불광출판사, 2023.

김성우,『있는 그대로 내려놓아라 선』, 태일, 1994.

김성철,『승랑-그 생애와 사상의 분석적 탐구』, 지식산업사, 2011.

김영태,『신라불교연구』, 민족문화사, 1987.

김인덕,『삼론현의(三論玄義) 현정론연구(顯正論硏究)』, 불교사상사, 1979.

김종욱 역,『서양철학과 禪』, 민족사, 1993.

김진무 역,『도해 금강경』, 불광출판사, 2020.

김태완 역,『육조단경』, 침묵의 향기, 2015.

김해영,『김해영 박사의 한비자 읽기』, 도서출판 청어, 2025.

김해영,『노자강의』, 도서출판 청어, 2023.

김해영,『유학사상강의』, 부크크, 2021.

김해영,『장자강의』, 안티쿠스, 2020.

김해영·김동숙,『교양불교강의』, 부크크, 2023.

김호귀 역,『선리연구』, 하얀연꽃, 2015.

대한불교조계종,『불교입문』, 조계종출판사, 2023.

무비,『반야심경』, 조계종출판사, 2012.

문광,『한국과 중국선사들의 유교중화담론』, 불광출판사, 2020.

박경준,『불교사회경제사상』, 동국대학교출판부, 2013.

박재용,『허응당 보우』, 봉은사, 2020.

박태원,『원효』, 한길사, 2013.

성열 역,『달마어록』, 문화문고, 2018.

성열 역,『불교를 위한 변명』, 문화문고, 2013.

성열,『금강경강의』, 문화문고, 2014.

성열,『붓다다르마』, 문화문고, 2010.

손민규 역,『禪, 빈 거울에 담긴 노래』, 태일, 1994.

송영진,『크라테스의 산파술에 따른 진리와 인식』, 충남대학교출판문화원, 2019.

신원봉 역,『금강경 강의』, 도서출판 부키, 2008.

심경호,『불교와 유교』, 예문서원, 2002.

안심법안 역,『우바새계경』, 안심정사, 2017.

양승규 역,『인도 논사들이 이해한 금강경』, 티벳대장경역경원, 2024.

우제선,『연꽃에 매달린 이슬방울』, 오늘의문학사, 2013.

우제선,『찰라멸논증』, 소명출판, 2013.

윤원철,『선불교에 대한 철학적 명상』, 지식과 교양, 2011.

윤청광,『불경과 성경 왜 이렇게 같은가』, 서울출판미디어, 2013.

이거룡 역,『인도철학사』, 한길사, 2004.

이경옥 역,『법의 연꽃』, 태일, 1994.

이기영,『한국의 불교』, 세종대왕기념사업회, 1999.

이연화 역,『그대 가슴속의 꽃을 피워라』, 태일, 1994.

이인혜 역,『승만경, 여래장경, 부증불감경』, 시공사, 2002.

이자랑 역,『불교교단사론』, 씨아이알, 2021.

이자랑 외,『도표로 읽는 불교입문』, 민족사, 2016.

일타스님,『자경문』, 효림, 2017.

정덕 역,『금강반야바라밀경강설』, 문화문고, 2022.

정우 역,『선가귀감』, 조계종출판사, 2014.

정준영 외,『깨달음, 궁극인가 과정인가』, 운주사, 2015.

정호영 역,『아비달마의 철학』, 민족사, 1993.

천명일,『절로 가는 길』, 지혜의 나무, 2008.

청화,『정토삼부경』, 성륜각, 2000.

최현각 외,『인도의 선, 중국의 선』, 민족사, 1994.

탄허,『탄허록』, 휴, 2021.

한기두,『한국 선사상 연구』, 일지사, 1993.

한자경,『대승기신론강해』, 불광출판사, 2018.

한자경,『성유식론 강해 아뢰야식』, 서광사, 2022.

한진광 역,『정토학 개론』, 여래장, 2004.

일본

平井俊榮,『中國般若思想史研究』, 東京春秋社, 1976.

우리들의 금강경(金剛經) 강의

지은이 김해영 · 김동숙

발행처   도서출판 청어
발행인   이영철
영업   이동호
홍보   천성래
기획   육재섭
편집   이설빈
디자인   이수빈 | 구유림
제작이사 공병한
인쇄   두리터

등록   1999년 5월 3일
          (제321-3210000251001999000063호)

1판 1쇄 발행 2025년 6월 20일

주소   서울특별시 서초구 남부순환로 364길 8-15 동일빌딩 2층
대표전화 02-586-0477
팩시밀리 0303-0942-0478
홈페이지 www.chungeobook.com
E-mail   ppi20@hanmail.net

ISBN   979-11-6855-343-9(03150)